LA RESISTENCIA DEL IDEAL

ENSAYOS LITERARIOS 1993-2013

TONI MONTESINOS

LA RESISTENCIA DEL IDEAL
ENSAYOS LITERARIOS 1993-2013

escribana
books

NUEVA YORK, 2014

Title: La resistencia del ideal. Ensayos literarios 1993-2013
ISBN-10:194007505X
ISBN-13:978-1-940075-05-1
Design: © Ana Paola González
Cover: © Jhon Aguasaco
Author's photo by: © Gonzalo Paniagua
Editor: Carlos Aguasaco
E-mail: carlos@artepoetica.com
Mail: 38-38 215 Place, Bayside, NY 11361, USA.

© La resistencia del ideal Ensayos literarios 1993-2013, Toni Montesinos
© La resistencia del ideal Ensayos literarios 1993-2013, 2014 for this edition
Escribana Books an imprint of Artepoética Press Inc.

A Santi

Índice

Prefacio

Veinte años de investigaciones literarias, desde el ecuador de mi etapa como estudiante de filología hispánica en Barcelona hasta hoy, cuando ya tengo publicados diversos libros de ensayos sobre poesía y narrativa universales, se concentran en esta recopilación de textos concebidos para periódicos, revistas, prólogos, conferencias. De lo general a lo singular, de la Literatura a los literatos, de ese futuro memorioso que llamamos pasado hasta hoy mismo, la estructura de este libro propone un camino gradual, con una transición que enlaza las consideraciones temáticas globales de la primera parte con los autores concretos en lengua española de la segunda. Los cuales, a su vez, remitirían circularmente al primer texto, «La resistencia del ideal», que da título al libro y que debo a un correo electrónico de Mauricio Wiesenthal, de octubre del 2007, que conservo cual tesoro por su extraordinaria belleza y empatía hacia mi persona; en él, a raíz de ciertas circunstancias que yo arrastraba con preocupación y pena, mi amigo expresaba la necesidad de no renunciar a nuestros ideales, de mirar siempre hacia las estrellas, de debernos a los sueños y luchar.

Una actitud esta que, más allá de intentar ponerla en práctica en la vida diaria, se extiende a la creación literaria, que en el fondo no entiende de tiempos ni espacios sino de constancias y fes. Los autores que he convocado aquí responden a ese grupo de los que resistieron dentro de sus ideales, de los que impidieron que nada superfluo, ajeno, transitorio, malograra su ideario espiritual o artístico, de los que no temieron ser diferentes, únicos, y por ello verse excluidos. Pues qué otra cosa nos queda más que mantenernos fieles a aquel que nos atraviesa con su mirada desde el espejo, aprovechando las horas que el destino nos ha asignado. «Yo soy un lector impaciente y exaltado», dijo Stefan Zweig, y así me siento yo frente al caudal de infinitas páginas que uno tiene al alcance. Me impaciento y exalto a partes iguales cuando la pasión lectora me arrebata, y es a la hora de ensayar una reflexión, de meditar por escrito sobre lo leído y sentido, que la paciencia y el sosiego me acogen como al hijo pródigo que nunca debió irse pero que siempre acabará huyendo: hacia otros libros, otras lecturas en busca de conjugar los sueños de la existencia con los literarios.

Julio del 2013

GENERALIDADES

La resistencia del ideal

Hace un año justamente vine a pasar un día a Ámsterdam[1]. El viaje es ensoñación para el alma, ya sea a través de las tierras o mediante la mirada interior. Quisiera referirme aquí a estos dos trayectos –el de la vida exterior e interior– convertidos en literatura, convergiendo ambos en la necesidad e ímpetu de escribir, de representar la vida que se multiplica cuando la acción del presente se aúna con la memoria autobiográfica, es decir, la memoria sentimental y la lectora. Y hablaré de esta vida personal con aspiraciones artísticas, pura e idealista en primera instancia, chocando con la realidad cultural, social y, más en nuestro terreno, con la realidad editorial.

Después de pasar una jornada recorriendo esta ciudad, y de reunir formas de pensar en ella, a la vuelta publiqué una crónica en una revista literaria. Una forma de explicarse a uno mismo aquí, de enlazar el viaje con lo literario y el recuerdo, y entonces, Vincent van Gogh me dijo, en una de las cartas que envió a su hermano Theo al respecto de su entrega al arte: «Así es como encaro las cosas: continuar, continuar, eso es lo necesario». Ahí está la frase que todo lo sintetiza. La dijo Van Gogh, pero yo la reescribo, parafraseo, hago mía. Eso es el conducto con el que crece la literatura. Eso es escribir: tomar el testigo del lenguaje, del pensamiento, de la creación artística que se renueva y se perpetúa con cada nuevo artista y convertir la mirada que siente y contempla en una mirada lingüística propia.

Pero cómo «continuar, continuar» hoy, en Occidente, en el siglo XXI, en el fervor de una crisis económica que todo lo empapa, en el reino de la tecnología y las prisas, en el ritmo del consumismo, en plena decadencia de los estudios humanísticos, en medio de una sociedad alfabetizada pero que no

---

1 Conferencia leída en la Universidad de Ámsterdam, en noviembre del 2008, en primer lugar, y luego en la Feria del Libro de Santiago de Chile, doce meses más tarde.

ha sido formada para reflexionar, apreciar la cultura que nos ha traído hasta aquí. Quiero, en calidad de modestísimo observador, de escritor (¿joven aún?), de crítico literario, de integrante casi invisible de las letras españolas, dar mi visión de lo que me parece un gigante con pies de barro, algo así como un gran mar calmo pero con maremotos, un desierto lleno de trampas, un cielo imprevisible. Esta es la imagen que pongo a nuestro sistema de encauzar lo literario-artístico mediante las editoriales y la prensa.

Vivimos sin duda un momento editorial magnífico, por la cantidad e imagen de empresas que se dedican a hacer libros, pero en lo literario-artístico, que al fin y al cabo es lo que importa, lo que nos llega a las entrañas y hace que sentarse a pasar hojas tenga un sentido, una experiencia que a veces llega a cambiar la vida, esto es, nuestra interpretación de lo circundante, veo lagunas, vacíos, faltas de exigencia, demasiado marketing y pautas que no estipulan los propios autores, todo ello a causa de la iniciativa por parte de las editoriales de publicar sólo cosas que ya impliquen una apuesta económica solvente. Obviamente, una editorial vive de sus ingresos como cualquiera, pero creo que el caudal de riesgos ha menguado de forma absoluta; las víctimas principales de ello son los escritores jóvenes, los llamados a transgredir lo estipulado, a reinventar los temas, a renovar el lenguaje. Ni siquiera las editoriales pequeñas, algunas con un gusto exquisito, sirven de plataformas para nuevos autores, pues se han especializado casi por completo en autores muertos, que ya tienen el prestigio de un pasado lejano, como si rescatar obras pretéritas fuera sinónimo directo de virtuosismo literario.

Así las cosas, el mercado editorial apenas promociona a autores que quieran hacer verdadera Literatura y no meros libros de entretenimiento (que muchas veces son los más aburridos), y de esta manera no hay lugar para el atrevimiento estético. Acaso el último gran artista de la palabra que hemos tenido en España, consagrado a tratar el lenguaje y abrir nuevos horizontes narrativos, sea Camilo José Cela, que a sus 80 años era más vanguardista que los autores noveles. Ante esta situación, al escritor consciente de la dimensión de su compromiso con la literatura solamente le queda, y es lo más importante, ser fiel a su manera de crear novelas o poesía, sin esperar encajar en este entorno caprichoso, que se mueve por modas o tendencias contradictorias y en el que a veces son ensalzados autores que ni siquiera conocen bien el idioma y caen en vulgarismos inventados por los periodistas.

De este modo, el refugio más coherente, para no ser aniquilado por las circunstancias, es espiritualizarse, mantenerse de ideales, de resistencias, de romanticismos; y a la vez, seguir trabajando en el proyecto personal que uno conciba, dignificando, aun en el ostracismo y la oscuridad, una actividad que uno no quisiera que dejara de ser vocación, sueño y esperanza. Y sin embargo, esta postura ingenua e hiperestésica tiene un camino estéril por recorrer, pues ¿cómo compaginar esos anhelos con una situación cultural-editorial muy definida por los hábitos capitalistas, pues la crisis económica ha llegado al mundo de la edición, que se ha hecho más conservador si cabe? Todo esto significa hablar de dinero, inevitablemente, y de cómo la literatura cae en sus redes. El dinero rige nuestras vidas, como supo reflejar admirablemente Pérez Galdós en sus obras, en especial en *La de Bringas*, aunque ya se ha convertido en un asunto tabú. Pero hoy más que nunca el escritor está pendiente del dinero, de rentabilizar su oficio de rellenar renglones, pues la sociedad lo arrastra a eso, así como las grandes editoriales, cuyos verdaderos propietarios son los directores de la sección de contabilidad; ellos marcan al final el rumbo de lo que se publica, y es una rareza encontrar un editor culto.

Un día, paseando por Nueva York, me detuve en una esquina a ver a un grupo de negros que discurseaban sobre la situación sociopolítica estadounidense. Llevaban pancartas en contra del Estado, y su aspecto era de lo más extravagante. Dementes o sabios, esos oradores vivían a fondo sus afirmaciones, y para mí no eran menos de fiar que los periódicos o los telediarios. En contraste con toda esta charlatanería efímera, el único visionario, pensé, sigue siendo el poeta, que pronostica el desastre al que conduce lo material, o lo constata sin más énfasis que con una metáfora. En «La danza de la muerte», el *Poeta en Nueva York* García Lorca canta: «¡Oh

salvaje Norteamérica, oh impúdica! ¡Oh salvaje!», y más adelante
–hay que recordar que escribió el libro en pleno Crack bursá-
til, en los dos años (1929 y 1930) pasados en la Universidad de
Columbia–, atestigua cómo «ya la Bolsa será una pirámide de
musgo. (...) ¡Ay, Wall Street!».

Lo que vio García Lorca ya lo intuyó Walt Whitman, quien
se adelantó a todos en su pronóstico detectando en su día –¡en
su siglo!– lo que ahora los pregoneros de distinto cariz, desde el ámbito económico, periodístico o histórico, explican con
un apéndice apocalíptico. En un librito de conversaciones con
él, leo: «La vida americana: cada hombre tratando de derrotar a otro, abandonando modestia, abandonando honestidad,
abandonando generosidad para lograrlo, creando una guerra,
cada hombre contra cada hombre; todo el desgraciado asunto
falsamente afinado por ideales de dinero, política de dinero,
religiones de dinero, hombres de dinero». Whitman temió lo
que hoy se ha transformado en ley: «Que Dios proteja nuestras libertades cuando el dinero tenga finalmente nuestras instituciones en sus garras», dijo el autor de *Hojas de hierba*: «El
problema aquí entre nosotros es nuestra endiablada manía
de dinero», añadió. Una manía que hoy hace tambalearse al
mundo, y, de esta forma todo es explicado, hasta simplifica-
do, por parte de los medios de comunicación y los políticos, a
base de tecnicismos o cifras tan altas que terminan siendo un
garabato de números sin significado alguno.

Estamos en el punto álgido de una decadencia que también percibieron, con dolor profético, Nietzsche, Tolstói, Stefan
Zweig y Max Weber –éste estaba convencido ya en 1918 de que
los Estados Unidos y Japón dominarían el mundo–. Así lo recrea Mauricio Wiesenthal en su novela *Luz de vísperas*. En ella,
el protagonista, Gustav Mayer, *alter ego* de tantos intelectuales
del Este que vieron deshacerse la cultura europea, al estallar la
Primera Guerra Mundial, advierte: «El capitalismo ofrece (...)
un mundo sin más fe que los valores materiales del éxito y
el dinero». Y en efecto, en esa falta de fe reside su debilidad,
el germen de su desmoronamiento anunciado. La literatura es
fe por la belleza, la expresión poética, el gusto de contar una
historia, así que casa mal en este ambiente financiero en el que
eres alguien si produces y generas ingresos claros y regulares.

Resulta descorazonador, pero no faltaron los que nos avisaron de que esto iba a llegar. El escritor inglés Lyndham Lewis, en sus memorias *Estallidos y bombardeos*, dice algo al respecto; su experiencia como soldado en la Primera Guerra Mundial ocupa la mayor parte del libro, pero no es tan interesante como sus reflexiones sobre lo que significó aquella «Gran Sangría» para el arte. En su opinión, en ese momento, con la implantación masiva del sistema capitalista y la comercialización de todo, se destruyó al artista, y ya no volvieron a surgir talentos como antaño, como sus amigos Yeats o Eliot. En la quinta y última parte del libro, Lewis señala «una sociedad sin arte» en la que «tal vez la gran literatura sea una cosa del pasado». Kafka, Proust, Joyce hoy serían nadie, supongo, personas excéntricas escribiendo textos para los que son necesarias virtudes hoy perdidas: la paciencia y la reflexión, además del gusto profundo por la expresión rica e incluso poética y filosófica. El propio Kafka se sentiría desconcertado en este presuroso periodo, él, que dijo en un aforismo que «todos los errores humanos son impaciencia, una interrupción de lo metódico», que nuestros pecados capitales proceden de la indolencia.

Así, gradualmente, ha habido una tendencia a convertir el arte literario en escaparate, cuando no en *show* mediante premios literarios que se difunden en cenas y galardones millonarios, que es lo que la gente del pueblo recibe: listas de ventas, marketing y publicidad desde los suplementos culturales que apoyan a las editoriales de su mismo grupo empresarial. Publicar un libro ya no es un acontecimiento estético ni emocionante, sino que su relevancia parte del dinero que es capaz de generar, sobre todo por el atractivo de la persona que lo firma. Cómo aceptar esta situación, a la que hay que añadir todo tipo de corrupciones que nada tienen que ver con la literatura, sino con el amiguismo; por ejemplo, en muchos premios de poesía en los que unos se apoyan a otros para obtener beneficios, dinero, publicaciones: hoy por mí, mañana por ti, parecen decirse. Cómo desarrollar una trayectoria literaria tranquila y confiada si hoy el autor se ve obligado a emplearse cual relaciones públicas, a tener agente editorial, a vender su arte como si fuera un tendero. Cómo escapar de las exigencias del mercado, de la escritura fácil de *best seller* que se demanda, si no es como hace el personaje del padre de Javier Bardem en la película de Woody Allen *Vicky Cristina Barcelona*, un viejo poeta que se venga pacíficamente de este mundo escribiendo, según su hijo, bellísimos poemas que se niega a publicar, encerrado en una finca asturiana, bucólicamente, en mitad de la naturaleza. Hay que estar por encima del bien y del mal editoriales, ser, con Nietzsche, un Zaratustra, cuando dice: «El que sube a las montañas más altas se ríe de todas las tragedias del teatro y de las tragedias reales».

Pero qué complicado encontrar semejantes casos de aislamiento, de independencia ideológica y creativa, de entrega constante y libre de condicionamientos exteriores. En un pasaje del *Libro del desasosiego*, Fernando Pessoa dice: «Enciérrate, pero sin dar un portazo, en tu torre de marfil. Y tu torre de marfil eres tú mismo. Y si alguien te dice que esto es falso y absurdo, no lo creas. Pero tampoco creas en lo que yo te digo, porque no se debe creer en nada. (...) Desprécialo todo, pero de modo que el despreciar no te cause molestias. No te juzgues superior a tu despreciar. El arte del desprecio está en eso». Esta idea de torre de marfil es hoy imposible de ver en un artista. Por supuesto, siempre está la tentación de despreciar este entorno cultural, aunque tampoco cabe hacer ostentación de ello, porque el malditismo es una cosa añeja, y quien lo ejerce puede caer en el esperpento; es decir, dar un portazo para hacernos notar resulta exhibicionista. Más bien se trata de una actitud juanramoniana, no de misantropía, pero sí de dedicación al arte interior. Eso en mi opinión ha de regir el temperamento del escritor, sin menoscabo de integrarse en su entorno. No se debe creer en nada, al decir pessoano, pero tampoco demostrar desprecio por un ambiente al que, consciente o inconscientemente, deseamos pertenecer.

Hasta Montaigne, el paradigma de autor, literalmente, encerrado en su torre, desde 1568, tras la muerte de su amigo poeta Etienne de la Boètie, estableció lazos entre su retiro y el impacto de sus ensayos entre la población. Como sus escritos gozaron de éxito, las imprentas de las grandes ciudades estaban atentas a lo que escribía y se sucedían las ediciones. Es un ejemplo de cómo desde el aislamiento más extremo también es posible llegar a todas partes, con la distancia de por medio. Algo hoy, en el reino de los actos promocionales, muy improbable. Como pone en el techo del *château* de Montaigne, yo diría «qué sé yo» al respecto de todo este mar editorial tan llamativo pero tan vacuo, tan anodino que caracteriza este comienzo de siglo. Lo único que puedo sospechar es que quien más quien menos desearía esta situación a la Montaigne: acomodarse para desarrollar la obra propia sin el fastidio de la exposición pública pero disfrutando de todos los parabienes que el entorno editorial genera.

La situación actual imposibilita mantenerse retirado y a la vez publicar, pues cada vez es mayor la figura del escritor que ha de venderse a sí mismo, hacerse publicidad o asociarse a grupúsculos que le den notoriedad. Sólo hay excepciones extrañas: Javier Zardoya, en un artículo titulado «El caso de los escritores furtivos», decía: «En el panorama literario actual, en el que las campañas de promoción han arruinado toda la clase de mitología que podía envolver a sus principales protagonistas, resulta cuando menos chocante que queden todavía personajes irreductibles a los que el poderoso aliento de la imagen no haya atrapado todavía». Y entonces salían las alusiones a Thomas Pynchon, Maurice Blanchot, J. D. Salinger, Cormac McCarthy o Julien Gracq. Todos ya fallecidos o muy mayores de edad.

Así pues, no hay mitologías, ni romanticismos, ni escritores que vivan en/por la literatura de forma apasionada o incondicional como antes. Quién ahora se atreve a proclamar, como Samuel Beckett: «Ser artista es fracasar como nadie se atreve a fracasar». Todo ese encanto ha desaparecido, el encanto reflejado por Wiesenthal en su novela entre 1880 y la Segunda Guerra Mundial. Dice Nietzsche en *Así habló Zaratustra:* «Sois estériles: por ello os falta la fe. Pero quien ha tenido que crear, tuvo siempre sus sueños proféticos y sus augurios estelares, ¡y creyó en la fe!». Después de que nuestra fe occidental, basada en ganar dinero para gastarlo en posesiones, se desmorone, nos encontramos huérfanos de valores, de ideales, y la sociedad, sin la práctica de la fe, sin cultura popular, sin tradiciones que estimulen el amor al pasado, ya no está acostumbrada a lo que significa poseer cosas intangibles.

Sin embargo, yo creo que hoy más que nunca es necesario optar por ese desprendimiento, por esa idílica torre de marfil, pues es tal la confusión del mercado, tan caprichoso y tan pendiente de fenómenos de modas, que me parece quimérico encontrar la manera de ajustarse a todo eso. Es un ruido que acaba molestando: todo son prisas por publicar, por subirse al tren de editar con continuidad, para dejarse ver por los medios, incluso por parte de los autores más veteranos, que no quieren perder su lugar y que muchas veces dan al público absolutas mediocridades, amparados en antiguos prestigios.

Todo ello no tiene nada que ver con lo que nos importa, que es ser capaces de hacer buena literatura, libros que merezcan ser releídos y recordados. Así que, obviamente, es perjudicial para las aspiraciones estéticas del autor meterse en esta mercantilización de la literatura de la que han hablado Germán Gullón y André Schiffrin. El primero ha dicho: «Al final de la Edad de la Literatura, en torno al año 2000, se produjo un cambio radical en el panorama de las artes: la preferencia del hombre culto se trasladó de lo verbal a lo icónico, lo que vino a empañar un panorama cultural posmoderno ya de por sí confuso (...) A su vez, el aspecto comercial del libro literario afectó al componente artístico, reduciendo su valor a un precio, precio que incluye, por supuesto, el almacenaje. Tras un año o dos de precaria existencia, muchos libros apenas resisten la guillotina, porque el almacenaje resulta costoso». Por su parte, Schiffrin habla del «fenómeno que abarca ya todo el mundo: si en muchos países el principal problema cultural era la censura, ahora el propio mercado se ha convertido en censor». Es decir, el libro se está abandonando a las leyes del mercado. De ahí que, al parecer, muchos autores, incluso los jóvenes, se vayan adaptando a lo que el mercado acepta con agrado: novela negra e histórica, es decir, un contexto espacio-temporal específico, unas reglas de género estipuladas, un esquema simple de presentación-nudo-desenlace, con intriga, una pizca de sensualidad y exotismo. Siempre ha habido sitio para lo literario y lo popular –Graham Greene y Georges Simenon dividían su propia obra en literaria y de entretenimiento, por ejemplo–, pero ahora parece haberse extremado esta tendencia comercial, y es verdaderamente difícil publicar libros con aspiraciones literarias que se alejen de lo estándar y consabido. El panorama, por todo ello, a mí me parece poco estimulante y muy cerrado, no arriesga lo más mínimo en esta, al decir de Schiffrin, «ideología del beneficio» que acaba consagrando «la censura del mercado».

Otra cosa preocupante, y que debilita nuestra cultura profundamente, es el estancamiento editorial de géneros que no son novela: la poesía y el ensayo literario apenas tienen cabida ya, y cuesta horrores divulgar este tipo de obras. Aunque paradójicamente, el número de libros editados al año es escalofriante. Según las estadísticas, España es el tercer país de Europa y el quinto del mundo en producción de libros. De ahí que esa censura de mercado sea más cualitativa que cuantitativa.

Todos los intelectuales que conozco y admiro tienen esta visión desangelada, decepcionada, de nuestro entorno editorial. José Ángel Cilleruelo me hablaba en un correo electrónico, a este respecto, de «un medio literario que ha cambiado hacia la estrechez, la mezquindad y la indiferencia», y en la entrada de su blog del 17 de noviembre del 2008, se refería al blog de Gullón, precisamente, de acuerdo con él en lo que concierne a la reflexión sobre «el futuro de la literatura. En lo que respecta al «mundo académico... iba a teclear una frase tópica: "cada vez más fosilizado", pero de repente he pensado que no era cierto; los fósiles son pequeñas maravillas donde la vida ha quedado prendida a su propia huella. Como la literatura. De hecho los verdaderos fósiles son los libros, que dejan para siempre grabado lo que no se puede grabar: el instante. El mundo académico no fosiliza; como dice Gullón: sólo "aburre"».

Pero, entonces, ante una situación tan desoladora, para qué escribir, qué sentido tiene además buscar maneras de publicar, cuando además las jóvenes generaciones prefieren mil métodos diferentes de entretener su tiempo de ocio. El narrador peruano Julio Ramón Ribeyro habló de lo abrumador que es vivir rodeado de libros: «No digo en cien años, en diez, en veinte, ¿qué quedará de todo esto? Quizá sólo los autores que vienen de muy atrás, la docena de clásicos que atraviesan los siglos»; y más adelante: «¿Qué cosa hay que poner en una obra para durar? Diríase que la gloria literaria es una lotería y la perduración artística un enigma. Y a pesar de ello se sigue escribiendo, publicando, leyendo, glosando. Entrar a una librería es pavoroso y paralizante para cualquier escritor, es como la antesala del olvido».

Es verdad, se sigue escribiendo y publicando. Yo mismo, me preguntaba cuando publiqué un libro de ensayos sobre poesía, ¿qué puedo aportar de nuevo acerca de Giacomo Leopardi, Emily Dickinson, Rubén Darío, Jorge Guillén, Pablo Neruda, o incluso de autores más próximos como José Hierro? Bueno, supongo que una visión particular, la lectura desde *mi* sensibilidad, *mi* meditación, *mi* experiencia, *mi* memoria, *mi* instinto, *mi* intuición, para conocer la obra a través del hombre que la escribió, para conocer al hombre a través de su obra. Por eso aludí en la introducción a ese libro a cosas para mí capitales: la consideración de la poesía como autobiografía, la palabra escrita como tabla de salvación íntima. En definitiva, a la literatura como necesidad: la de leer y escribir, la de su placer y consuelo. Los libros de mi biblioteca son en realidad una farmacia y un brebaje isotónico: en el decaimiento y en la serenidad, en el desconcierto y el buen humor, recorro la vista por los estantes, y en los aforismos de Cioran, en los versos de Machado, en los cuentos de Chéjov, en las memorias de Sándor Márai, en las novelas de autores contemporáneos que son todo un descubrimiento, como John Fante o Budd Schulberg, eternamente en *Don Quijote*, en los pensamientos de Marco Aurelio, encuentro mi miseria y grandeza en la miseria y grandeza de los seres humanos representados. Y en los límites de mi individualidad, una voz me habla directamente cuando lo necesito, y así cojo un libro de Whitman, y me suelta directamente en el poema «Años inestables» el mayor consuelo para mí en ese instante: que me mantenga íntegro, confiando en mi yo.

Esa pulsión interna, esa ansia de crear un mundo en una novela, una voz lírica en poesía, una perspectiva original en el ensayo, está por encima de publicar, del azar que supone que una empresa encuaderne tus libros. Y ahí vuelvo a evocar la fe, el romanticismo, la ternura de hacer una obra bien hecha, de modo artesanal y paciente, como narra Wiesenthal al hablar de los cimientos, los valores y virtudes de la cultura europea. Así que me siento acompañado cuando, ante las dificultades de publicar cada una de mis obras durante años, leo en el diario de Henry David Thoreau: «Durante cierto tiempo trabajé como reportero de un diario de escasa circulación, cuyo editor nunca consideró oportuno publicar la mayor parte de mis contribuciones y, como suele ocurrirles a los escritores, no gané otra cosa que mi esfuerzo. Sin embargo, en este caso mi esfuerzo fue su propia recompensa».

Esta vida que ahora personalizo consiste en ese privilegiado esfuerzo, leer y escribir, en leer el mundo y a las personas, en describir lo que veo e intuyo. Y en ese *modus vivendi*, uno lee y escribe porque es su manera de comunicarse con lo existente, para aliviar su propia soledad al tener la compañía, más allá de tiempos y lugares, de otros que saben dirigirse a nosotros, que nos comprenden y nos dan instrumentos para entender la vida, o al menos para tolerarla, para dignificar con belleza sus tormentos. Rilke afirmaba que una obra de arte es buena si surge de la necesidad de escribirla; y en una carta a un joven poeta que le pidió consejos, dijo una cosa que hasta tuve enmarcada en mi estudio: «No hay medida en el tiempo: no sirve un año, y diez años no son nada; ser artista quiere decir no calcular ni contar: madurar como el árbol, que no apremia a su savia, y se yergue confiado en las tormentas de primavera, sin miedo a que detrás pudiera no venir el verano. Pero viene sólo para los pacientes, que están ahí como si tuvieran por delante la eternidad, de tan despreocupadamente tranquilos y abiertos. Yo lo aprendo diariamente, lo aprendo bajo dolores a los que estoy agradecido. ¡La paciencia lo es todo!».

En mis trabajos ensayísticos, voy tras los autores para los que, efectivamente, la escritura brota de la sinceridad y de la autenticidad, de la paciencia, de equilibrar sentimiento y pensamiento en su obra, por decirlo con el célebre verso de Unamuno. Me siento identificado con eso. Con la necesidad, que a veces es hermana de la inseguridad, de la duda. El pensador austriaco Karl Kraus dice una cosa que yo firmo plenamente: «Hay que escribir en cada momento como si se escribiera por primera y última vez. Decir tanto como si se tratase de una despedida y decirlo tan bien como si se debutara». Quisiera pensar que yo mismo me planteo esta exigencia y que voy tras ella en los autores que leo. Me fascina, en este sentido, la lánguida inseguridad de Clarice Lispector: en un artículo de prensa, dice: «... cada vez que voy a escribir, es como si fuera la primera vez», e incluso reconoce, salvo en el justo momento en que está escribiendo, no saber qué es escribir ni cómo se hace. El holandés Cees Nooteboom, en *Una canción del ser y la apariencia*, habla de cómo tarde o temprano llega un momento en que el escritor duda de lo que está haciendo. Y «quizá sería extraño si no sucediera así», afirma.

Pero frente a la inseguridad, nada mejor que el desafío. El escritor –vuelvo al impudor de comentar mi caso– se mueve de retos: ya sea un texto de encargo semanal para la prensa sobre algún autor u obra actual o clásica, ya sea una novela o un libro de poesía propios. De nuevo citaré a Nietzsche, cuando hace decir a Zaratustra, en el capítulo «De la lectura y la escritura»: «De todo lo escrito solamente amo lo que uno escribe con su sangre. Escribe con sangre: y descubrirás que la sangre es espíritu». Hay que escribir, pues, con la intensidad y energía que emanen de una fuerza imperiosa, porque ya hay demasiados libros blandos, carentes de intensidad, de historias lineales donde nada palpita, de lenguaje, estructura y lenguaje previsibles, monótonos, faltos de vida. Y es la vida, en su cruda complejidad, lo que pretendemos encontrar en los libros que merecen ser releídos. Cuando penetro en una novela de Lispector, quiero besarla en los labios, cuando leo un poema de Bukowski, quiero emborracharme con él, cuando leo a Dostoievski, quiero recitar a su lado su ejemplar maltrecho de la Biblia.

Esa es la recompensa mayor: cuando un lector se ha metido de lleno en un texto que uno ha escrito, que lo ha hecho suyo, que lo ha apreciado y asimilado con delicadeza, llegando no sólo al texto sino también a la creatividad, al alma del autor. Cuando tal cosa sucede, es como si una mano cálida me acariciara. Y entonces, en esa respuesta amorosa, las calamidades de escribir para publicar, el absurdo de pasarse horas sentado eligiendo una palabra, desaparecen, y solamente queda la luz de la inspiración que un día ordenó a tu psique la creación de una obra determinada. En el desafío de recordarme entre cervezas y nostalgias, entre la lluvia de Dublín y Barcelona, escribí una novela llamada *Solos en los bares de noche*; como reto para referir mi cotidianidad en su dureza en la juventud, me inventé un personaje que habla de forma coloquial en endecasílabos en un libro de poesía llamado *Labor de melancoholismo*, haciendo un juego en el título entre la melancolía y el hábito de beber; para poetizar de nuevo la isla de Irlanda, su literatura y la admiración por el carácter de su gente, me propuse escribir cincuenta poemas cortos, aspirando a heredar un tono entre la brevedad de Pedro Salinas y la precisión de Jorge Guillén, y lo llamé *La ciudad gris*. Cuando en un momento dado, llegué a pensar que más valía estar muerto, me pregunté qué movía a la gente al suicidio a lo largo de la historia, y realicé una investigación de diez años que me llevó a conocer las muertes voluntarias de trescientos escritores y filósofos, y a aportar de ellos una particular antología poética, y llamé a ese libro *El gran impaciente*. Escribí una novela sobre un viaje por Islandia, *Hildur*, sin haber pisado ese país, para ubicar una historia de amor más allá de la muerte. Y así sucesivamente. Cada obra aparece tras la llamada de un reto estético diferente, una pregunta que sólo tiene respuesta en el propio devenir de la escritura. Es la ignorancia y la curiosidad la que mueve a escribir tales cosas: y al acabar somos más ignorantes en la materia, pero más sabios en la experiencia de leer y escribir.

Todo esto, la experiencia de encarar lo que uno tiene de creación (de lucha, diría Zaratustra), que es en realidad el valor, el aliciente, la aventura de escribir, ¿qué tiene que ver con que un tipo determinado decida convertirla en un libro, con ese azar que depende de una decisión ajena? En el otro extremo, está la edición sin límites prácticamente: me cuenta el gran narrador venezolano José Balza que el Ministerio de Cultura del gobierno bolivariano de Chávez tiene el siguiente proyecto, llamado El Perro y la Rana: la publicación de un libro al día, para que una gran cantidad de ciudadanos puedan dar sus escritos, lo que acabará haciendo que no haya obras inéditas, como quien dice. Frente a esta falta de filtro, por un lado, y por el otro, la publicación limitada al mercado más insustancial, ¿cuál es la vida de los manuscritos que no alcanzan a tener un código de barras y un par de solapas? No sé si las obras inéditas existen en verdad. ¿Qué opinaría Pessoa de eso, él que escribió miles de textos que fue guardando sistemáticamente en un baúl? Ignoro si los blogs u otros ámbitos informáticos son el futuro para que el autor no dependa de las leyes del mercado a la hora de ofrecer sus creaciones. En cualquier caso, es desafortunado escribir para el lector si uno no escribe con sinceridad para sí mismo: «Quien conoce al lector ya no hace nada por el lector. Un siglo más de lectores y el mismo espíritu olerá mal», dice de nuevo el profeta de Nietzsche.

Y en todo este mar contradictorio, turbio, entre el arte y lo burocrático, entre la fe en el ideal artístico y el pragmatismo capitalista editorial, con la voluntad de permanecer en la orgía perpetua de la literatura, como decía Flaubert, uno sólo puede emprender su propio camino, «continuar, continuar», para vivir la literatura atravesando tierras y con la mirada interior, como apuntaba al comienzo, y decir, leyendo a Chateaubriand con un punto de orgullo melancólico: «Pasad, hombres, pasad, ya llegará mi turno».

La ciudad platónica. Guía para visitar Utopía

Para aquel que desee preparar un viaje allá donde todo puede hacerse realidad, hasta los sueños, las predicciones y las fantasías, nada mejor que afrontar cualquiera de los caminos que conducen a Utopía, ese lugar que no existe, «plan, proyecto, doctrina o sistema optimista que aparece como irrealizable en el momento de su formulación», según el diccionario. Para el viajero, es el país más accesible, el más próximo, el más íntimamente ligado a su instinto de huir, escapar o salir del lugar que ocupa. Las direcciones son infinitas; los senderos, ilimitados; el punto y el momento de llegada, al gusto del consumidor.

El viaje que emprendemos, al componerse de ilusión, lo está también y sobre todo formado de palabras, de invenciones ficticias, de literatura. Pero también sabemos que muchas veces los libros hablan, incluso desde lo fantástico, de la cara oculta y menos visible de la realidad, del vivir cotidiano.

Los que visitan con frecuencia el territorio de la Antigüedad advierten que, para pisar Utopía, cabe acudir a lo que Platón ya expuso en su día en varios de sus textos. Por otro lado, tampoco ahora se trata de que nos planteemos viajar a otra de las caras de Utopía –aquella que remite a lo exótico, a lo extraño– con el fin de vivir aventuras; es más bien Utopía la entrada a un mundo donde todo se reconstruye, donde el viajero penetra en realidades desconocidas, sorprendentes y asombrosas, tanto por sus rarezas como por su dosis de elevado sentido común. Y al igual que le sucede al turista occidental al arribar a puertos orientales, o al moderno ciudadano nórdico acostumbrado al confort y a la tecnología punta en el momento en que descubre un continente vencido por el hambre, el hecho de cruzar el umbral de Utopía también guarda esa impresión de cambiar radicalmente de escenario.

Por esta razón, el viajero que pretenda conocer dicha tierra habrá de soltar el lastre de los prejuicios, llevar con él lo imprescindible, tener los ojos muy abiertos y a punto su cámara fotográfica o de vídeo, pues no cabe duda de que la sorpresa continua merece ser registrada. Los mapas ayudarán lo justo, pues necesitaremos con tanta exactitud como libertad la sugerencia de ir por unos caminos u otros. Si a menudo *utopía* es sinónimo de quimera, de objetivo irrealizable, el viajero muy bien podrá entregarse al azar de las calles, las plazas, los edificios, las carreteras, los cielos y las montañas de cada ciudad de Utopía.

¿Es Utopía el ejemplo del mundo que debería existir desde lo ideal, lo soñado, lo deseable? Bien, en torno a ello, como no podía ser de otra manera, hay muchas rutas. Del viajero dependerá permanecer o no en un paisaje urbano en el que se siente en armonía con las condiciones de vida de turno, pues no en vano el utopista se caracteriza por construir realidades a partir de su disgusto por aquella en la que se mueve. Utopía, así, constituye no una negación del mundo en el que vivimos, sino una corrección del mismo. ¿Y acaso el viajero no siente en lo más hondo, en medio de la preparación de su nuevo destino, ese anhelo de descubrir mejores sociedades, más justas y equilibradas, en muchas ocasiones?

Ya nos desplacemos a una isla, paradigma geográfico de Utopía, ya lo hagamos a una zona continental o a una gran ciudad, nos encontraremos con aspectos comunes que el viajero habrá de tener en cuenta si quiere aprovechar su visita. En Utopía, no tardará en notar el desprecio al dinero, al comercio y a los bienes materiales en general; un gusto por explotar los recursos agrícolas; la tendencia a que todo se regule con normalidad y perseverancia desde el altar donde gobierna un único sabio a toda la comunidad; la ausencia de partidos políticos, frente a la voluntad de los ciudadanos a regirse por las leyes del orden y la responsabilidad personal, lo que hace que se anulen las clases sociales al uso; una solidaridad, un colectivismo, ejemplares desde su concepción, puesto que del visitante dependerá pensar si tal régimen se pone en práctica de forma adecuada.

No insinuamos que visitar Utopía sea parecido a hacerlo a los países de regímenes comunistas, pero bien es cierto que sus diferentes lugares pueden darnos el aspecto de colmenas perfectamente organizadas. A este respecto, cabe decir que ya los antiguos griegos proyectaron su imaginación hacia la construcción del paraíso soñado: una sociedad que, ausente de angustias y males, fuera la recuperación de tiempos pretéritos gloriosos. El viejo tópico *cualquier tiempo pasado fue mejor* cristalizó en varios escritores, que soñaron Islas Afortunadas, o Campos Elíseos donde el hombre podía vivir sin las presiones de una comunidad llena de exigencias incómodas y demasiado dependiente del capricho de los dioses.

En Utopía, en cambio, el ser humano será su propio dios, tanto para lo bueno como para lo malo; él mismo creará su paraíso o su infierno, sucumbirá a las tentaciones o se adherirá a las órdenes impuestas. Lo contrario sería el caos, el desorden, y eso no cabe en Utopía, acostumbrada a la regularidad estricta que marcan los relojes y los calendarios, a la perfección que proporciona la geometría. Es, por así decirlo, algo contrario, por ejemplo, a la cultura del Lejano Oriente, con su tributo a la asimetría, pues nada más humano que lo imperfecto, lo que no presenta ángulos exactos.

¿Significa por ende que en Utopía nos veremos obligados a convivir con la tozudez del perfeccionista, del que parte del hábito inalterable? La respuesta la dará la retina de cada turista: para algunos, la falta de conflictos y caos en tal territorio será una circunstancia modélica y positiva; para otros, ese mismo hecho conllevará la incomprensión sobre la ausencia de voces reivindicativas. Porque habrá que tener en cuenta que en Utopía, entre el silencio que genera la ley impuesta, el grito del que alza su opinión por encima de la discreción de los demás le puede costar caro.

No es posible, en definitiva, adentrarse en Utopía impunemente. Si se atraviesa el espejo hacia ese modo de vida, se corre el riesgo de desear permanecer en ella, tanto para confundirse entre la multitud como para, desde la rebeldía, transformar el orden de sus acontecimientos.

Las llaves de Utopía aún las tiene Platón, que inventó la manera de pensar cómo construir semejante país. Él fue su primer visitante, el que colocó los límites del territorio para que los demás pudieran hacerlo evolucionar, el que abrió las puertas a esa forma de existencia urbana.

Así, proyectando en su imaginación un ámbito nuevo, a mitad de camino entre la ideología política y la filosofía, diseña la polis (o ciudad-estado) que hubiera pretendido similar a su querida Atenas; no exactamente una suerte de ciudad ideal pura y perfecta, es decir, imposible, sino una alternativa científica y pragmática a la realidad del momento, o sea, a la débil salud de un lugar sacudido por un largo conflicto bélico. Nos referimos a la guerra del Peloponeso, que se había extendido desde el año 431 al 404 a. C. y que enfrentó a Esparta, muy poderosa gracias a su ejército terrestre, y Atenas, la gran potencia naval del mundo conocido.

Para tal fin, se entrega a la escritura de *La república* entre los años 389 y 369 a. C., cuestionando el sistema de gobierno de su ciudad, que no es otro que la democracia. Es precisamente el hecho de ver la situación de varias ciudades, que sufren una completa desorganización por culpa de la larga batalla que acaba con la derrota de Atenas, lo que conduce a Platón a concebir una sociedad en la que rija la justicia desde todos los puntos de vista; algo que, en su opinión, no proporciona el pensamiento democrático, que ha ido degenerado hasta convertirse en una caricatura de sí mismo.

De este modo, quien visite *La república* tropezará con ideas al respecto de cómo en democracia no es el pueblo quien manda, de cómo se van sucediendo los que abanderan los cambios hasta que la igualdad no pasa de ser una farsa. Todo radica en la libertad individual, pero habría que ver si ello es posible viviendo en sociedad, si el ciudadano disfruta ciertamente de libertad de pensamiento, pues no hay que olvidar que el gobierno ateniense había condenado a beber cicuta a Sócrates, el maestro de Platón, en el año 399, acusado de corromper el alma de los jóvenes mediante su credo filosófico, su insistencia en preguntar a los hombres sobre todas las cosas, pues la verdad y las respuestas a todo se encuentran en uno mismo.

De resultas de lo que va manifestar Platón en *La república* y en otros libros como *Las leyes* y *Critias*, se extrae que la democracia esconde una intención fundamentalmente demagógica. De esta manera, la distancia en el tiempo entre el periodo vital del filósofo y la época actual se difumina y entrecruza: el político será el que, por mediación del arte de la oratoria, intente convencer al pueblo de su voluntad por mejorar las cosas; sin embargo, lo único que le importará será conservar el poder.

Por lo tanto, no le habrá de extrañar al turista de campos utópicos que la política, tal como la entendemos ahora, brille por su ausencia en el organigrama de las diferentes regiones de Utopía. El bien y el mal, los ejes de toda sociedad, se confunden sin remedio en el habla seductora del que desea mandar sobre la masa, y Utopía, por el contrario, reclama el bien, o al menos un paisaje del bien que parta del orden, del control de los elementos humanos y materiales. Y así como, en esencia, la poesía de toda la historia se encuentra inaugurada y condensada en la *Odisea* y la *Ilíada*; así como todo el género novelístico está integrado en *El Quijote*; así como todas las maneras de llevar a unos personajes a escena se hallan en la obra de Shakespeare, lo que va a caracterizar Utopía ya se encuentra en los planteamientos platónicos.

Ciertamente, Platón destaca, desde este instante hasta el fin de nuestro recorrido, como nuestro particular guía para poder transitar en este complejo camino; y lo será también para que un hombre del Renacimiento, Tomás Moro, recoja aquellos cimientos creados en el siglo IV a. C. e invente para la era moderna el concepto de *utopía*, actualizando su sentido hasta hacer de la palabra un hotel lleno de ventanas, esto es, un edificio que ofrece numerosas y distintas maneras de ver esa realidad, nunca se sabe, si ficticia o real del todo. Cada huésped, por consiguiente, entenderá lo que es utópico o no desde el objetivo de su cámara, desde su cultura, experiencia en viajar, exceso o falta de prejuicios.

A su vez, el ciudadano en *La república* deberá asumir el poder propio de los gobernantes; éstos, al quedar desprestigiados por sus intenciones sospechosas, y alejados de lo que debería ser su punto de partida –hacer mejor a cada una de las personas que viven bajo su dirección– han de ceder el protagonismo a una sociedad de individuos que constituirán la ciudad desde sus orígenes y la mantendrán plena de civismo y armonía. El Estado, de esta manera, desaparece frente al buen hacer colectivo de las personas, portadoras del bien filosófico, tal como había soñado Sócrates.

Así las cosas, la doctrina de Platón en *La república* aboga por la repartición de tareas entre los ciudadanos, al tiempo que estimula la ayuda y el apoyo mutuos. De haber complicaciones, aparecerá una clase de ciudadanos muy específica, la de los guardianes o militares que deberán asegurar que todo esté en orden, de custodiar la ciudad, de que no aparece ninguna oveja descarriada dentro de la población, dividida en función de la utilidad y las necesidades que imponga una ciudad gobernada por la buena fe general.

Pensamos en visitar *La república* a través de un viaje en el tiempo porque se trata, desde su núcleo, de una obra intemporal que rompe la correcta sucesión cronológica hasta cometer anacronismos. Por los personajes que reúne, encabezados por el propio Sócrates, el extensísimo diálogo del que está compuesta se podría situar, aproximadamente, en el año 430 a. C. Pero las alusiones a diferentes hombres, a ciertos acontecimientos o creaciones artísticas no acaban de encajar dentro de un mismo periodo, por lo que Platón elige la libertad de tiempo para que nazca su ciudad republicana.

Después de una larga discusión acerca de qué es la justicia y la injusticia –Platón es el primer pensador griego en negar que la justicia sea hacer beneficios a los amigos y daños a los enemigos, pues nadie ha de ser dañado nunca–, al que le sigue una charla sobre la bondad –«Es amigo el que parece bueno»–, los personajes que conversan con Sócrates van ideando la fundación de una ciudad muy especial. En ella, la familia no existe como tal, todo se comparte y cada individuo realiza unas tareas muy específicas en beneficio de todos, dado que «no hay dos personas exactamente iguales por naturaleza, sino que en todas hay diferencias innatas que hacen apta a cada una para una ocupación».

En este sentido, los que se verán obligados a un mayor sacrificio son los denominados «auxiliares» o «asalariados», cuya escasa inteligencia pero buenas aptitudes físicas les llevan a «realizar trabajos penosos», a ser una especie de complemento para la ciudad. Por su parte, los guardianes tendrán que realizar aquellas tareas más ventajosas para la República, olvidándose de la propia felicidad, pese a que la idea de Platón es hacer que toda la ciudad sea feliz y que no disfruten sólo unos cuantos de ella. A cambio, al buen guardián cuyo comportamiento desde niño haya sido ejemplar se le concederá en vida grandes dignidades y, una vez muerto, se le honrará mediante monumentos y con solemnes funerales.

Junto a estos sacrificios, también se contará el hecho de no tener derecho a la posesión de una casa: los víveres le serán proporcionados al guardián por iniciativa del resto de ciudadanos como retribución a sus servicios. Todos, en definitiva, se verán en la necesidad de evitar los dos extremos más peligrosos para la armonía de la convivencia: la riqueza y la indigencia, «ya que la una trae la molicie, la ociosidad y el prurito de novedades, y la otra, este mismo prurito y, a más, la vileza y el mal obrar».

Tanto unos como otros, eso sí, estarán gobernados por los «salvadores y protectores» filósofos, es decir, aquellos sujetos que reflejan el bien y que son imposibles de corromper, además de ser los únicos en tener los conocimientos de las Ideas adecuadas para que el pueblo viva en armonía. Así, la Idea y el Bien son conceptos capitales para concebir el terreno platónico de Utopía. Una cosa conduce a la otra, y al fin es inevitable que el sabio Estado siempre logre alcanzar la justicia, la perfección, mediante el compromiso del ciudadano de hacer lo que le está destinado. Por eso, la alegría de un ser será la de todos; el mal de uno, el de toda la comunidad.

La población, bien alimentada de forma vegetariana (aceitunas, queso, cebollas, verduras, higos, guisantes, habas y bellotas son los alimentos principales), disfrutando de buena salud, tendrá una esperanza de vida altísima, cualidades que heredarán las siguientes generaciones. Asimismo, el elegido que imparta justicia habrá de ser necesariamente anciano, pues se necesita mucho tiempo para, a partir del estudio detallado y no de la experiencia personal, alcanzar el conocimiento de la injusticia.

La gimnasia y la música (la cual incluye las letras) son la base de la educación para los habitantes de la República. Sobre los dioses, no caben supersticiones ni tacharles de malvados por enviar desgracias a los humanos; éstos son los únicos responsables de las cosas malas. Acerca de ello, el que pisa la República platónica tal vez se sorprenda de los ataques dirigidos a Homero, que es criticado por describir a los dioses de forma errónea y de escribir de modo poco pedagógico de cara a los niños.

Este asunto resulta muy importante, pues el hecho de contar fábulas constituye una de las primeras actividades destinadas a la educación de los más pequeños, y en ellas, «en modo alguno se les debe contar o pintar las gigantomaquias o las otras innumerables querellas de toda índole desarrolladas entre los dioses o héroes y los de su casta y familia (...). Porque el niño no es capaz de discernir dónde hay alegoría y dónde no y las impresiones recibidas a esa edad difícilmente se borran o desarraigan. Razón por la cual hay que poner, en mi opinión, el máximo empeño en que las primeras fábulas que escuche sean las más hábilmente dispuestas para exhortar al oyente a la virtud».

La educación, en suma, ha de plantearse para hacer de los niños hombres discretos que comprendan que lo mejor para la comunidad es compartirlo todo, incluyendo mujer e hijos. En la ciudad ideal, el visitante habrá de adaptarse a tales condiciones: «Esas mujeres serán todas comunes para todos esos hombres y ninguna cohabitará privadamente con ninguno de ellos; y los hijos serán asimismo comunes y ni el padre conocerá a su hijo ni el hijo a su padre». Sin embargo, no merece la pena crear ordenanzas que regulen estas cosas, pues los individuos, honrados, sanos y felices, serán capaces de ejercitar tales hábitos sin leyes de por medio.

El decoro, dentro de esta sociedad felizmente avenida, servirá para eludir la promiscuidad, y aunque existirá la posibilidad del matrimonio, éste estará controlado por el Estado, que elegirá cuántos pueden celebrarse a partir de las consecuencias de las epidemias y guerras que sucedan; con ello, el número de ciudadanos se irá equilibrando para que no aumente ni descienda de manera preocupante.

Con todo, no será sólo esta República el único destino platónico para el viajero. Éste tendrá que resignarse, en cualquier caso, a visitarla de forma intelectual, por así decirlo, pues la ciudad queda planteada sin ponerla en funcionamiento, sin trama ni argumento narrativo, a partir de la división social ordenada entre gobernantes (los filósofos que representan la racionalidad), guardianes (cuya misión es salvaguardar la voluntad de los ciudadanos) y trabajadores (encargados de desarrollar todo tipo de empleos). Es, por tanto, una Utopía quieta, organizada, preparada para apretar el botón de *play*.

En otra obra, *Las leyes*, un Platón ya anciano insistirá en este procedimiento de mostrar una situación sin hacer mover a sus títeres. En esta ocasión, se trata de discutir sobre la mejor legislación para una nueva colonia, que estaría formada por diversos barrios (exactamente, 5.040 parcelas), los cuales a su vez se mantendrían, sin crecer ni en espacio ni en número de habitantes, a una considerable distancia del mar, pues el temor de que gente foránea pudiera llegar a la ciudad desde el puerto con malas intenciones es muy grande.

En estas páginas, Platón cambia tanto sus iniciales planteamientos que parece contradecirse: en la ciudad concebida en *Las leyes*, existen las propiedades personales, una moneda de curso legal sólo entre los propios ciudadanos, la obligación de casarse antes de los treinta y cinco años, una serie de gobernantes para las distintas necesidades sociales e incluso un senado, que se empeñará en controlar de forma drástica la educación de los niños. Todo está más atado y hay menos libertades, hasta el punto de que se censuran las opiniones personales si no son acordes con la perspectiva oficial. Como en el mismo régimen tiránico que el propio Platón condenaba en *La república*, *Las leyes* proponen la vigilancia al ciudadano, destruyendo la realización personal en aras de que el engranaje de la polis no sufra ningún desperfecto.

Será, por fin, cuando entremos en otros diálogos comandados de nuevo por el personaje Sócrates, *Timeo* y *Critias*, el momento de ver cómo funciona la ciudad ideal, de comprobar si en efecto las legislaciones diseñadas resultan prácticas. Para tal objetivo, Platón nos enseña cómo fue la Atenas nueve mil años antes del tiempo del filósofo, y de qué forma está compuesta esa extraña tierra llamada Atlántida.

Así, encontraremos una Atenas perfectamente organizada entre sacerdotes, artesanos, pastores, monteros, labradores y guerreros, aislados los unos de los otros, concentrados en sus quehaceres. Asimismo, no lejos de ella aparecerá una isla cuyo dueño anhela conquistar Grecia, pero un mal día un gran terremoto hunde la Atlántida en el mar, desapareciendo con ella sus templos dedicados a los dioses, su marcada organización militar, su división en diez provincias regidas por tantos reyes, los cuales no tardarían en corromperse al verse contagiados, desde su espíritu divino, de los errores humanos más vulgares.

Nace de esta manera la Utopía insular, y su trasfondo político, pues siempre en la construcción de tales ciudades se transparenta una realidad próxima: Platón contrastó el equilibrio ateniense con la barbarie y desmesura de la Atlántida, pensando en las guerras de Grecia contra Persia del siglo V a. C. Es Utopía, por consiguiente, un escenario que no admite una sola mirada; el visitante tendrá que destapar lo oculto, lo alegórico, si quiere pasear por el país con desenvoltura y conocimiento de causa. Las ciudades utópicas, ateniéndonos a *La república*, se edificarán «con palabras (...) desde sus cimientos. La construirán, por lo visto, nuestras necesidades».

Esta Utopía platónica constituye la entrada a la sociedad moderna que aparecerá en la literatura como un modo de presagio, deseo o temor. (¿No dijo Lamartine que «las utopías no son en muchos casos sino verdades prematuras»?) No en vano, los escritores utopistas serán los primeros en plantear la igualdad de sexos, la asistencia social, la creación de instituciones organizadas, o una ciencia sin restricciones. Ese compromiso intelectual con el entorno nació en la Grecia de hace veinticinco siglos y se ha desarrollado, como género literario, a lo largo de toda la historia. Sobra decir que la culminación a todo ese progreso común, partiendo del viaje imaginario tradicional, iba a llamarse, en la vigésima centuria, ciencia ficción.

Literatura y política

I. Letras y verdugos del gulag

Hoy, si algún conocido acudiera a nosotros para leernos un poema con la petición de que lo memorizáramos antes de quemarlo, pues su vida dependería de ello, nos echaríamos a reír; que un verso, en nuestra sociedad democrática, supusiera un delito para la policía, unas cuantas palabras un acto de rebeldía de niveles antipatrióticos, un aforismo la excusa para el asesinato o la reclusión en un campo de exterminio en función de la ley vigente, es algo que sólo podríamos ver en el territorio de la ficción audiovisual o literaria. Sin embargo, estos ejemplos de absurdo hiperbólico fueron dramáticamente reales, y sucedieron, visto con perspectiva el curso de la historia reciente –pese a que somos animales que tienden al olvido–, ayer mismo.

Semejante situación del escritor frente al poder político, que le vigila y le castiga si no se adapta a las normas de lo que se ha de decir en pos del bien general que dictan los gobernantes, como tristemente ocurre todavía en varios países comunistas o fanáticamente musulmanes, tiene su máxima expresión, por duración y contundencia, en la vieja Rusia rural, en la Unión de Repúblicas Socialistas Soviéticas del siglo XX, en sus consecutivas dictaduras sanguinarias. «Mi patria, Rusia, es un campo de pruebas donde la historia realiza sus experimentos sociales, y donde además no tiene en cuenta el destino de cada uno de los hombres aislados», dice el ucraniano Izraíl Métter. Y ciertamente, no es otra la conclusión que uno extrae tras revisar la relación entre el poder, el ciudadano y sus derechos en el campo del arte en aquel país ya desaparecido por desmembrado, casi desconocido por su acercamiento en sus usos y costumbres a Occidente.

Los precedentes de lo que apuntamos, del sufrimiento de aquellos que alzaron la voz y fueron silenciados, son ilustres y lejanos: el padre de la literatura rusa, Alexandr Pushkin, fue desterrado de San Petersburgo dos veces: la primera por componer unos poemas, podríamos decir ahora, políticamente incorrectos, y la segunda por declararse ateo; con todo, era tal su importancia para el pueblo que ni el zar Nicolás I, al fracasar la sublevación de 1825 en la que intervenía el propio poeta, se atrevió a ordenar su ejecución junto al grupo de jóvenes oficiales ahorcados. Años más tarde, Fiódor Dostoievski, por su participación en una tertulia literaria –lo que para las autoridades equivalía a cometer crímenes contra la seguridad del Estado–, es condenado a ocho años de trabajos forzados en Siberia y a la prohibición de seguir publicando, aunque la mitad del castigo lo cumplirá como soldado raso en el ejército por indicación expresa de Nicolás.

A partir de tan terrible experiencia, Dostoievski escribirá una obra impresionante ya desde el título, *Memorias de la casa muerta* (1862), que inaugura la narrativa penal rusa del siglo XIX –basta con leer *Resurrección* de Tolstói o *La isla de Sajalín* de Chéjov– y, por supuesto, la del XX, con tantos ejemplos al alcance. Acaso el más llamativo de ellos, el de Aleksandr Solzhenitsin, que con *El archipiélago Gulag* (1973) popularizó un término –GULAG es un acrónimo de las palabras Glavnoe Upravlenie Lagerei o Dirección General de Campos de Trabajo– que luego se usará comúnmente para referirse a la «reeducación» promulgada por el gobierno soviético, a veces practicada en «centros psiquiátricos» (tal cosa le sucedería a Joseph Brodsky, que en 1964 fue detenido, examinado en un hospital mental, acusado de «parasitismo» –de hecho, por recitar poesía– y deportado cinco años a una remota aldea).

En efecto, en los años setenta, la obra de Solzhenitsin, premio Nobel y preso del poder soviético, abrió los ojos a medio mundo ante una realidad terrorífica demasiado silenciada. Su obra destapaba el ocultismo con el que se había tratado una de las mayores aberraciones de todos los tiempos: los campos de trabajos forzados que Lenin y Stalin diseminaron a lo largo y ancho de la Unión Soviética. Con la excusa de reformar a delincuentes y antirrevolucionarios, entre los años 1921 y 1953 se masacraría la vida de entre veinte y treinta millones de personas en casi quinientos campos. De tal modo que «el gulag es el programa de asesinatos más largo financiado con fondos del Estado», dice Deborah Kaple, editora y traductora de las memorias de Fyodor Mochulsky, *El jefe del gulag*. A esta profesora de sociología en la Universidad de Princeton le llegaron estas páginas en 1992 azarosamente cuando acudió a Moscú para consultar los Archivos del Partido Comunista recién desclasificados con el fin de escribir un libro sobre la relación entre la URSS y China. Mochulsky había sido diplomático en el país asiático y contestó a un anuncio en la prensa de la investigadora. Fue el comienzo de una amistad –«Era inteligente y culto», afirma ella– y de una sorpresa: al cabo de unos meses, le confió sus memorias como empleado del NKVD (Comité del Pueblo para Asuntos Internos) y jefe de varias unidades de convictos en la década de 1940. Pero en la Rusia de los años noventa nadie quería ese ejercicio de introspección histórica, y Kaple se acabaría llevando el manuscrito a Estados Unidos para publicarlo en inglés.

El jefe del gulag es un documento de primer orden que hay que valorar tanto como poner en entredicho. Sin duda es «la primera descripción de los campos desde el punto de vista "administrativo" que se publica», como indica Kaple, pero también, como ésta también reconoce, es un testimonio sesgado, cuyas buenas intenciones cabe cuestionar. El caso es que Mochulsky, miembro del Partido Comunista con veintidós años, es enviado como ingeniero para colaborar en la construcción de una vía férrea en un gulag, pero aquí siempre lo conoceremos por sus actos salomónicos y en permanente riesgo de ser reprendido por sus tareas, ya que los que comandaban los diferentes departamentos podrían recibir castigos tan brutales como los propios prisioneros.

Mochulsky escribe unas memorias de un burócrata, pero no personales apenas. Hasta el final no se hace las preguntas que son inevitables: cómo es posible que el gobierno creara aquel infierno donde la gente tenía que sobrevivir con trescientos gramos de pan y un plato de sopa aguada al día, trabajar doce horas seguidas y soportar temperaturas gélidas, en su caso, en el círculo polar ártico. Los casos de crueldad extrema –asesinatos, violaciones, ejecuciones a menores– los recuerda como algo que le han contado, y hasta enfatiza las manipulaciones de los presos intelectuales sobre los campesinos, personas casi analfabetas que ni siquiera sabían por qué estaban allí, o los crímenes de los «duros presos comunes», que se jugaban a las cartas eliminar a alguien que les caía mal. Así, el capataz evita hablar de las celdas de castigo, escalofriantes, de los trenes con la gente que era transportada e incluso moría dentro de sed. No describe a la gente que perece de inanición o tuberculosis, y alude a su «ingenuidad» e «inexperiencia» cuando admite que se creyó el cuento de que los campos eran un mecanismo patriótico para que el socialismo reeducara a las ovejas descarriadas. En todo caso, él mismo también pasó penalidades: extenuación, una neumonía, soledad. Además: «Mi trabajo era muy estresante», pues un error en la construcción de las vías de un tren para transportar carbón lo podía pagar muy caro.

Y no obstante, seguiría unido al régimen comunista una vez acabada aquella infamia. Muy probablemente, durante su cargo en Asia, rememoraría cómo «algunos prisioneros se movían por el campo como sombras», cómo vio a individuos malvivir en condiciones infrahumanas. Indignado ya desde el primer día, hizo instalar estufas en las barracas de esa «gente honesta e inocente», ocultó información para defenderlos de las exigencias monstruosas de sus superiores, dialogó con los líderes de los distintos grupos… ¿Pero ello resulta suficiente cuando, pese a tanta aparente benevolencia, se está en el bando de los más despiadados verdugos? He aquí, pues, un *verdugo estatal* que escribe con libertad, vemos, en contraste con la obsesión por parte de los políticos rusos hacia el escritor ciudadano, como apuntábamos desde las primeras líneas.

A este respecto, justamente en la edición española de las citadas *Memorias* de Dostoievski, obtenemos una rápida consideración a tener en cuenta: los traductores Jesús García y Fernando Otero, en efecto, señalan que «la literatura y la crítica literaria rusas constituían en esa época una tribuna para la manifestación del pensamiento político y una influyente fuerza social». Así, la presencia de lo literario en la ciudadanía hace de lo publicado «la verdadera autoridad», según Vitali Chentalinski en *De los archivos literarios del KGB*, y de ahí el temor a ello de los poderosos: «Más que un arte, la literatura ha sido siempre en Rusia una especie de parlamento social que compensaba la carencia de un verdadero parlamento político, al ejercer de voz de la conciencia y de la verdad. La palabra ha sido tan valorada entre nosotros que por ella se ha llegado incluso al asesinato».

El trabajo de Chentalinski, concebido en paralelo al cambio histórico que impulsó Gorbachov en 1988, es clave para entender cómo está de arraigado el miedo a saber o recordar entre toda la población rusa tras siglos de tiranía. Pese a las reticencias iniciales de la Unión de Escritores de Moscú, Chentalinski logró desempolvar papeles secretos trayendo del pasado a «escritores y filósofos, ascetas y epicúreos, vencedores y vencidos», sacándolos del olvido y la ignominia hasta escribir «un relato verídico y documentado acerca de los avatares de la Palabra rusa durante la era soviética». El autor, que tenía claros sus cálculos –«Durante el periodo soviético fueron detenidos unos dos mil escritores. Cerca de mil quinientos perecieron en cárceles y campos de concentración mientras esperaban en vano que se los pusiera en libertad»–, iluminó etapas de tinieblas: el caso de Osip Mandelshtam, desaparecido en un campo de concentración de Vladivostok en 1938, es el más representativo de cuantos estudió.

Se trataba de un suceso intrigante dentro del gulag estalinista; el delito de Mandelshtam había sido escribir un poema sobre Stalin y su «bigote de cucaracha», por lo que pasaría cinco años en prisión ante tamaña «actividad antirrevolucionaria»; en su momento, se mintió acerca del destino del poeta, y Chentalinski pudo reconstruir sus avatares frente a la policía política. La vida de autores como Mandelshtam comenzaba a ser recuperada para la historia, pero faltaba la obra, por lo que Chentalinski y San Vicente impulsaron una colección, llamada La Tragedia de la Cultura (en la editorial Galaxia Gutenberg-Círculo de Lectores), dedicada a algunos de aquellos autores perseguidos: Isaak Bábel (fusilado) y Mijaíl Bulgákov (marginado y despreciado de modo absoluto), Marina Tsvetáyeva y Anna Ajmátova (ambas con similares desgracias: censura de sus escritos, ensañamiento con sus parejas e hijos), Andréi Platónov (a quien el Poder le confiscó sus manuscritos y le impidió publicar) y Borís Pasternak (quien renunció al premio Nobel ante las amenazas del gobierno, que le había prohibido publicar *El doctor Zhivago*).

Todos estos escritores estuvieron muy cerca o sufrieron de forma íntegra la mencionada tragedia cultural, o lo que George Steiner denomina, en uno de los ensayos de *Pasión intacta*, «la tragedia absoluta», es decir, la que «proclama axiomáticamente que es mejor no nacer o, en el caso de que esto ya no sea posible, morir joven» –en última instancia, se trata del «crimen de ser», durante el Holocausto, judío o gitano–. Algunos quisieron huir de todo eso, con diferente suerte: Leonid Andréiev, que tras ser un autor importante para la Revolución y gozar del éxito con la novela *Sasha Zheguliov*, escapó desengañado por lo que le rodeaba –al igual que el suicida Maiakovski–, muriendo miserablemente en Finlandia en 1917; Iván Bunin –el «traidor emigrado», como se le llamó tras recibir el Nobel en 1933–; o Vladimir Nabokov, que acabaría adoptando la nacionalidad estadounidense y evitando las alusiones a la situación de Rusia.

El olvido, lo decíamos al inicio, nos es inherente. Stefan Zweig se asombró al ver, sólo un año después de la Gran Guerra, cómo la gente sufría de amnesia, ayudando así al Estado de turno a seguir con sus abusos por culpa de «la voluntad embrutecida de olvidar la verdad». Estas palabras son de 1919 –«¡Perspectiva trágica de una hora trágica en un mundo trágico!»–, pero quién se atrevería a descartarlas hoy, cuando aún existe represión, totalitarismo, y tal vez nos encontremos, en alguna parte, con un hombre que vaya a pedirnos que memoricemos, antes de quemarlo, uno de sus poemas.

II. Un necio sustancioso llamado Hitler

«Un pasaje de *Mein Kampf* (escrito en 1924) suele considerarse el primer texto en el que Hitler juega con la posibilidad del exterminio judío. En él afirma que la Primera Guerra Mundial habría podido tener otro resultado de haberse gaseado a tiempo a algunas decenas de millares de judíos. No obstante, hasta ahora se ha pasado por alto un documento anterior y aún más explícito: la entrevista realizada a Hitler por el periodista catalán Eugenio Xammar y publicada un año antes (24-II-1923) en *La Veu de Catalunya*, en un momento en que el futuro dictador no era más que un personaje extravagante a punto de fracasar en su grotesco intento de golpe de Estado en Múnich.»

La larga cita, del *Diccionario crítico de mitos y símbolos del nazismo* de Rosa Sala, sirve de inmejorable introducción a un autor que quisiéramos aquí que representara la mejor combinación entre ese debatido asunto: literatura y periodismo, Eugenio Xammar (1888-1973), quien responde a todos los tópicos que pudiéramos reunir: periodista de raza, testigo privilegiado, observador agudísimo. En efecto, fue todo eso, y mucho más: la encarnación de una mentalidad informativa única que los expertos se apresuran en unir, desde una tan sensata como simplificadora perspectiva generacional, a la de Julio Camba, Chaves Nogales, Gaziel o su amigo Josep Pla. Y sin embargo, creo que se acerca más al temperamento de un Josep Maria de Sagarra –viajero, cosmopolita, *bon vivant*, gran conversador– y al ingenioso estilo de éste en las crónicas que envió desde Alemania al diario madrileño *El Sol* en 1920 que, por ejemplo, a los sobrios artículos que mandó Pla al mismo rotativo desde Italia, en 1922 y 1928, en pleno ascenso fascista.

Concretemos la comparación. En efecto, durante los años veinte, *El Sol* tuvo como corresponsales en Europa a dos jóvenes y talentosos periodistas catalanes que apenas se habían asomado al mundillo literario: José María de Sagarra y José Pla (firmaban en español). El profesor Narcís Garolera tuvo la ocasión de recuperar de aquel tiempo un material de sorprendente e indudable interés tanto desde el punto de vista histórico como artístico, a saber, por un lado, las «Crónicas de Alemania (1920)» de Sagarra, y por el otro, las «Notas de Italia (1922)», las «Cartas de Italia (1928)» y las «Cartas de Yugoeslavia y otras crónicas europeas (1928)» de Pla. Gracias a aquellos artículos habíamos tenido el privilegio de conocer, con una fuerza y proximidad extraordinarias, una etapa fascinante de la Europa de posguerra: la mísera nación germánica invadida por el ejército inglés y la Italia que ve el nacimiento del fascismo.

En el caso de Sagarra, había sido Ortega y Gasset el que le había propuesto trasladarse a Berlín como corresponsal; en el de Pla, la iniciativa de éste por cubrir informativamente la llegada de Mussolini al poder le llevaría a escribir para varios diarios a la vez, a una entrega periodística total. Cada una de estas situaciones personales tiene su reflejo en el modo de concebir las crónicas: el desenfado y la ácida ironía de Sagarra contrasta con el rigor y la seriedad de Pla. El primero se ocupará de describir un país que «sufre de una manera atroz las consecuencias de la guerra», de entrar en los cabarets y las tabernas, de hablar con el pueblo, de descubrir un arte vanguardista que le horroriza y de observar genialmente las rarezas locales. El segundo realizará un magnífico seguimiento de la realidad italiana hasta presenciar cómo «el fascismo ha dejado de ser un partido político; el fascismo es el Estado, el tono, la nota italiana de la vida social», y extienda además su periplo para acercar la desintegración política de los Balcanes y el difícil estado de Polonia.

Los textos de uno y otro se dejan leer con absoluto placer, justificándose su salvación plenamente, en el ingenioso Sagarra porque, más que reseñas informativas, son pequeñas narraciones muy personales, cuadros de costumbres germánicos, fragmentos de un diario de viajes que combina lo agrio y lo cómico, lo anecdótico y lo trascendente, mediante una exquisita habilidad literaria, mientras que las crónicas de Pla constituyen el testimonio completo, directo y documentado de un tiempo complejo y caótico de una Europa rota, violenta, que se preparaba inconscientemente para otra gran guerra.

Pues bien, la imagen de Xammar, tan próxima a Sagarra y Pla en su dimensión estética, de cómo interpretar el periodismo narrativamente hablando sin ceder a la necesidad de la información, es la de un tipo que va más allá en su contacto con la realidad y, a pesar de todo, está por encima de las bajezas y grandezas políticas, que no se cree nada pero apunta todo. Parece, además, que no le preocupó que sus textos sufrieran el habitual paso efímero en la prensa, limitándose en su vejez a dictar sus memorias, pero un hombre que tradujo a Walter Scott y Thomas Mann escribe con más recursos que los propiamente periodísticos. Catalanista convencido hasta su muerte, traductor de las Naciones Unidas en Nueva York y Ginebra, Xammar fue un hombre libre, un escritor sobresaliente, un analista político implacable.

De todo lo dicho dan fe sus crónicas berlinesas para el periódico *Ahora*. La inmediatez de los hechos y la rápida reacción del periodista, para el que sólo existe el estricto presente, conforman un documento denso y directo sobre los avances hitlerianos hacia el poder. Xammar consigue conservar un punto de vista objetivo desde una escéptica parcialidad que simpatiza con el lector, más atractiva y llena de gracia si cabe en sus escritos anteriores, cuando a partir de 1922 conozca una «república alemana, joven y todavía bastante desorientada» que sufre el hundimiento del marco debido a la inflación, hasta que todo estalle en el caos: la vida financiera es una «inmensa ficción», el canciller se halla cada vez más arrinconado, se suceden las manifestaciones y las huelgas tras la ocupación de la cuenca del Ruhr por el ejército francés.

Y, pese a todo, la mirada de Xammar es sarcástica: «Un país sin dictador no se puede decir que sea, hoy por hoy, un país como es debido», dice al respecto de Baviera, cuna del antisemitismo donde se deja ver un «descerebrado» y aspirante a caudillo llamado Adolfo Hitler. Será en los textos relativos a la situación bávara en los que Xammar se empleará a fondo: burlándose de los «rústicos» gobernados por el prenazi Gustav von Kahr, así como del presidente del Gobierno, un «paleto» y «gruñón intransigente». Pero lo mejor está por llegar: «Lleva gabardina, con un cinturón (me parece que con esto ya está todo dicho), raya al lado y un bigote recortado de tal manera que resulta más alto que ancho». A este individuo se le ha adelantado Von Kahr, quien «le ha quitado la plaza de dictador cuando él menos se lo esperaba. Cuando se canse, quizá ya no se llevará la dictadura, y Hitler deberá retirarse de la política».

Pero Hitler era muy perseverante: al día siguiente de llegar a Múnich, Xammar presencia «una de las cosas que surten más efecto y que dejan un recuerdo para toda la vida. Me atrevo a decir (...) que no hay nada mejor que un golpe de Estado». La escena es memorable. Narra cómo entró Hitler en una gran taberna y, «con un gesto completamente norteamericano y cinematográfico», pegó dos tiros al techo para que los bebedores de cerveza callaran tras escuchar las arengas de Von Kahr. Qué testimonio más sensacional. Nos imaginamos a Xammar en un rincón de ese local, escrutándolo todo con una jarra intacta enfrente para guardar las apariencias. «Adolf Hitler sigue siendo para nosotros (...) el necio más sustancioso. (...) Un necio cargado de empuje, de vitalidad, de energía; un necio sin medida ni freno. Un necio monumental, magnífico y destinado a hacer una carrera brillantísima.» A Xammar le fascinan las teorías «divertidísimas» de ese necio, y logra hacerle una entrevista junto con Pla. En ella, lo grave se torna caricatura, y el futuro criminal es sólo un individuo con una idea fija: curar a Alemania de su «cáncer», matando, lástima que no pueda ser posible, se lamenta, a todos los judíos en una sola noche.

III. Jóvenes testimonios frente al terror nazi

Vivimos a diario con la amenaza y la explosión de conflictos tan lejanos como próximos; también, con el recuerdo de las guerras recientes de nuestros antepasados, la civil y las dos mundiales, a través de multitud de testimonios gráficos y escritos. Se diría que sobre los padecimientos bélicos que sufrió Occidente ya lo sabemos todo, pero de súbito surge, aquí y allá, una nueva visión que vuelve vírgenes los ojos, pues el escalofrío de lo sanguinario, no por viejo y conocido, es menos impactante. Ejemplo insuperable de ello es *Historia de un Estado clandestino*, de Jan Kozielewski (Lodz, 1914-Washington D.C., 2000; Karski fue su seudónimo), uno de los documentos más importantes sobre la invasión de los nazis en Polonia, sobre los guetos de Varsovia, sobre los campos de exterminio, sobre todo un «mundo derrumbado». Otro es el documento vivencial, escalofriante, de los niños que sobrevivieron a los campos y dejaron constancia de ello en dibujos y diarios, más allá del celebérrimo libro de Ana Frank, como en un caso mucho menos conocido pero a mi juicio más interesante, el libro-diario de un adolescente talentoso y lleno de iniciativa: el checo Petr Ginz.

Centrémonos primero en Karski. El lector lo comprobará si recorre el episodio «Tortura», en que el autor cuenta cómo le machacaron los agentes de la Gestapo hasta dejarlo moribundo y con todas las ganas de un suicidio que no pudo consumar; o el llamado «El gueto», donde contacta con dos líderes judíos de la Resistencia que le encargan una misión capital en su inminente viaje a Londres: «Estábamos a comienzos de octubre de 1942. En dos meses y medio, en un barrio de Polonia, los nazis habían cometido trescientos mil asesinatos. En efecto, yo tenía que informar al mundo exterior de un tipo de criminalidad sin precedentes»; o las páginas de «Morir en agonía...», que narra cómo Karski ve *in situ* las atrocidades de un campo para poder dar cuenta de ello de forma fidedigna al comandante en jefe y primer ministro polaco instalado en el Reino Unido.

Karski, hombre muy católico y amante de la demografía, que estudió para ejercer la diplomacia, que le encantaba exprimir al máximo lo que ofrecía la vida: la equitación y el esquí, los idiomas y la literatura, los viajes y el colectivismo en pos de un ideal democrático, con su excelente tono narrativo se convierte es nuestro particular Virgilio: nos lleva de la mano por un Infierno –perdónesemе el tópico– que no cabe ni en la imaginación más retorcida, y caminamos con él por esa «ciudad de la muerte», «espantosa ruina de sí misma», que fue Varsovia desde septiembre de 1939, cuando los nacionalsocialistas, «como represalias por las pérdidas sufridas, comenzaron con las matanzas de cientos de inocentes». Hasta alcanzar casi dos millones de muertos a inicios de 1942. «Juegan antes de morir», tal era el comportamiento de los niños esqueléticos en el gueto, mientras los adultos vagaban como zombis en escenas tan macabras que a Karski le provocaron náuseas durante varios días. Aquellos recuerdos iban a ser, indefectiblemente, sus «posesiones permanentes».

A estos episodios de una dureza incomparable, se le unen todos los que están relacionados con la forma en que se preparó, en una habilísima clandestinidad, una Resistencia –Karski destaca el papel de las mujeres, verdaderas mártires que tenían mucho más que perder que los hombres– que llevó a cabo grandes acciones: periódicos que se repartían entre la población judía, escuelas en las que recibieron educación primaria unos cien mil niños, redes de producción de papeles de identidad falsos con los que sortear a los agentes de la Gestapo... El propósito de la Resistencia era «mantener la continuidad del Estado polaco, que sólo por accidente ha debido descender a la clandestinidad», explica al comienzo, cuando Polonia constituye el paradigma de país acosado, humillado y aniquilado. Un productor cinematográfico astuto haría una película sobresaliente con todo este material que ya presenta un estilo lleno de escenas muy visuales y guiones de un inusitado realismo y emoción. De hecho, la obra empieza casi como una novela de Tolstói, con Karski en un baile, tras su periplo universitario pasado en Suiza, Inglaterra y Alemania, en unos días en que el ejército polaco está siendo movilizado. «Alemania era débil» y los aliados la iban a derrotar pronto, se presumía en agosto de 1939, pero luego entra en juego el Ejército Rojo, que hace a Karski prisionero, y ahí empieza el vía crucis que lo lleva a una serie de aventuras de huidas, espionaje, suspense máximo y heroicidad.

El libro, escrito en inglés, fue publicado en 1944 –se dice que fue un *best seller* al venderse 400.000 ejemplares–, poco después de que Karski se entrevistara con el presidente Roosevelt en la Casa Blanca para hablar de los derroteros de la guerra y la situación de los judíos. Antes, el autor había atravesado la Europa fascista, viviendo mil y una peripecias por su otrora querida Francia –«Mi posición se asemejaba a la de un padre confesor para cada partido; era, más exactamente, un verdadero "canal" entre Varsovia y París»–, hasta alcanzar Gibraltar y, desde allí, poner rumbo a Londres, donde su mensaje podría ser divulgado en libertad. Entonces, se sucedieron los reconocimientos por su valentía y compromiso, tanto en Gran Bretaña como de inmediato en Washington, pues, ya sin su tapadera, seguiría ayudando a la causa polaca desde Estados Unidos (fue profesor en Georgetown de 1952 a 1992 y se erigió una estatua en su honor); su testimonio fue todo un impacto y no tardaron las traducciones; la española, curiosamente, data de hace pocos años y da la razón a aquella afirmación, oída de niño en el colegio, de que la historia de Polonia era la más triste de todas las naciones... En todo caso, dejando aparte identidades geográficas, pocas cosas habrá más dignas de lamento que aquellas concernientes al sufrimiento de los más vulnerables en manos de los nazis, de los que no tuvieron la fortuna de escapar del yugo de los nacionalsocialistas, como el joven y audaz Karski, y cuya infancia quedó mutilada salvajemente; no sin antes quedar registrada en documentos de un valor histórico, humano, incalculable, como los protagonizados, como antes apuntábamos, por Ana Frank y Petr Ginz.

De todos es sabido que el *Diario* de Ana Frank es uno de los libros más editados, vendidos y leídos del mundo. Su interés es imposible que caduque, pues resulta estremecedor seguir el rastro de una adolescente, sentir su proximidad durante veinticinco meses, encerrada junto a su familia en un ático de Ámsterdam, conocer sus pensamientos y escrituras y saber que, por culpa de una denuncia anónima, acabó siendo descubierta y llevada a dos campos de exterminio. Hemos oído el relato de su corta vida mil veces, hemos presenciado cómo Ana Frank ha sido objeto de innumerables estudios, además de convertirse en personaje cinematográfico y teatral. Ha devenido un icono universal y su singular drama simboliza el plural horror de millones de judíos, añadiéndosele a ello lo conmovedor de ser una artista en ciernes, el hecho de que tengamos la posibilidad de leer su intimidad sabiendo el destino letal que le esperaba. Parece que la conozcamos de siempre, y sin embargo, no fue hasta 1995 que se publicó la llamada «edición definitiva» de su *Diario*; año, como dice Francine Prose en *Ana Frank. La creación de una obra maestra*, «en que se restauraron determinados pasajes que Otto Frank [su padre] había suprimido de la versión que se publicó en Holanda en 1947 y en Estados Unidos en 1952».

La biógrafa, asentándose en textos como *El escritor fantasma*, de Philip Roth, que dedicó lúcidas reflexiones sobre Ana –la más llamativa, sin duda, reza: «Es como una vehemente hermana menor de Kafka, la hija que no tuvo»–, defiende la categoría literaria de ésta, se pregunta sobre su figura simbólica y qué le llevó a la escritura de esas páginas que, al inicio, fueron rechazadas por montones de editores, tanto en los Países Bajos como en Norteamérica. Prose explica las vicisitudes del manuscrito, realmente tremendas, pues en su camino se cruzaron «demandas, traiciones, alianzas, acusaciones de plagio, ruptura de contratos y campañas paranoicas sobre conspiraciones sionistas y estalinistas»; asimismo, nos adentra en cómo era la vida en el anexo donde se escondieron los Frank (hoy, Anne Franks Museum), y reseña las adaptaciones más importantes de la obra al teatro y al cine, además de reflexionar sobre lo que significa «explicar el *Diario* a los estudiantes», pues en muchos países del mundo se trata de una lectura obligatoria en la enseñanza secundaria.

Atendiendo a una nota de la propia Ana, la estudiosa apunta que la niña «imaginó *Het Achterhuis* ["la casa de atrás" o "el anexo"] como una novela en forma de diario», y que escribió a una «velocidad asombrosa», algunos días hasta once páginas diarias. La muchacha tenía una gran conciencia, un gran deseo de hacerse escritora, y se consideraba a sí misma como su mejor juez. «Si de pequeña había sido exigente y enfermiza, conforme fue creciendo se fue volviendo más problemática: de carácter tornadizo, meditabunda, llena de humor, alternaba la sociabilidad con la timidez», apunta Prose. El padre, Otto, la adoraba; para la madre, Edith, fue más difícil bregar con una chica «marimandona y teatral» y que no tenía pelos en la lengua. En ese desparpajo tal vez resida el secreto de su encanto literario: «Al leer el *Diario* de Ana pasamos a ser sus amigos, los compañeros más inteligentes y comprensivos que nadie pueda encontrar», dice Prose sin contenerse ante un libro que ella misma ha idolatrado desde pequeña.

No abordaremos los padecimientos del pueblo judío en el periodo nazi, pero sí concretaremos los que padeció Holanda: «Fueron exterminadas más de las tres cuartas partes de la población judía del país». En la nación de los girasoles no había escapatoria: «Estaban rodeados por territorios ocupados» y «el terreno carecía de bosques y de zonas poco pobladas donde esconderse». Los Frank intentaron huir a Estados Unidos, nos dice Prose, pero los visados fueron anulados. Luego, llegaría el horror: vivir ocultos –por miedo a acompañar a los cuarenta mil judíos que fueron enviados a Auschwitz en junio de 1942– y sin poder hacer el mínimo ruido, más de dos años. Y al final, la atroz pesadilla: la madre y las hermanas Ana y Margot mueren poco antes de la liberación, en enero y marzo de 1945, estas últimas de fiebre tifoidea. Pero el padre vivirá para contarlo y entregar el legado inmortal –y más tarde ultraexplotado– de su querida hija. Como haría Chava Pressburger (de soltera, Eva Ginz, nacida en 1930), que se hizo cargo de los diarios de su hermano Petr (escritos de septiembre de 1941 hasta agosto de 1942) cuando reaparecieron en el año 2003, a raíz de una emocionante coincidencia que detallamos a continuación.

Chava había sido la única superviviente de la familia –además de su padre y una prima–, pues el resto moriría en los campos de exterminio, incluido el joven Petr, que a los catorce años, a la edad en que sería enviado al campo de Terezin, era ya un chaval superdotado para las artes –dibujaba de forma magnífica– y había escrito cinco novelas de ciencia ficción basadas en sus lecturas de Julio Verne. En Terezin pasaría dos años, para luego ser deportado al campo de Auschwitz y morir en una cámara de gas cuatro meses antes de la liberación. Pues bien, el mundo redescubrió la figura insólita y desgraciada de Petr Ginz cuando, el 1 de febrero del 2003, el transbordador espacial Columbia se desintegró al entrar en la atmósfera de regreso de una misión. Adentro iba un astronauta, el israelí Ilan Ramon, que llevaba consigo la reproducción de un dibujo con el que deseaba homenajear a las víctimas del Holocausto (entre ellas, su propia madre). Había elegido *Paisaje lunar*, de Petr, y cuando se difundió la noticia, un individuo que veía la televisión en su casa de Praga relacionó aquel dibujo con unos papeles que conservaba en un cajón y que habían llegado a su poder de forma accidental: era la obra de Petr Ginz, ya en nuestras manos después de décadas en un desván.

Nacido en el seno de una familia culta y modesta –los padres se conocieron en un congreso de esperantistas, él hablaba varios idiomas y ella era una gran melómana–, Petr gozaba de todas las condiciones para llegar lejos en el plano artístico. Incluso en estas anotaciones personales y escuetas se percibe una mente madura y precoz; en ellas, Petr revisa lo que ha hecho durante el día, señala los encuentros con los amigos y sus horas en el colegio, observa el clima, cita sus lecturas –impresionantes para su edad–, y de modo gradual, deja en el papel los destellos trágicos de una realidad amenazante, aunque vista por unos ojos ingenuos, objetivos y serenos: «Han fusila-do a un montón de gente por preparar sabotajes, por tenencia ilegal de armas, etc.» (2-X-1941); «Ehrlich, el de la clase de al lado, irá en el primer transporte de cinco mil judíos a Polonia» (9-X-1941); «Por la noche los altavoces anunciaron que habían fusilado a ocho por alojar a personas no registradas. Uno de los fusilados tenía diecisiete años» (28-V-1942)...

Petr toma nota de las despedidas de la gente obligada a hacer las maletas y coger un misterioso tren, y sabe sin duda más de lo que parece su tono desapasionado; por algo, a es-condidas, pues lo tiene prohibido, escucha las noticias de la BBC, que luego transcribe en un alfabeto cifrado inventado por él mismo. Los apuntes políticos se mezclan con la cons-trucción de un violín con una corteza de árbol, con poemas donde describe al judío marcado «por la estrella amarilla y negra». A uno se le hace un nudo en la garganta al leer entre líneas el diario del joven Petr, tan ansioso por aprender y es-cribir, que él mismo tendrá el coraje de fundar y dirigir una revista clandestina en el campo de Terezin, en la que publica-ba textos de todo tipo tanto suyos como del resto de prisio-neros. El nudo se agranda cuando llegamos a unas palabras de su padre, recordando el momento en que se despidieron en la estación; cuando habla Chava, que también fue enviada a Terezin y pudo volver a ver a su querido hermano mayor poco antes de ser asesinado y tirado a una fosa común. La tristeza, implacable, definitiva, llega al leer otro pasaje de Petr, explicando los «preparativos» para ese trayecto que, por cul-pa de las ocultaciones habilidosas de los nazis, parecía sólo temporal.

Pasa el tiempo y llega el olvido, pero gracias a escritos como los de este grandioso hombre llamado Petr Ginz, a los testimonios escritos u orales de tantas víctimas, el recuerdo late y dignifica a millones de muertos. Como dice Leo Pavlat, direc-tor del Museo Judío de Praga, en el prólogo al diario del mu-chacho: «La Shoa (el Holocausto) sigue presente por sus efectos morales, filosóficos, legales, religiosos, psicológicos y políticos; y me atrevo a decir que esto no cambiará en el futuro».

IV. George Orwell: el racionalista sistemático

La literatura es política, la política es literatura para George Orwell, el escritor que con mayor vehemencia y coraje –sinónimo a veces de imprudencia– ha enlazado ambos conceptos desde su doble vertiente como narrador y analista de la realidad sociopolítica de entreguerras. Aunque, en la gama de colores de su pensamiento político y literario, parece no haber tonos intermedios, suaves, mezclados: sólo se aprecian blancos y negros, oscuros y claros, extremos que en su lienzo de opiniones toman la forma de máxima o dogma. No hay titubeos, dudas, invitaciones a la ambigüedad en sus textos ensayísticos o de crítica literaria, en sus crónicas periodísticas, en sus libros de ficción concebidos para levantar un andamiaje ideológico transparente: una postura, admirable e independiente, puesta de manifiesto en la lucha contra cualquier clase de totalitarismo, de enfrentamiento bélico o manipulación ciudadana desde el Estado.

Como todo polemista o denunciador de asuntos relevantes para la historia contemporánea, Orwell cosechó tantos detractores como admiradores, muy especialmente en torno a la delicada relación entre lo político y lo artístico, sus fronteras y retroalimentaciones. Y es que Orwell jugó con fuego, se arriesgó en una apuesta difícil de ganar –la balanza entre la dimensión artística del texto y sus bifurcaciones políticas–, lo que para algunos significó un obvio rebajamiento estético. Frederick Karl asegura, con todo, que «lo que él dice de su obra suena a cosa cierta: cuando el lector ha dejado a un lado el mensaje y el sermón, todavía queda una buena parte, que es lo que Orwell ha visto con los ojos de artista». El problema, según el crítico, radica en que no equilibró lo suficiente los polos aristotélicos, el literario y el histórico: «A menudo tenemos la impresión de que Orwell no ha integrado suficientemente los dos elementos, hasta el punto que, por lo general, suele salir beneficiado uno de ellos a costa de otro». Y añadía, tajante: «No existe "sacrificio consciente" por parte de Orwell, pero sí una evidente falta de imaginación, esto es, el proceso de síntesis capaz de casar elementos tan dispares».

De este modo, las consecuencias de semejante parquedad imaginativa serán unos protagonistas en exceso debatidos entre los deseos individuales y lo que el gobierno de turno es capaz de proporcionarles: «Desgraciadamente, los principales personajes de Orwell no existen, a menudo, más que como animales sociales. Quedan indicados con referencias a su nivel, raza, casta, tradición; y su situación dentro de este esquema es más importante que lo que ellos son en sí mismos». El inequívoco análisis de Karl, asimismo, pondría el acento en los aspectos más claramente alabados de la creación orwelliana, esto es, la recreación de realidades futuras concebidas desde el terrible poder de los sueños en una vigilia inquietante: «Lo importante es hacer que estas pesadillas personales sean convincentes desde el punto de vista dramático, es decir, sean las pesadillas que nos aquejan a todos. En este sentido, Orwell no consigue su propósito, puesto que su pesadilla se desarrolla en el campo social y económico, no en el campo psicológico». Y ciertamente, tal es la impresión al leer *1984*, libro por lo demás aplaudido por lectores tan competentes como Josep Pla, que lo interpretó de la siguiente manera: «Un examen superficial del libro ha hecho creer que se trata de una anticipación, de una utopía. No. No lo creo. En realidad, en la base del libro no hay más que una transposición de la vida de Londres cuarenta años después de haber triunfado el comunismo».

La paradoja está servida: las lecturas meramente literarias, como en el caso de Pla, a menudo tenderán al comentario político. Y es que, sigue indicando Karl, «por curioso que parezca, las ideas políticas de Orwell no son ni lo bastante teóricas ni lo bastante imaginativas y, en cambio, sus ideas literarias suelen ser excesivamente políticas». Este «verrugoso racionalismo» que caracterizaría la obra de Orwell se haría ostensible en *Animal Farm*, con la que «no llegó a conseguir su propósito como sátira, pese a algunos pasajes felices desperdigados en la misma, a consecuencia de sus vaticinios». Orwell, «portavoz del liberalismo y destructor de la hipocresía», concluía, no fue «capaz de crear una obra literaria convincente, a pesar de que su espíritu captase con claridad los absorbentes conflictos del mundo». Una opinión esta que seguramente compartiría Lionel Trilling, quien en su prólogo a *Homenaje a Cataluña* habla de Orwell en los siguientes términos: «... representa, encarna la virtud de no ser un genio, de enfrentarse al mundo sin otra cosa que una inteligencia simple, directa, clarividente». En este sentido, el punto de vista de Trilling coincidiría con el de Karl, en concreto acerca de *Rebelión en la granja*: «Sus novelas son buenas (...); pero, claramente, no son la obra de un gran novelista, ni tan sólo de un novelista "nato". En mi opinión, su sátira contra el estalinismo, *Animal Farm*, fue excesiva; pienso que la gente se sintió arrastrada por un autor que reavivaba la sátira sistemática con finalidades políticas serias». Y como en Orwell los géneros se solapan, se influyen, se contaminan, tampoco esta «misma simplicidad de espíritu» quedaría fuera de sus ensayos y críticas literarias, prosas en las que se observa con un mayor énfasis sus obsesiones, contradicciones y preferencias artístico-políticas.

Todos conocemos el grado épico que destila la figura de Orwell, sobredimensionado por él mismo; ¿pero en verdad se trató de un escritor entregado a las barricadas, al aliento de los soldados, al informe *in situ* de las batallas? Edward Said, con su habitual firmeza y juicio implacable, al reseñar la aparición de una biografía del autor londinense en 1972, *Orwell: The Transformation* –un estudio según él de poca envergadura–, aprovechaba para señalar el «provincianismo» de Orwell, «su estrecha concepción de la vida» y los «tristes reportajes desde su llegada» a la Guerra Civil española. Partiendo siempre de la información proporcionada por los autores de dicha biografía (Stansky y Abrahams), Said comprobaba que la vida de Orwell careció de episodios heroicos y, por así decirlo, fue algo falsa: «La trayectoria sostenida de los escritos políticos de Orwell no coincide con sus años de vagabundo, ni con su breve interés por la experiencia concreta del imperialismo (*Los días de Birmania*), sino con su readmisión y subsiguiente acomodo en la vida burguesa. La política era algo que seguía, si bien es cierto que como un honesto miembro de la resistencia, desde las comodidades de la venta de libros, el matrimonio, la amistad con otros autores (en modo alguno con los radicales que utilizó como material para *El camino de Wigan Pier* u *Homenaje a Cataluña*, y que después abandonó) y las negociaciones con editores y agentes literarios. Es este entorno el que alimentó y condicionó siempre su política. A pesar de ello se le ha acreditado como una especie de santidad política global y presciencia intelectual». Por consiguiente, las sentencias aleccionadoras, el adoctrinamiento acerca de cómo los intelectuales debían escribir única y exclusivamente sobre los terribles acontecimientos acontecidos en la Europa de los años treinta, todas esas arengas llamativas «proceden de este trasfondo esencialmente rutinario». Luego, ¿habrá que considerar a Orwell una especie de burócrata, un acomodado funcionario del pacifismo? Tal vez no tanto, pero lo cierto es que Said está muy seguro de lo que dice al recordar la forma en que Orwell –desde luego, un individuo de grandes sentimientos solidarios– disfrutó de seguridad, protección y amparo en el tiempo en que abanderaba una lucha intelectual próxima al sufrimiento del hombre de a pie.

Es más, al hilo de lo que cuentan los biógrafos, Said da a entender que Orwell era un ignorante con respecto a la historia de las corrientes políticas; por el año 1935, «no tenía conocimiento ni de Marx ni de las ingentes tradiciones marxista y socialista; además, se refería sistemáticamente a los radicales ingleses como "la izquierda mariquita", y parecía carecer por completo de interés por ningún análisis social o económico que no fuera ni periodístico (como el suyo) ni antimarxista. Cuando no estaba insultando a la gente a la que consideraba oponente o competidora, estaba refugiándose como crítico de libros más o menos incontrovertibles». En la crítica, lo apuntábamos antes, Orwell dirigirá sus ataques frontales, sus lecciones de moral y estética, y siempre a modo de satélite que gira y gira alrededor de la política, como se lee en el texto «Por qué escribo» (1946), en el que expone cuatro principales razones para dedicarse a la escritura: el «absoluto egoísmo» (la vanidad), el «entusiasmo estético» (percepción de la belleza del mundo), el «impulso histórico» (indagación de la realidad) y la «intencionalidad política».

Dentro de este último punto, Orwell consigna una ineludible vinculación entre literatura y política: «Ningún libro se halla libre de intencionalidad política. La opinión de que el arte no tiene nada que ver con la política es en sí misma una actitud política». Así pues, no hay escapatoria; el individuo que escribe es un animal político quiera o no; sólo le falta darse cuenta de ello: «Cada línea de trabajo serio desde 1936 ha sido escrita [por mí], directa o indirectamente, *contra* el totalitarismo y *a favor* del socialismo democrático, tal como yo lo entiendo. Me parece una inconsciencia, en una época como la nuestra, pensar que uno puede evitar escribir sobre tales temas». El pasaje suena drástico; invade, excluyéndolas por inapropiadas, el resto de opciones creativas; implica la exigencia a que todos sus colegas escriban de lo que él considera oportuno. ¿Por qué ese atrevimiento a dirigir y orientar el talento y el interés ajeno en algo tan personal, delicado e íntimo como las capacidades literarias que uno mismo pueda buenamente emplear? ¿En el reino de la literatura, es decir, de la libertad, el único compromiso del escritor no ha de ser con la propia obra? La de Orwell, además, no aborda el desconcierto de una sociedad presente y realista al modo de la narrativa de Malraux o antes Hemingway, sino que se aleja de la captación directa de las cosas para coquetear con la ciencia ficción en *1984* y con la fábula en *Rebelión en la granja*, «el primer libro en el que intenté, con plenitud de conciencia, fusionar la intención política con la artística».

Esta obcecación llevará a Orwell a la exageración, a ser un mal lector de sí mismo: «Mirando atrás, a mi obra, veo que, invariablemente, donde me faltó intencionalidad política, escribí libros sin vida, me traicioné en pasajes púrpura, en frases sin sentido, en adjetivos decorativos y en tonterías». Lo político, por lo tanto, vivifica, se yergue en centro de atención suprema, planeando además hasta en los libros con escaso contenido ideológico en apariencia. En «Dentro de la ballena», ensayo que parte de una referencia a *Trópico de Cáncer*, simplifica el estado literario de aquellos tiempos de la siguiente forma: «Uno puede ver el cambio de la actitud literaria actual comparando los libros escritos sobre la guerra civil española, al menos en los escritos en inglés, es que son tremendamente aburridos y de muy mala calidad. Pero lo más significativo es que casi todos ellos, sean de derechas o de izquierdas, están escritos desde un punto de vista político, por presuntuosos partidistas que le dicen a uno cómo tiene que pensar, mientras que los libros acerca de la Gran Guerra estaban escritos por soldados o jóvenes oficiales que ni siquiera pretendían comprender de qué iba la cosa». Orwell, que precisamente se especializó en decir a los demás cómo tenían que pensar y escribir, cita libros que a su parecer no cayeron en la propaganda, como *Adiós a las armas* de Hemingway o *Adiós a todo eso* de Robert Graves.

Las expectativas de Orwell, atrevidas y pretenciosas –«Ni Auden ni Spender escribieron sobre la guerra de España como se esperaba de ellos», dijo con arrogancia–, en muchos casos cayeron en saco roto, ganándose las burlas de varios escritores sin pelos en la lengua. El propio Henry Miller, que veía con absoluta indiferencia las opiniones de Orwell sobre su *Trópico*, le metió en el grupo de «todos estos jodidos y malditos sujetos con el cordón umbilical aún sin cortar» (T. S. Eliot y Cyril Connolly, entre otros). En cambio, el confidente de tales ocurrencias, Lawrence Durrell, se mostraba más comedido: «Orwell es un buen tipo, pero ignorante». A esto, Miller respondía: «Orwell: ¡Uf! A ese hombre le falta prácticamente de todo, en mi opinión. Ni siquiera tiene una visión horizontal correcta». No sabemos qué sería para Miller tener una visión horizontal, pero lo que sí nos induce a la contradicción es el tratamiento que hace Orwell de la literatura de su época en contraste con el ejercicio de la propaganda, de la cual no se sabe si le merece un juicio positivo o negativo. En «Las fronteras del arte y la propaganda», dejó bien claro que «en un mundo en el que el socialismo y el fascismo luchaban uno contra otro, toda cabeza pensante tenía que tomar partido y sus sentimientos tenían que encontrar una salida, no sólo en la escritura sino también en sus juicios sobre la literatura. La literatura tenía que ser política, porque otra cosa habría sido deshonesto». Así, al transformarse las novelas en excusas panfletarias, se «hizo un gran servicio a la crítica literaria, porque destruyó la ilusión de la estética pura. Nos recordó que la propaganda, de una u otra forma, se inserta en cada libro, que toda obra de arte tiene un significado y una finalidad –política, social y religiosa– que nuestros juicios estéticos están influidos por nuestros prejuicios y creencias. Esto desbancó la noción del arte por el arte».

El color nunca es gris, sino blanco o negro: todo es política, pero desde su baremo y tabla de medir. Entiende imprescindible una literatura que denuncie la situación sociopolítica, pero a la vez reprocha a los escritores el abandono de lo estético, rasgo primordial en la generación anterior: Eliot y Yeats, a los que tacha directamente de fascistas –además de darse el lujo de corregirle poemas al segundo–, Joyce y Woolf. Estrecho de miras, como lo califica Said, Orwell vio en Joyce a «un tecnicista y poco más, tan cerca de ser un artista puro como lo puede ser un escritor»; a resultas de ello, también a un autor sin conciencia social: sí, se está refiriendo al mismo que reconstruyó literariamente una sociedad entera, la ciudad de Dublín. ¿Pero qué esperar de un lector que, en «Literatura y totalitarismo», reconoce vivir «en una era en la que es especialmente difícil ver los méritos literarios de un libro con cuyas conclusiones no esté uno de acuerdo»?

La mirada simplificadora e irrespetuosa de Orwell confunde el periodismo, el panfleto, la propaganda con la libertad creativa, con el arte de escribir: «Lo primero que le pedimos a un escritor es que no diga mentiras, que diga lo que realmente piensa, lo que realmente siente», confiesa en el artículo citado. Y entonces no distingue entre verdad política y mentira literaria, o la mezcla de ambas que, inherentemente, puede ofrecer un relato narrativo; por eso dice que el libro de Arthur Koestler *Testamento español* es «falso», por cuanto presupone que las circunstancias en las que se halló el autor húngaro fueron tergiversadas por él mismo. Los prejuicios ciegan a Orwell y le animan a realizar todo tipo de conjeturas, ensañándose en la obra de Koestler, ésta a propósito de *Oscuridad a mediodía*: «El libro alcanza la categoría de tragedia, mientras un escritor inglés o un americano podían haber hecho de ello, a lo sumo, un tratado polémico». Qué especulación tan gratuita, infundada y estéril, qué indigna de un escritor con renombre y reputación, tan extraña como su teoría que pronosticaba la muerte de la literatura en caso de que el totalitarismo triunfase en el mundo.

La perspectiva simplista no tardará en acabar en insulto. Cuando Orwell intenta extraer conclusiones (por supuesto políticas) de *Los viajes de Gulliver* –libro que descubrió a los ocho años; qué diferente sería su lectura a esa edad–, imagina a Swift como víctima de «un partidismo político propio de una mente estrecha», tildándolo de conservador perverso y, con la osadía de etiquetar una obra de 1726 según las ideas de los años cuarenta del siglo XX, de poco democrático. El disparate a mí me parece mayúsculo. Orwell juzga a los genios del pasado con el rasero de su presente, con la omnipresencia de la política que ha multiplicado su importancia en Occidente desde la Gran Guerra: «La mayor contribución de Swift al pensamiento político, en el sentido más estricto del término, es su ataque, sobre todo en la tercera parte, a lo que hoy llamamos totalitarismo. Presenta una extraordinaria anticipación del obsesivo "Estado-policial", con sus interminables herejías y juicios por traición, todo ello organizado para neutralizar el descontento transformándolo en una histeria de guerra». Swift, que al parecer ha denunciado mediante las aventuras de Gulliver una política dictatorial dos siglos antes de que ésta empiece a cobrar entidad, de repente «es un anarquista conservador que desprecia la autoridad y no cree en la libertad». Qué curioso; Swift, que como epitafio para su tumba en la catedral dublinesa de San Patricio eligió estas palabras: «Ve, viajero, e imita si puedes a este entregado y fervoroso campeón de la Libertad». Qué insensibilidad para con el genio sarcástico, crítico, imaginativo y fantástico, artístico en suma de Swift, reducido por Orwell a pensador escéptico, pesimista, de ser humano incapaz «para creer que la vida –la vida corriente en la tierra, y no una versión racionalizada y aséptica de la misma– merece la pena ser vivida».

La presunción de Orwell es aquí particularmente rara. Surge en este texto en el que nos hemos detenido una comparación entre Swift y Tolstói, «otro incrédulo ante la posibilidad de la felicidad», de la que resulta fácil deducir que Orwell no leyó los extensos y palpitantes diarios del escritor ruso; por eso la complejidad del hombre poliédrico la acaba dividiendo en dos grandes máscaras, mitad mentalidad anarquista mitad autoritaria en el caso de Tolstói. En un contexto de análisis literario que habría de guardar un mínimo decoro, una demostración de que se conoce el contexto histórico en el que se inserta el estudio, a Orwell se le escapa otra teoría alocada, según la cual, personas como Swift y Tolstói, sexualmente insatisfechas, es imposible que sean felices al mostrarse «incapaces de admitir que la vida terrestre tenga posibilidades de mejora. Su falta de curiosidad, así como su intolerancia, brotan de la misma raíz». Desagradecido Orwell, que debe *Rebelión en la granja* a los *houyhnhnms*; necio Orwell, que convoca sus propios errores –la falta de curiosidad, la intolerancia– para decir barbaridades de Tolstói, al que le resulta tan fácil atacar por el célebre texto donde el autor de *Guerra y paz* despreciaba las obras de Shakespeare –por supuesto, la lectura de Orwell jamás llegaría a la sutil astucia de un Thomas Mann cuando afirmaba: «Tolstói se odiaba a sí mismo en Shakespeare»– y estar contra Swift en el plano político y moral al considerarlo «un escritor enfermizo» tendente a la depresión.

Todas estas incongruencias, tan claras a mi modo de ver pero que han sido tan poco comentadas, pues Orwell ya dispone de un lugar en el canon, de un cartel sólido como maestro de la anticipación sociológica y emblema de lo que algunos llaman subgénero, ya fueron vistas por Said en un texto donde analizaba la «inteligencia» de Swift: «Es perfectamente justo que Orwell lea sólo *Los viajes de Gulliver* y después deduzca las posiciones políticas de Swift a partir de esa lectura aislada; sin embargo, es una distorsión hacer que *Los viajes de Gulliver* represente todo acerca de Swift». El crítico ponía el acento en la manera en que Orwell osaba suponer que al irlandés no le gustaba la democracia en unos años en los que solamente podemos sospechar de forma relativa las ideas concretas de los *torys* y los *whigs*: «Orwell parece incapaz de darse cuenta de que se puede estar rotundamente en contra de la tiranía, como lo estuvo Swift toda su vida, y no tener una posición elaborada sobre las instituciones democráticas». Para Orwell siempre se trata de todo o nada, de en contra y a favor; proclama la voz libre en un mundo cercenado por el poder político, pero luego se expresa con una vehemencia petulante: «Libertad significa el derecho a decirle a la gente lo que no quiere oír», recuerda Bernard Crick –habla, en concreto, de «frase memorable»– en unas páginas donde explica cómo y por qué Orwell escribió un prólogo para *Rebelión en la granja* que al final permaneció inédito y que tituló «La libertad de prensa».

En él, Eric Blair no hace extensiva su denuncia de «la cobardía intelectual» británica a George Orwell, no cuestiona que puede estar equivocado, que en asuntos tan abstractos, dispares, infinitos como el pensamiento político o la Literatura muchas veces el mejor camino es la duda, propulsora de preguntas, puente para que la incomprensión pueda convertirse en certidumbre si se escarba más allá de la superficie. Me pregunto si, recogiendo la idea de Miller, Orwell cortó de forma definitiva el cordón umbilical que le unía al confort londinense, si completó en verdad su proceso de desasirse de su origen acomodado, desde el punto de vista intelectual, moral o espiritual, y consiguió ser distinto de Blair. La búsqueda de seudónimo, muy probablemente, naciera con el fin de superar lo que Miquel Berga ha llamado estigmas: «El proyecto vital y literario del escritor se gesta, de alguna manera, como una lucha por superar los estigmas formativos: haber estudiado en Eton y haber sido un instrumento de la explotación imperialista. La voluntad de borrar estos estigmas forma parte esencial de los tres viajes exculpatorios que lo llevan al fondo de la escala social: a los barrios más marginales de París y Londres, a las casas de los mineros del norte industrial de Inglaterra, y al frente de Aragón con los milicianos del POUM». Esta imagen sacrificada, voluntariosa, ejemplar en cierta medida, y lejos de poner sobre la mesa dudas razonables como hacía Said, sería la que más atraería al Mario Vargas Llosa del artículo «Socialista, libertario y anticomunista», dedicado a analizar, de forma separada, la política y la literatura de Orwell, en concreto *La granja de los animales* –como él prefiere llamar–, señalando justo lo contrario de lo que aquí estábamos exponiendo, esto es, el simplismo del escritor inglés. Todo lo contrario: «El verdadero Orwell es una figura mucho más contradictoria y compleja de lo que aparenta ser en la imagen que ha prevalecido de él, y muy parecida a la de Albert Camus, a quien lo une, además del talento literario, la lucidez política y la valentía moral». Vargas Llosa destaca la primera frase de su panfleto en favor del socialismo *The Lion and the Unicorn. Socialism and the English Genius* (1940): «Mientras escribo estas líneas, seres altamente civilizados vuelan sobre mi cabeza tratando de matarme». Y en efecto, esa frase realmente yo la recordaría como el mejor momento literario en toda la trayectoria orwelliana. En ella, se asoma lo político, lo real-contemporáneo, la épica vital, pero el arte –la insinuación, el misterio, la fabulación, el enigma– va primero.

V. LA SUMISIÓN DE LA LITERATURA CATALANA A LA POLÍTICA

Siempre escéptico, Josep Pla se preguntaba: «¿Es posible que haya una lengua y una literatura, si detrás no hay un país?». Desde 1939, desde las consecuencias de la guerra civil, Cataluña vio emerger en su literatura un nuevo motivo para sus ensayos y artículos que aún hoy reclama atención periodística y discusión política: «el país como tema», por decirlo con las palabras de Joan Fuster, abanderado de los Países Catalanes en un tiempo en que tal cosa no provocaba la disensión que hoy vemos cuando tropezamos con agrias protestas en torno a la lengua catalana, a la valenciana o a la balear, distinciones que nos llevarían, por ejemplo, a dejar aparte desde Cataluña al mallorquín Ramon Llull y a los valencianos Ausiàs March y Joanot Martorell, es decir, a los fundadores de la literatura catalana.

El viejo debate, corrompido por la actual polémica y el enfrentamiento políticos, de seguir así las cosas, cada día puede resultar menos interesante por su estancamiento, por la escasa oferta de nuevos planteamientos que aviven la conversación sin crispar susceptibilidades. Hablamos de lo que significa la cultura catalana, de su lengua o lenguas, de su relación con otras realidades culturales. De un tiempo a esta parte, la impresión de que el mundo de la política es el que rige tal controversia, el que impone las directrices a seguir, los modos de discriminar a favor o en contra, separando a una sociedad que tal vez no pretendía verse diferenciada, o como mínimo no a partir del discurso desde el poder, constituye la norma sociológica.

¿Qué ha ocurrido para llegar a esta situación desconcertante en la que las leyes o el Parlamento parecen estar por encima de la autoridad literaria, en un ambiente en que incluso se cuestiona la catalanidad de los autores locales que escriben en español? ¿Qué sucede para que el bilingüismo, permanente en Cataluña desde hace cinco siglos, provoque un malestar que crece y crece y se transmite a la sociedad desde ciertos púlpitos políticos? Xavier Bru de Sala, en un indispensable trabajo para entender, como reza su título, *El descrèdit de la literatura* en Cataluña, analiza el problema de forma transparente: «La sumisión, en definitiva, de la literatura catalana a la política del catalanismo, que a su vez la ha abandonado, le corta de raíz las posibilidades de interlocución social, ya que la fuerza a poblar el imaginario de un país esperado en lugar de reflejar el país real».

Para Bru de Sala, el desprestigio de las letras contemporáneas catalanas proviene de esta falta de relación entre literatura y sociedad, de la alergia «al ahora y al aquí, al sujeto colectivo social próximo» por parte de los escritores, que evitan recrear en sus obras los conflictos que presenta a diario la realidad. Por lo tanto, el ciudadano no puede identificar libro y país, más cuanto el catalán que se usa en la narrativa no se distingue de la lengua utilitaria que aparece en la prensa, añade, en contraste con la vitalidad del castellano. Semejante «cobardía colectiva» sólo se verá frenada cuando la cultura catalana se desprenda del catalanismo, pues, escribiendo al dictado de las preferencias políticas no podrán aparecer autores que, además de ser leídos, aspiren a ser releídos.

Las tesis de Bru de Sala son tan contundentes como sensatas, pero en su momento no provocaron ningún tipo de reacción. He ahí el drama: que un autor hable de la incompetencia de las universidades catalanas, incapaces, desde su patriotismo hiperbólico, de revisar el canon catalán para plantearse la dimensión verdadera de los textos considerados fundamentales; de cómo «una literatura que no se proyecta en la intimidad de los lectores, comenzando por los suyos, comienza a ser una literatura moribunda»; de que «la cultura catalana haría bien en (...) acelerar el proceso interno que la ha de llevar a proseguir de acuerdo con la mediterraneidad y la hispanicidad combinadas»; que alguien diga este tipo de cosas y no se abra un debate que estimule el hacerse preguntas, francamente resulta desolador para una cultura que ejerce de continuo el autobombo.

Sobre todo cuando son varias ya las voces que denuncian cómo la política aumenta mientras la cultura se empequeñece. Valentí Puig, en un libro en que reflexiona sobre «hacia dónde va la cultura catalana», también alude al descrédito del «catalán como lengua escrita, como lengua de cultura», carente de unas elites «construidas y sólidas, capaces de competir intelectualmente en cualquier terreno». En una política que, en el campo de la educación, impulsa el igualitarismo en vez de la meritocracia, «la noción central del esfuerzo individual ha sido sustituida por las políticas asistenciales». A su lado, el favoritismo hacia el lector local, que presenta en efecto «una gran alergia a la metrópolis», no ha podido esconder el hecho de que es la literatura escrita en español en Cataluña la que disfruta de una mayor importancia.

De hecho, tal como recuerda el propio Puig, en un artículo de 1953 Gabriel Ferrater «pedía si hay alguna razón por la que los catalanes hayan de hacer su literatura en catalán, y si la lengua literaria de un hombre o de una colectividad ha de ser precisamente su lengua de uso ordinario». Si el bilingüismo es moneda corriente y es ofensivo para el ciudadano que el político juegue en perjuicio de cualquiera de las dos lenguas, ¿por qué la cultura oficial no lo contempla de modo natural? (Esa lacra llamada corrección política impone nuestra manera de hablar, eliminando la libertad de expresión; en uno de sus artículos, en referencia a casos como el de pronunciar por ley Girona y Lleida hablando incluso en castellano, Javier Marías ponía el ejemplo de lo estúpido que sería si un alemán se indignara al oír de nuestros labios Alemania y no Deutchland.)

Por otra parte, si de lo que se trata es o era de salvaguardar el catalán literario, ¿por qué en vez de elevar a Pla a categoría de héroe nacional se le tildó de infiel, de ambiguo, hasta el punto de que las sospechas sobre su patriotismo llevó al Govern a dejarle sin el Premi d'Honor de les Lletres Catalanes? Ya lo dijo Fuster, en su introducción a las obras completas de Pla (1966), al comparar su magnitud literaria con la de Llull: «Para una lengua de área pequeña y de una subsistencia literaria tan intermitente y confusa como es la nuestra, esta especie de excepciones ciclópeas, gusten o no, son hitos memorables».

Sin embargo, al final de su vida, Pla despreció los intentos de homenaje e incluso la candidatura al Nobel, algo en lo que insisten hoy los políticos en busca del prestigio perdido, cuando la ocasión para ello ya pasó: era Pla o nadie, pues ¿qué escritor en las últimas décadas ha hecho olvidar la monotonía estilística preponderante y ha logrado una obra de peso para recibir tal reconocimiento? A lo largo de varias décadas, no parecen suficientes algunos momentos de cierta brillantez para mantener el listón de toda una tradición literaria: pensemos en *Camí de sirga* de Jesús Moncada (1988) y, como dicen los expertos, en determinadas cosas de Miquel de Palol y Baltasar Porcel. Por decirlo llanamente, y a eso se reducirían las observaciones de Bru y Puig, la crisis radica en la ausencia de talento pese a unas individualidades que –el comentario cada vez se oye más– no llegaron a explotar sus extraordinarias dotes (Carner, Espriu, Sagarra).

Pero una literatura no se construye a partir de lo que pudo haber sido, ni tampoco es lícito forzar la situación y hacer que aparente una grandeza que han de presentar sólo los textos, sin condicionantes políticos ni publicidad académica engañosa. El mismo Josep Maria de Sagarra, en uno de sus artículos, dijo en 1932: «El oficio de literato, en nuestro país, es de los menos retribuidos, de los que llevan más compromisos y de los que se les exigen más responsabilidades». En Cataluña, los más grandes escritores han sido muy conscientes de esa dificultad, de la ya mencionada separación entre pueblo y literatura, pese a la tendencia al ruralismo. «Este es un país que no sabe leer ni escribir. ¿Porque nos han pisado, dice? ¡Eh! Franco, pura coña. La censura no ha sido nada», diría Pla en una entrevista de *El Correo Catalán*, en 1978.

Llegados aquí, conviene refrescar la memoria al respecto. Desde 1939 a 1944, la literatura en catalán fue clandestina, y durante el segundo lustro de los años cuarenta, los contactos de los escritores con el resto de España –que habían dado fértiles intercambios, como el de Unamuno con Maragall– se fueron normalizando y poco a poco reaparecieron o nacieron editoriales, premios literarios y revistas, aunque habría que esperar a los cincuenta para que fueran permitidas colecciones de novela catalana de forma regular. En torno a esos años, Sergio Vila-Sanjuán, en *Pasando página. Autores y editores en la España democrática*, pone un ejemplo de manipulación política de la cultura: Mercè Rodoreda manda en vano *La plaça del diamant* (1962) al premio Sant Jordi, pues «en los círculos de la resistencia catalanista se considera que tanto hincapié en un mundo interior femenino como contraposición al mundo de los hombres no es lo bastante patriótico para las necesidades del momento, donde lo importante es afirmar la lengua catalana y combatir a Franco».

La Transición Española, en este sentido, no dio la oportunidad para que la literatura catalana buscara su propio camino sin la vigilancia de los estamentos políticos: «Entre 1975 y 1990, la producción de libros en catalán prácticamente se quintuplicó. En ese periodo, la edición en la lengua del principado pasó de ser una actividad cultural resistencialista, benemérita y plagada de dificultades a convertirse también, y sobre todo para algunos, en un saneado negocio. (...) Y el uso de la lengua catalana pasó de estar legalmente discriminado a estar legalmente protegido», explica Vila-Sanjuán. Nacía, entonces, un periodo de bilingüismo interesante para las nuevas generaciones de autores catalanes, que podían ganarse la vida en la prensa en castellano para dedicarse a su obra catalana literaria. Pero el perfil de escritor profesional, que hoy ha degenerado en muchos casos en funcionarios culturales, no ha solventado el descrédito de una literatura que necesita, con libertad, retornar a sus lejanos y gloriosos tiempos.

VI. Un camino solitario entre Jerusalén y Gaza

Paseaba la vista por la sala 56 del Museo del Prado, un mediodía de sábado –«Día santo para el judaísmo y alguna otra confesión religiosa» (acepción 2 del Diccionario de la Real Academia Española)–, buscando pacificar los latidos del estrés frente a la exacerbación orgiástica de lo demente: El Bosco decía, en *El jardín de las delicias*, que de lo edénico a lo infernal sólo hay un paso –el pecado, es decir, todo lo que significa ser humano– y justo al lado contrario de la galería, cien años después en el tiempo, Pieter Brueghel hacía desfilar ejércitos de esqueletos en *El triunfo de la muerte.*

En otro lugar del mundo, a esas horas de respiración artística, se celebra otra fiesta mortuoria, y la madre y su hijo olisqueados por un perro que pintó El Viejo en el centro inferior de su cuadro están, igual de estáticos, igual de muertos, en algún punto de Gaza. Vuelvo a la pared de enfrente, y en la tercera parte del tríptico *delicioso*, en lo alto y a lo lejos, hay un lóbrego paisaje de destrucción, el de una ciudad en llamas. Y nuevamente en ese instante, un pueblo está siendo bombardeado en un antiguo territorio: el «camino que baja de Jerusalén a Gaza, que es un camino solitario», por decirlo con las palabras que usa un mensajero del Señor al dirigirse a Felipe, en *Los hechos de los apóstoles* (8), para decirle adónde ha de ir divulgando la palabra de Dios por los pueblos de Samaria.

La parábola del buen samaritano –el acto de piedad hacia el prójimo– se ha podrido en ese pedazo del planeta en el que mueren los cuerpos palestinos y las almas israelíes en un milenario derbi cuyo origen, evolución, pretextos políticos tienen una dimensión tan enorme como ridícula: al abrir el periódico, una borrachera de enfrentamientos estúpidos me confunde hasta hacer más palpables dos pinturas del siglo XV y XVI que las imágenes escalofriantes de miles de personas sufriendo. Y un perverso deseo infantil me viene a la mente, dándole la vuelta a la sátira en la que un Jonathan Swift harto de la pasividad de sus conciudadanos irlandeses, ante los abusos económicos de Inglaterra, sugería que los mayores se comieran a los niños, esa pesada carga. El deseo no es otro que ver metidos en esas telas infernales a todos los adultos armados para que resuelvan sus conflictos ellos solitos, para que los niños se queden fuera de los marcos jugando y burlándose del lugar donde tenían destinado perder la existencia.

«Ahora comprendo de verdad –dice Pedro en *Hechos*, 10– que Dios no tiene ningún favoritismo con las personas, sino que tiene la misma estimación por todos los que le veneran y actúan con rectitud, sean de la nación que sean. Él envió un mensaje a los hijos de Israel, un anuncio de paz a través de Jesucristo.» Desde finales del año 2008 y a lo largo de enero del 2009, ese mensaje-anuncio pacífico –como ha ocurrido antes, como ocurrirá después– está en un idioma incomprensible para los asesinos de los más pequeños. Incinerados, enterrados, mutilados o supervivientes, todos esos chiquillos deben someterse a la voluntad de los humanos que resisten: doscientos mil escolares regresaron a las aulas tras la ofensiva israelí, se leía en *El País* («Vuelta a clase en Gaza entre los escombros», 25-I-2009), aunque «buena parte de esos estudiantes no escuchará a sus profesores en las escuelas a las que siempre acudieron. Las bombas israelíes las han aplastado. Literalmente. Sólo retirar los cascotes y los enormes trozos de techos y paredes llevará meses», escribía en la noticia Juan Miguel Muñoz, que observó las calles destruidas con gente con cabezas vendadas y muletas, a un niño que había recibido metralla en la mandíbula y en el pecho y al que daban de beber con una jeringuilla al no poder abrir la boca.

En qué fruslería nauseabunda se convierte la política cuando produce cadáveres que tienen la forma de bebés, adolescentes, jóvenes. Ese *santo* sábado, en la sala 56 del Prado, imaginé la asombrosa mente de El Bosco pintando una jirafa en el primer panel de *El jardín de las delicias*, en un tiempo en el que sólo era posible saber de animales africanos mediante los bestiarios mitológicos medievales –en una época en la que un animal era símbolo para explicar las invenciones de Dios–, o mediante los dibujos que empezaron a salir de las imprentas y que tenían a menudo Egipto como tema central.

Y entonces... «Los túneles, a cielo abierto» (*ABC*, 27-1-2009), noticia sobre la tregua en Gaza en la que Laura L. Caro explica cómo se reconstruyen, sin disimulo alguno, los túneles de Rafah que se usaban para la importación de productos egipcios y que fueron destruidos por las bombas. Israel prohíbe el comercio con Egipto, así que los palestinos idearon esas galerías ocultas, «su principal motor económico y fuente de trabajo», por medio de las cuales llegaban «pañales, generadores, gasolina, animales vivos, tabaco, repuestos... explosivos y armas» en un momento, claro está, en que «Gaza está desprovista de todo».

Pañales. Animales vivos. Los bebés que sigan viviendo y creciendo tal vez podrán ir un día al zoológico. La ficticia madre con su hijo de *El triunfo de la muerte* y sus equivalentes reales en la actualidad, no.

Tales «grutas de contrabando» son una entrada a la esperanza, girando el tópico dantesco, pues la esperanza es expectación, y ésta no se aprecia con tanta intensidad como en la fantasía de un niño, que tiene la dicha de vivir sin temer el futuro, de anhelarlo por las cosas buenas que traerá: «El zoo de Gaza, ahora aniquilado por Israel, estaba a la espera de recibir a través de estas galerías una cría de jirafa», sigo leyendo en la noticia. Las jaulas en ruinas, las peceras en añicos, los fosos convertidos en cementerios: los animales estarán muertos por el terrible safari de las tropas israelíes, y la jirafa bebé irá creciendo, levantando su largo cuello, lejos de donde se celebró durante un mes una gran fiesta organizada por esqueletos adultos, donde cada niño sopló día a día las velas que, al apagarse, iban a traer desde el cielo su propia muerte.

EL REALISMO FICTICIO

EL ARTE NARRATIVO COMO CONVENCIÓN

Seamos realistas, decimos a veces para reclamar el sentido de lo recto y franco, para erradicar infundadas esperanzas, para alejarnos de lo improbable, de lo casual y extraño. Realismo es una palabra clara y ambigua, imprecisa y directa a la vez, tan común e improbable como superficial y trascendente en la vida, y su reflejo literario multiplica aún más su infinito significado: infinito por cuanto hay una clase de realismo para cada escritor. No existe una cuestión, a mi juicio, más compleja, inabarcable, misteriosa, que la que alude a esa frontera no entre lo real y lo irreal –todo aquello que acaba siendo lenguaje y narración desde la mirada que retrata el entorno circundante o la que recuerda y expresa sentimientos interiores también *reales*–, sino el hecho de que lo inventado, imaginado, simulado, pueda pertenecer a la Realidad. Aunque sea, por supuesto, una Realidad inventada.

Partiendo de tal premisa, el camino del realismo literario comienza con un hombre de ficción real –Alonso Quijano– que vivió en realidad en sus sueños como Don Quijote, y acaba a modo de punto de inflexión, llegando a su clímax y prolongándose hacia delante hasta hoy y nosotros, con Leopold Bloom caminando por Dublín el 16 de junio de 1904 y con el sujeto pensativo francés que, reflexionando en «Contra la inteligencia», moja pan tostado en el té en 1908 –pan que se convertirá en *À la recherche du temps perdu*, algo más tarde, en la famosa magdalena–; o lo que es lo mismo: el hoy inmediato, interior, subconsciente de Joyce y la memoria hecha presente proustiana. Porque, si bien «el novelista es como una esponja que debe empaparse de realidad», según la frase de Proust que rescata Andrés Amorós cuando, en su explicación de la corriente literaria realista, recurre a Balzac y Galdós tomándolos como ejemplos de escritores que paseaban por sus ciudades intentando captar la vida común y corriente, todo lo narrado en tal clase de narrativa, añade el estudioso, «se mueve en el ámbito de lo verosímil. Insisto: no de lo históricamente verdadero (esto será motivo de grave confusión para muchos narradores y críticos), sí de lo verosímil o posible, dados unos antecedentes». Lo que, por otra parte, conduce a una nueva ambigüedad: habrá una idea de lo verosímil para cada autor, para cada persona, ya sea ésta analfabeta o letrada, lectora o no.

No imaginamos al hipocondríaco Marcel caminando, enfundado en varias prendas de abrigo y envuelto en gruesas bufandas, por las calles de París como Honoré y Benito hacían con ojo astuto y analítico cuando registraban el pálpito de las ciudades a través de su mirada lingüística. El hogareño Proust pronuncia esa frase sobre el empapamiento de la realidad, pero pocos dirían de él que se trata de un autor realista, ni siquiera de un historiador o sociólogo en el sentido que se le asignaba a los prosistas de ficción durante el siglo XIX. A Joyce, en cambio, el vocablo le sentaría mejor, pues, como dijo su amigo Italo Svevo, que siguió de cerca parte del periodo de escritura del *Ulises* (la larga y penosa redacción se extendió, entre 1914 y 1921, en tres ciudades, Zúrich, Trieste y París): «Joyce extrajo de la realidad aquello que previamente había escogido y con ello hizo algo tan completo que puede reemplazar la realidad entera». Y, todo esto, considerando que el *Ulises* es un «flujo ininterrumpido de pensamientos», como lo describió su propio creador, el primero en levantar un «mundo irrelevante de vulgaridades y procacidades (en fin, esa mitad mecánica y un poco autista en el hombre), que hasta entonces había quedado al margen de la literatura "seria", incluida la autodenominada "realista", que no fue una cosa ni su contraria», dice Manuel Gregorio González en un delicioso librito en el que también participa Francisco García Tortosa, quien, a su vez, en su prodigiosa traducción del Ulises, parece haber intuido nuestra inquietud por los asuntos que intentan abrirse paso en estas páginas, y nos contesta con una lección de sensatez: «El realismo es una convención artística, y en cuanto convención está sujeto a normas que se han ido acumulando en una tradición. Dependiendo de cómo se entienda el término, el arte es por necesidad realista, si como decía Aristóteles en la *Poética*, la imitación de la realidad está en su origen. No obstante, el realismo se diferencia de las otras modalidades artísticas por ser un intento, por lo demás imposible, de trasladar a la ficción una fracción de la realidad con exactitud y veracidad. A nadie se le ocultará, como no se le pasó por alto a Joyce, que nos hallamos ante un problema, ante todo, filosófico que está en la médula de la estética».

Todo escritor, en efecto, tiene que enfrentarse a ese problema estético en un momento u otro de su andadura, y creo sinceramente que el proceso de superación de tal planteamiento constituye una de las experiencias intelectuales más hondas de cualquier artista preocupado por llevar a cabo bien su tarea. Antonio Muñoz Molina, en su conferencia «La realidad de la ficción», habla de que en cierta etapa, aturdido por la magnitud de su adicción literaria, realizó «un análisis de la vinculación no sólo entre mi vida y la literatura, sino entre la realidad y la ficción: en qué medida y por qué lo real puede importarnos menos que lo imaginado, por qué caminos una rigurosa invención se vuelve verdadera, qué hay en el interior de una experiencia vulgar que la convierte de pronto en el punto de partida para una narración memorable». La cuestión era averiguar, en definitiva, «qué parte de ficción hay en la realidad, qué parte de realidad hay en la ficción».

A este respecto, nadie como Oscar Wilde para explicar el extraño fenómeno –la vida imita al arte y no al revés– gracias al cual un personaje a menudo representa más el sentimiento y pensamiento humanos que un ser de carne y hueso que pase por vicisitudes semejantes a las ficticias del personaje de turno. En 1889, en uno de sus diálogos polémicos de corte platónico, género que definió como una mezcla de ensayo, biografía y ficción, el irlandés demostró una incalculable visión crítica sobre la literatura de la época en la que el realismo, «este vicio moderno» que como método resultaba «un completo fracaso», contrastaba con el genio de Balzac, verdadero *inventor* del siglo XIX por adelantarse en sus novelas a los acontecimientos, ya que «siempre la literatura se anticipa a la vida. No la copia, la moldea para sus fines» siempre y cuando se sea fiel a la única premisa válida para la creación artística: la Mentira, puesto que «contar cosas bellas y falsas es el objetivo propio del Arte». Así, el mentiroso, el fabulador, el contador de historias se valdrá de cuanto esté en su mano para atraer la atención, con sólo tener en cuenta «ciertos límites», según Henry Fielding, que en su célebre y cervantina *antinovela* escrita a finales de los años cuarenta del siglo XVIII, creía indispensable una única regla para todo escritor de ficción e incluso para el historiador: es lícito caer en lo maravilloso, pero nunca en lo increíble: «En el fondo, nada más necesario que esto, ya que los críticos [cualquier lector, detalla en una nota a pie de página] son susceptibles de opinar de formas muy variadas, puesto que mientras unos están dispuestos a admitir que la misma cosa que es imposible puede ser, sin embargo, probable, otros poseen tan escasa fe histórica o poética, que no creen que nada sea posible o probable en tanto no haya sido observado por ellos».

El vacío de H. James y los realismos de C. S. Lewis

Curiosamente, han sido los escritores anglosajones, tal vez por ser los primeros y más hábiles en heredar los inagotables tesoros que proporcionó la metaliteratura quijotesca, los que han formulado una mayor cantidad de propuestas y preguntas acerca de lo realista en la narrativa, aunque en casos como el del entronizado Henry James sólo hallemos afirmaciones generales o circunloquios que se pierden en el laberinto de lo inconcreto: «La única razón para la existencia de una novela es que trate de representar la vida», decía el neoyorquino en «El arte de la ficción» (1888), ensayo recogido dentro de una antología de textos de diferente naturaleza en la que, con todo su arsenal de grandilocuencia y pedantería –qué triste que por culpa de la corrección política, que también ha manchado la crítica literaria, se nos regañe por no tratar de forma condescendiente a los maestros antiguos que alguna vez no dieron la talla–, James se ensañaba con la obra de Whitman, Goethe y Dickens sin el menor escrúpulo, se tomaba el lujo de perdonar los errores de George Eliot y alababa, menos mal, a su amigo Stevenson (en el único caso en que iba al grano y resultaba interesante), así como a Balzac, Ibsen y Shakespeare. En medio de una retórica vacía que mezclaba alusiones nacionalistas, un gusto desmesurado por todo lo francés y la busca de mensajes morales en cualquier lectura, James, que se vanagloriaba de practicar un «oficio sagrado» –no olvidemos la precisa afirmación de Wilde: «Mr. Henry James escribe novelas como si fuera un penoso deber»–, acababa indicando que el valor de las reglas del narrador, sus requisitos, «tan hermosos y tan vagos», dependían del sentido que se les otorgara, y concluía: «Los personajes, la situación que más real nos parece, serán los que más conmuevan e interesen, pero es difícil establecer en qué consiste la realidad». Así, los ejemplos no se harían esperar: «La realidad de Don Quijote y del señor Micawber es una sombra muy delicada; es una realidad tan coloreada por la visión del autor que, por viva que sea, uno dudaría en proponerla como modelo: se expondría a preguntas muy embarazosas por parte de un pupilo». Al pupilo (nosotros, sin ir más lejos), le encantaría meter la inteligencia jamesana en un aprieto, pero entonces el Escritor se apresuraría a reaccionar: «Huelga decir que nadie escribe una buena novela si no tiene sentido de la realidad; pero es difícil dar una receta que haga realidad ese sentido. La humanidad es inmensa, y la realidad tiene mil formas; lo máximo que puede afirmarse es que unas flores de ficción tienen su olor y otras no; en cuanto a decirle a uno por anticipado cómo debe componerse su ramo, ésa es otra cuestión». Pero el pupilo, claro está, seguiría sin comprender nada, así que pediría a James un esfuerzo de especificidad, a lo que contestaría: «... puedo, pues, atreverme a decir que el aire de realidad (la solidez de lo concreto) me parece la virtud suprema de una novela, el mérito del que dependen vana y sumisamente sus demás méritos»... Al fin, frustrados, no insistiríamos más, pero al darnos la vuelta James apuntaría un pequeño y útil símil para entender su concepción estética, a saber: que el autor compite con el pintor en la captación de lo que es real. Y, sin embargo, al tener en cuenta la pintura que se estilaba en los años de este ensayo, la posimpresionista, no podríamos relacionarla con tal personal comparación, por lo que el confuso James habría dado a su insuficiente razonamiento *otra vuelta de tuerca*.

Será en un trabajo de 1961, también algo irregular y retórico a mi juicio, del bueno de C. S. Lewis, que podremos encontrar una reflexión ordenada y erudita «Sobre el realismo», pues así se titula uno de los capítulos de su ejercicio de crítica literaria. En primer lugar, el asunto se plantea desde el punto de vista terminológico: «La palabra "realismo" tiene un sentido en lógica –se opone a nominalismo– y otro diferente en metafísica –se opone a idealismo». En segundo lugar, desde la distinción entre un par de tipos: el realismo de presentación, o sea, «el arte de hacernos cercana alguna cosa, haciéndola palpable y vívida, por el procedimiento de observar o imaginar un detalle con precisión», y el realismo de contenido, cuando lo que se narra «es probable o "verídico"». Y para comprenderlo de modo práctico, Lewis expone que «la Edad Media favoreció el desarrollo magnífico y exuberante del realismo de presentación, porque los hombres de aquel momento no estaban limitados ni por el respeto a la época –adornaban cada historia con los colores de su propio tiempo– ni por el sentido del decórum». Ejemplo de ello serían las «historias que en ellas mismas no son nada "realistas", en el sentido que puedan ser probables o hasta posibles», como *Gulliver*, *La divina comedia* y *Beowulf*. Por otro lado, «podemos encontrar este realismo de contenido, aislado del más elemental realismo de presentación y por este motivo químicamente puro, en una obra como el *Adolphe* de Constant», es decir, en un texto que carezca de elementos descriptivos con los que poder identificar al protagonista o darle forma con nuestra imaginación, hasta reconocerlo en las facciones y la vestimenta de un ser anónimo.

De todo lo expuesto por Lewis podemos deducir que toda narración se adscribe de modo inherente a la estética realista, al menos a la de presentación por lo que hace referencia a géneros como la ciencia ficción o las fábulas, sobre los que tantas conversaciones compartió con un compañero en la Universidad de Oxford también deseoso de recuperar la *verdad* de los mitos antiguos a través de la invención de otros mundos nuevos, J. R. R. Tolkien. «La lógica de un cuento de hadas es tan estricta como la de una novela realista, aunque de otro tipo», advirtió Lewis en su conferencia «Sobre la historia o fábula», recuperada en un volumen con sus ensayos sobre literatura fantástica. En ese tipo de relatos lo maravilloso conduce a lo imposible, pero otros dirían que sólo a lo improbable o, incluso, a lo más que posible, como el Arthur Conan Doyle espiritista que llevó al papel, en 1922 y con enorme seriedad, una investigación que buscaba según sus propias palabras «probar que, en la superficie de nuestro planeta, existe una población tan numerosa como la de la especie humana, que hace su vida como le place, y que se distingue de nosotros por la simple diferencia de la frecuencia de sus vibraciones». El creador de Sherlock Holmes, de esta manera, defendía otra forma de apreciar la realidad, dado que «tan sólo podemos ver aquello que se encuentra dentro de los límites del espectro luminoso», con lo que la visión de las hadas y los elfos se nos hacía tan difícil que sólo una cámara fotográfica podía asimilar la luz y la vibración necesaria para que estas criaturas tomaran cuerpo.

Asimismo, si retomamos las reflexiones de Lewis en torno a las dos clases de realismo, vemos cómo éstas son «bastante independientes. Se puede dar el [realismo] de presentación sin el de contenido, como en las novelas medievales, o el de contenido sin el de presentación, como en las tragedias francesas y algunas griegas. O ambos a la vez, como en *Guerra y paz*, o ninguno, como en el *Orlando furioso*, o *Rasselas*, o *Candide*». Y añadía, siempre pendiente de las tendencias contemporáneas: «El gusto dominante de nuestros días reclama realismo de contenido», encontrando en la literatura de ayer –*Edipo Rey*, *Grandes esperanzas*– «hechos y comportamientos que serían probables y característicos de la vida humana en la situación que describen», a pesar de que la propia situación no lo fuera. En cambio, en novelas como *Middlemarch* y *Guerra y paz* «todo es probable y típico de la vida humana. Son esa clase de cosas que le podrían pasar a cualquiera». La diferencia, por lo tanto, queda clara: por una parte, lo que podría ocurrir, y ahí entra la capacidad imaginativa del escritor; por la otra, lo que sucede alrededor de forma habitual y cercana, y ahí se condensa el poder de observación, el espejo stendhaliano, el empapamiento de vida. Posibilidad y probabilidad literarias que, sin embargo, podrían inducir al lector a extraer una errónea conclusión: «La exigencia que quiere que toda la literatura haya de ser realista de contenido es insostenible. La mayoría de la gran literatura que se ha producido hasta ahora en el mundo no lo es», avisa Lewis.

EL REALISMO Y LA HISTORIA LITERARIA

Todo lo anterior nos lleva a echar un vistazo historicista en busca de esas grandes obras universales susceptibles de no albergar realismo de contenido. Para empezar, la que ha sido contemplada como la primera «novela» realista, *La Celestina* (1500 y 1502), cuya edición crítica definitiva viene firmada tanto por un «antiguo autor» (sólo del primer acto) como por su continuador, Fernando de Rojas. «Novela», dicen con seguridad los expertos, a pesar de su disposición dialogada y de otras particularidades que le confieren absoluta excepcionalidad estética y argumental dentro de una época de transición: la del ocaso del espíritu medieval y el acercamiento humanístico del Renacimiento. Basta leer el texto preliminar de Francisco Rico, «La realidad y el estilo (el humanismo de *La Celestina*)», para comprender por qué ya, en un estudio de 1962, María Rosa Lida de Malkiel destacaba en la novela dramática o dialogada –éstas han sido las etiquetas que ha recibido la famosa tragicomedia, concebida para leerse o recitarse en público– el tratamiento de los personajes humildes, lo que denotaba un inédito, hasta la fecha, «realismo verosímil» en la literatura europea, lejos de concretarse en las letras francesas del XIX tal y como advertía el Auerbach de *Mimesis*. No en vano, Rico solicita que la obra sea leída «con la tradición realista de la Edad Contemporánea como trasfondo», para luego enmarcar su origen en Petrarca y también la «comedia humanística» latina, todavía un tanto estereotipada.

Sin duda, las andanzas de Calisto y Melibea constituyeron un hito fundacional para el género novelístico, aunque factualmente la obra de Rojas y su predecesor, por esas mismas características que se alejan de la disposición en prosa del texto, más cercano a la dramaturgia que a la narración convencional, no cuente para estudios tan sugerentes como el emprendido por Juan Bravo Castillo sobre la «historia de la novela euroamericana». En el prólogo al libro, Javier del Prado ve que los personajes que protagonizan las obras analizadas, entre otras *El Quijote, Lazarillo de Tormes, Robinsón Crusoe, Los viajes de Gulliver, La nueva Eloísa, Tristam Shandy* o *Werther*, «se asientan, temática y formalmente, en su historicidad, barroca, racionalista y prerromántica, al ritmo de los tres grandes movimientos de pensamiento y de sensibilidad que llevan a la novela desde la ficción fantástica o grotesca medieval al realismo decimonónico». En este periodo abierto a la modernidad precervantina, la mirada del historiador y el crítico forjadora de mitos, según Del Prado, representaría «una voluntad de ir al encuentro del realismo: de la realidad psicológica que configura el individuo moderno, de la realidad social y cultural en la que éstos están inmersos y en la realidad estética de una narración que tiende, incluso cuando parece alejarse de ella –la novela gótica o la apertura hacia lo irracional–, hacia el grado cero de lo que podríamos llamar el efecto realista».

Es más, Del Prado habla de que Bravo Castillo propone, de hecho, «el canon realista de la novela occidental». Un realismo este, apuntaríamos nosotros, que se manifiesta en una serie de creaciones donde, por ejemplo, la voz de un espermatozoide tarda veintitrés capítulos en convertirse en niño y nacer; donde un médico viaja a lugares en los que hay caballos más civilizados que los humanos, islas flotantes y liliputienses; donde un navegante sobrevive en una isla desierta durante veintiocho años con extrema lucidez; donde un demente adicto a la lectura cabalga a lomos de un caballo enclenque creyendo que es un caballero andante. Por lo tanto, todo es realismo en la novela conceptualmente hablando, tanto por parte de las más variadas opiniones –la división de Lewis, la definición de García Tortosa, la gallardía estética de Wilde–, como, ciertamente, desde el punto de vista de la historia literaria: la línea evolutiva del género, desde sus orígenes en forma de epopeya griega hasta los *topoi* medievales, explica Bravo Castillo, iba a converger en la etapa en la que se consolidan los cuentos populares y sus dos grandes corrientes, la satírica y la antiheroica, hasta su culminación: «Cómo no, la novela picaresca, de estirpe tan profundamente hispánica, la cual, a través de la novela cómica y satírica, abrirá las puertas ya no sólo a la novela puramente realista e incluso naturalista, sino también a la del aprendizaje, a medida que el componente distorsionante de la realidad plasmada sea reemplazado por el factor puramente realista –en su sentido moderno– en la novela inglesa del siglo XVIII». A partir de este instante, la vida real se impone a lo fantasioso, las memorias personales a la invención pura y dura, el presente social a la recreación del pasado: «Lejos de la fabulación irrealizante tradicional –aclara Del Prado–, que tiene que ser leída desde una perspectiva simbólica, la novela es ficción realista del momento histórico en el que su autor ha vivido –lo que no impide su alcance simbólico, como todos sabemos, pero un alcance que nos remite siempre a las realidades profundas, existenciales, del hombre en su enfrentamiento o asentamiento en la sociedad civil». Emerge el realismo interior, la psicología del yo, la narración en primera persona de herencia picaresca que luego se distanciará, vistiéndose de narrador omnisciente, con la llegada de una nueva visión de las cosas más pragmática e intelectual: «La novela realista, inspirada en el positivismo, intentó reducirse a contar unos hechos engarzados en una historia verificable, que se salía una chispa de lo normal, pero sin ir demasiado lejos, porque todo cabía en el ámbito de lo posible», dice Germán Gullón en un trabajo de significativo título, *La novela en libertad*, y J. M. Coetzee, prologando una reciente edición de *Robinsón Crusoe*, en la que cuestiona que Defoe fuera el pionero de la novela realista en Inglaterra en beneficio de la obra de Fielding, señala la eterna e imprescindible complicidad entre quien escribe y quien lee: «La novela realista del siglo XIX floreció sobre la base de una serie de pactos tácitos entre el escritor y el lector acerca del modo en que podría representarse lo "real"».

Se mantendrá, de esta manera, la regla de lo verosímil dentro de las licencias imaginarias del escritor decimonónico, pero la pulsión entre realidad y realismo literario se complica. El mismo Gullón, a mi parecer el lector que más y mejor se ha adentrado en el delicado asunto de las relaciones entre texto, sociedad y recepción crítica o académica, fundamentalmente desde parámetros diacrónicos, ofrece un acercamiento al alma narrativa realista en su edición de *Miau*. Comparando a Galdós con Cervantes, logra sintetizar sendas intenciones estéticas, hermanándolas en el tiempo: «Nuestros dos genios supieron crear vidas y mundos de ficción en los que se representa lo real mostrando ese perpetuo conflicto entre la razón y el corazón». Y ahí está el quid de la cuestión: si somos pensamiento y sentimiento, si hemos saboreado la sobriedad racionalista y la languidez romántica, y un nuevo mundo se asoma raudo al ritmo de las innovaciones tecnológicas, cada vez será más importante que la literatura capte la ordenación de una realidad tocada por los relojes, la urbanidad, las comunicaciones y un marcado, cuando no sutil, sistema clasista: «El estudio cultural de la novela hace posible una lectura narrativa que tiene en cuenta que toda ficción narrativa conlleva un modo de conocer el mundo, que el texto además de reflejar lo externo ofrece el intercambio entre el autor y la vida latente en las páginas del texto literario, su discurso, que es precisamente un ir y venir de la realidad a la vida intentando arrancarle el sentido». Otra cosa será si esta absorción alcanza de un modo completo todos los estatus y prototipos sociales, o si sólo un tipo de personaje se ve influido por las nuevas circunstancias, porque, según Amorós: «Lo que sí parece indudable es que la novela del siglo XIX, vista en su conjunto, nos da una realidad fragmentaria, parcial, limitada a ciertos personajes, cierto tipo de asuntos, cierto mecanismo psicológico. Y una parcialidad tan grande corre siempre el peligro (que sólo los grandes creadores logran salvar al profundizar en la humanidad de sus personajes) de caer en la falsedad pura y simple».

FALSEDAD Y VERDAD DE LAS CORRIENTES REALISTA Y NATURALISTA

¿Falso el realismo, la corriente que abandera la realidad verdadera de la existencia? La contradicción resulta estimulante, alienta nuestra tesis relativa a que el realismo es el sustantivo inexcusable que necesita ser adjetivado para llegar a calificaciones que contengan un mínimo de puntería. Sucede que, hasta el momento en que la corriente realista no cometió el abuso de extremar sus presupuestos, huyendo hacia delante por la vía del naturalismo, no despertó el recelo de algunos escritores cansados de que el puntillismo descriptivo cobrara un valor desmedido en perjuicio de la historia que se pretendía contar. R. L. Stevenson, con su habitual agudeza, entendió a la perfección el problema en su «Nota sobre el realismo»: «La gran transformación del siglo pasado [el XVIII] en literatura (de la que tomo los ejemplos) se produjo con la admisión del detalle. Fue iniciada por el romántico Scott, y secundada a la larga por el semirromántico Balzac y sus, en cierto modo, nada románticos seguidores, ligados como por obligación al novelista. Durante algún tiempo, este hecho vino a significar y dio cuenta de una observación más minuciosa de las condiciones de la existencia humana; pero recientemente (al menos en Francia) se ha caído en un estadio puramente técnico y decorativo que acaso sea aún excesivamente severo denominar de supervivencia». Stevenson, que como escritor y persona reconoció sentirse deudor de la Biblia, Marco Aurelio, Shakespeare, Montaigne, Wordsworth, Whitman y Dumas –única referencia narrativa, por consiguiente, lo que es de remarcar en un autor que llevó con mano maestra la triple estructura clásica de presentación-nudo-desenlace–, apuntó esa vinculación ya mencionada entre razón y emoción: «El extraño suicidio de un sector de los realistas quizá contribuya a hacernos recordar un hecho que subyace al endémico conflicto que existe entre los críticos. Todo arte representativo que esté vivo es a la vez realista e idealista; y el realismo, centro de nuestra discusión, es un asunto de pura apariencia externa. (...) Quede bien claro, pues, que la cuestión del realismo en nada afecta a la verdad fundamental, sino a la técnica narrativa de una obra de arte. No por ser idealista y abstracto se es menos veraz».

Al fin y a la postre, Stevenson roza la solución al debate: se trata de un mero aspecto técnico, un problema formal, que atiende a la veracidad (veraz: «que dice, usa o profesa siempre la verdad», DRAE) y no a la verosimilitud («que tiene apariencia de verdadero»; «creíble por no ofrecer carácter alguno de falsedad»). En otras palabras, deducimos, lo importante es que el escritor dé a su relato un aspecto de absoluta verdad, no que simplemente *parezca* verdad: que construya con mentiras (con literatura) *su* verdad de lo real, para lo cual hay que recurrir a asuntos que conciernen a la técnica: arquitectura, focalización, equilibrio entre la parte de acción y de diálogo, etc. Decía Hannah Arendt, en un artículo de 1944, que lo que contaba para Kafka no era la realidad, sino la verdad. Y la verdad sólo puede ser individual tanto en las letras como en la vida; cada uno tiene la suya, y será el arte de la retórica, como dirían los antiguos clásicos, más el talento para cautivar al lector con las palabras más oportunas y construir personajes casi de carne y hueso –cuán pocos han tenido en estado puro ese don divino: Cervantes, Dickens, Tolstói...– la herramienta adecuada para que la obra, en su apariencia de artefacto artístico, se haga en su presentación y contenido, y ahí viene el milagro de la lectura, no sólo veraz, sino también, por añadidura, verdadera, verosímil y hasta real.

Por lo que respecta al suicidio de algunos realistas antes anunciado, esto es, el salto al precipicio naturalista, muchos han sido los lectores que han puesto en duda los planteamientos proclamados por su líder espiritual, Émile Zola, o como mínimo han visto otras intenciones estéticas además de las consabidas. Entre estas últimas, destaca la opinión de Josep Pla, quien se atrevía a suponer en *El cuaderno gris* que Zola, más lejos de lo que podríamos suponer en su fijación por retratar fielmente la sociedad, improvisaba e incluso inventaba. Por su parte, Thomas Mann destacaba algo asimismo infrecuente al pensar en la narrativa del francés: «Un naturalismo que alcanza lo simbólico y está estrechamente ligado a lo mítico». Cabe recordar que, desde 1866, Zola se mostraba partidario de una literatura «científica», como se extrae de sus críticas literarias para el periódico *L'Evénément* –Flaubert, catorce años antes, había profetizado: «El arte será cada día más científico, del mismo modo que la ciencia se volverá cada día más artística»–, abandonando una primera influencia romántica y ya próximo a concebir su primer gran ciclo novelesco: veinte volúmenes en los que se proponía nada más y nada menos que reflejar todas las clases sociales con un subtítulo, efectivamente, más propio de un manual científico que de una creación novelesca, «Los Rougon-Macquart, historia natural y social de una familia bajo el Segundo Imperio».

Que Mann vincule a Zola con el mito y el símbolo, y además lo empareje a posturas artísticas como las de Wagner y Tolstói, no deja de ser sorprendente aun procediendo tal reflexión de un intelecto tan minucioso y fino. Yo sospecho, no obstante, que al propio Zola también le hubiera resultado asombroso escuchar esto, y quizá hasta constituyera un cierto consuelo, una dignificación de su arte, porque su «exageración sistemática» –por decirlo con las palabras de Clarín, en el prólogo a *La cuestión palpitante* de Emilia Pardo Bazán y en alusión al ensayo de Zola «La novela experimental»– sólo consistió en una serie de patrones teóricos que ni él mismo pudo llevar a la práctica. Por este motivo, apuntó Robert Musil, «en el recuerdo de mis primeras impresiones de la literatura moderna, esa palabra [naturalismo] sigue apareciéndoseme como una promesa jamás cumplida». Principalmente, por culpa de la profusión de detalles: «Ésta es la razón por la que el naturalismo estricto es un callejón sin salida para la narrativa. En una obra estrictamente naturalista, el detalle está allí porque es algo natural de la vida, no porque sea algo natural de la obra. En una obra de arte podemos ser extremadamente literales, sin ser en absoluto naturalistas. El arte es selectivo, y su veracidad es la veracidad de lo esencial que crea la acción», escribió Flannery O'Connor en su conferencia «Naturaleza y finalidad de la narrativa». De nuevo la aparición de lo veraz, lo que convierte en verdadero la voz narrativa, la visión imaginaria de lo vivo, de la realidad.

Dice Laureano Bonet, en su edición de los textos de Zola sobre el naturalismo, que para el autor de *Germinal* «la realidad es muy superior a la imaginación y, a lo sumo, aquélla se disfraza de fantasía para convertirse en "ficción" literaria». En este sentido, para Zola la conjunción de realidad y narrativa la compondría con más entidad Balzac y no, por ejemplo, Stendhal, pues su inclinación, por otra parte muy obvia, estribaba en admirar la observación antes que la imaginación, como reconoce en el primer pasaje, titulado «El sentido de lo real», del texto «Sobre la novela». En él, recalca que Dumas o Victor Hugo inventaron personajes, mientras que Flaubert y Alphonse Daudet habían presentado la naturaleza de forma fiel. Una diferenciación esta particularmente compleja e incluso discutible que, en resumidas cuentas, venía a señalar una «característica de la novela moderna» en una época en que el argumento de las novelas venía precedido de un análisis e imitación de la vida cotidiana: la decadencia de la imaginación.

Hacia la libertad narrativa

El narrador decimonónico que se limita a copiar la realidad tal y como es, huelga advertirlo, entra en crisis de forma peligrosa, haciéndose necesario un cuestionamiento de la estética en boga. Se requiere de la literatura algo distinto..., «la realidad representada sirve de esqueleto básico, aunque lo importante de la realidad es el colorido que se le pone», dice Germán Gullón en su estudio sobre la novela española de entre los años 1885-1902; y si bien el crítico, en *La novela en libertad*, decía contemplar «la obra realista como un añadido a la realidad y no simplemente como un reflejo de la misma o su reconstrucción formal», a lo que añadía: «El realismo ha sido por demasiado tiempo obligado a conformarse al positivismo o al formalismo, cuando puede entenderse con la libertad de un ismo que configura una verdad propia» –otra vez un concepto familiar: lo veraz–, en el citado estudio finisecular matiza el paso adelante que, a efectos técnicos, da la nueva generación: «Los escritores modernistas serán los primeros en considerarse auténticamente artistas, e incluso profesionales del oficio, porque se dedicarán a componer la realidad, a hacerla artística. Pasado el impulso mimético del siglo XIX, los escritores vuelven a ver en la realidad un reflejo de sus mundos subjetivos». Así, la intuición por «reinventar los términos de la realidad» –la frase la toma de un libro sobre la idea de lo moderno de Irving Howe– ya es un hecho entrado el siglo XX.

Tal reinvención se irá afianzando a medida que lo irracional, el monólogo interior, la atención a personajes de nuevos ámbitos creen el caldo de cultivo necesario para que se literaturice «el murmullo de la conciencia», al decir de Gullón, que analiza este trascendente cambio literario en los pasajes dedicados a desentrañar el fragmentarismo narrativo de Azorín: «Importa recordar que la representación de la realidad deviene multiforme, abarca aspectos de la misma que sobrepasan lo físico; en la novela moderna, lo palpable, la corporeidad, lo que tiene volumen, cede la ventaja representativa ganada en el realismo. El texto cobra interioridad, se expande por los terrenos de lo incorpóreo». Azorín, precisamente, es a mi modestísimo entender, el más grande de los naturalistas, si interpretamos la corriente zoliana desde connotaciones descriptivas. José Martínez Ruiz –pues así firmó las dos primeras ¿novelas? (el género en él se desintegra)– *fotografía* un paisaje, unos cuantos objetos, con sus características frases cortas y su narrativa más sobriamente poética que prosaica, y en la observación, ordenada, precisa, de continuo adjetivada y rebosante de una rara vida melancólica, detiene el reloj, reconstruyendo la realidad temporal de las cosas, la realidad que ven nuestros ojos quietos. Lo objetivo –el inmóvil objeto doméstico, la montaña lejana– y lo subjetivo –el silencio, la luz, los olores– se mezclan con sutileza y armonía.

La mención aquí del equilibrio entre objetividad y subjetividad es del todo intencionada, por cuanto se trata de otro de los conceptos clave que a veces participa de las reflexiones en torno al realismo literario. A pesar de que, en algunos casos, se quede en el plano abstracto y no consiga conclusiones comprensibles, pues ¿a qué se refiere Mario Vargas Llosa, en su estudio sobre la desdichada Emma Bovary, cuando dice que «debido al estilo maniáticamente materialista de Flaubert, la realidad subjetiva en *Madame Bovary* tiene también consistencia, peso físico, igual que la objetiva»? ¿Flaubert materialista y, a partes iguales, objetivista y subjetivista? Sin duda Vargas Llosa leyó una carta que Flaubert envió a Louise Colet en 1952 en la que decía: «Literariamente hablando, hay en mí dos tipos distintos: uno enamorado de las chillonerías, el lirismo, el vuelo majestuoso de las águilas, las sonoridades de la frase y las cimas de la idea; y otro que rebusca y escarba en lo verdadero hasta donde le resulta posible, que acusa tan profundamente los hechos sin importancia como los grandes hechos, que desearía hacer sentir casi *materialmente* [el subrayado es del propio Flaubert] a los demás las cosas que reproduce; a éste le gusta reírse y se complace en las bestialidades de los hombres». Este fragmento, por otra parte, se me antoja más relevante de lo que pudiera parecer: ejemplifica la pulsión que oculta el escritor ¿realista? –no oso simplificar el genio flaubertiano– frente a la anterior tendencia romántica, la contención práctica de cualquier impulso poético que dificulte el reflejo sociológico en la narrativa. Para Flaubert, además, el contraste es aún más intenso en el sentido que consideraba el género novelístico casi en pañales en comparación con la poesía: sus dioses artísticos eran Homero y Shakespeare, y en cuanto a la prosa Rabelais era una de sus debilidades, pero poco más, pues verdaderamente sólo confiaba en media docena de libros, los únicos necesarios para edificar un estilo y llegar a ser escritor.

En un gran número de pasajes epistolares del escritor de Ruan, se hallan algunas de las más perspicaces opiniones sobre lo que aquí nos está interesando. La independencia estética, la sensatez y la claridad de ideas de Flaubert es implacable, nos aligera de la solemnidad con la que la crítica literaria oficial ha tratado a los autores europeos del XIX él incluido –asunto que sólo ha denunciado, que yo sepa, Germán Gullón en un alarde de sentido común y erudición, aspectos que muchas veces no van de la mano en otros grandes críticos–; ese criterio libre, esa apuesta por la sencillez en los planteamientos y el respeto superlativo a la hora de construir una sola frase perfecta, nos cautiva en cuanto alza la voz y discute por carta con sus amigos o su amante Louise, deshaciendo todos los manuales que obedecemos, enterrando a todos los profesores, teóricos y escritores grupales del mundo al proclamar: «¡Abajo las Escuelas, del tipo que sean! ¡Abajo las palabras vacías! ¡Abajo las academias, las Poéticas, los Principios! (...) ¡Lo Moderno, lo Antiguo, la Edad Media: todo pamplinas retóricas, esta es mi opinión!». Su materialismo es la materia de la que está hecha la vida, y la función del artista, sin menospreciar la verdad que ofrece la Historia, consiste en buscar la verdad inherente a toda creación literaria que pretenda convertirse en Arte.

Cuántas coincidencias con Wilde, aunque vengan de talantes tan distintos: el irlandés adornándose en paradojas y máximas ingeniosas; el francés con sentencias llenas de rabia, de repulsa a la cultura de su país, de rechazo a las modas, a las estructuras y formas narrativas superficiales. La lectura, por ejemplo, de una obra de Benjamin Constant, *Le Nabab*, le inspira a redactar unas palabras sobre el realismo literario, dirigidas a su amigo Iván Turguénev en 1871, que no tienen desperdicio: «Es inconexo. No se trata únicamente de ver; hay que ordenar y refundir lo que se ha visto. La Realidad, a mi juicio, no debe ser más que un trampolín. Nuestros amigos están convencidos de que la realidad es suficiente para alcanzar el Arte. Me indigna este *materialismo* [el subrayado ahora es mío], y casi todos los lunes tengo un ataque de irritación al leer los folletones de ese valiente que es Zola. Después de los Realistas hemos conocido a los Naturalistas y a los Impresionistas: ¡qué progreso! ¡Pandilla de farsantes, que pretenden creer y hacernos creer que han descubierto el Mediterráneo!».

Objetividad y subjetividad narrativas

Así las cosas, y volviendo a la vinculación entre lo objetivo y subjetivo que traíamos a colación a partir de una, en exceso, sintética frase de Vargas Llosa, habremos de citar a un excelente lector como Ernesto Sabato, que ha recurrido en algunas ocasiones a dicha vinculación, además, en torno a la obra de Flaubert. En el texto «¡Flaubert, patrono de los objetivistas!», de su libro *El escritor y sus fantasmas* (1963), comenta lo mal que interpretaron a su insigne compatriota los integrantes del *Nouveau Roman*, generando «uno de los más pertinaces malentendidos de la novelística: el de la objetividad». Porque, según el narrador argentino, no existen ambos polos sino confundidos en un color medio dentro de la paleta que dispone lo real en la ficción: «Para la novela, la realidad es a la vez objetiva y subjetiva, está dentro y fuera del sujeto, y de ese modo es una realidad más integral que la científica. Aun en las ficciones más subjetivas, el escritor no puede prescindir del mundo; y hasta en la más pretendidamente objetiva el sujeto se manifiesta a cada instante». La mezcla, por lo tanto, resulta innegable, hasta en los ejemplos que más nos harían inclinarnos por una de las dos posturas: «Valdría la pena examinar ese fenómeno, en que una especie de fría objetividad expresiva, que por momentos recuerda al informe científico, es sin embargo la revelación de un subjetivismo tan extremo como el de los sueños. Otro contraste eficaz: describe su mundo irracional y tenebroso con un lenguaje coherente y nítido», escribe Sabato en «La "objetividad" de Kafka».

Los sueños y las pesadillas, el subconsciente y el caos mental, se van adueñando del hombre moderno en una sociedad tan cambiante que aturde, tan rápida de repente, tan dada a los progresos técnicos que la literatura no tarda en hacerse eco, muchas veces desde lo que Gullón dio en llamar en su análisis sobre el modernismo español, «el evangelio del yo». Uno mismo es el centro de estudio no sólo artístico y social, sino médico y hasta psicopatológico: un señor de Moravia cuya fama sólo será comparable a unas cuantas personalidades-tótem en toda la historia, Sigmund Freud, de magnífica formación literaria, publica en 1895 un volumen que da que hablar a la comunidad científica vienesa, *Estudios sobre la histeria.* Cien años después, de este estudio se extraen algunos de sus historiales clínicos, dada su alta dosis de calidad narrativa, con el fin de atender diversos campos del psicoanálisis desde un punto de vista narrativo: «sugestión e hipnosis», «obsesiones y fobias» y «paranoia y homosexualidad», suministrando a la vez algunos de los temas que, pasado el tiempo y a pesar de los ataques y burlas que sufrió Freud –qué fácil y grosero es desmontar sin respeto a posteriori las innovaciones de antaño–, son eternamente actuales y turbadores, cuando no todavía casi desconocidos para la ciencia. Juan José Millás, en el prólogo a esta antología, conecta la ficción con la terapia freudiana: «La literatura, como el psicoanálisis, constituye con frecuencia un viaje desde la superficie de la realidad, donde todo posee un carácter fragmentario, a su zona abisal, en busca de las conexiones ocultas que permiten una lectura significativa del caos (o viceversa)». Y en efecto, ahora, entonces, el ser humano es consciente de dos realidades: la exterior, la que le relaciona con el resto de la sociedad –Émile Durkheim dirá en su célebre manual de 1898 que el suicidio parte de causas eminentemente sociales– y la interior, la que se pregunta por los deseos ocultos, la que se desconcierta con lo soñado mientras se duerme, la que reprime las acciones y los afectos.

Con todo, creo que no hay que esperar a la aparición de los tratados de Freud, el pensador principal del siglo XX para Harold Bloom en *¿Dónde se encuentra la sabiduría?* (aunque no lo acabe de justificar, así como las concomitancias del psicoanalista con Proust y por qué este es «el novelista de nuestro tiempo»), para encontrar reflejos de trastornos mentales en la literatura: «En cierto sentido, todos somos freudianos, lo queramos o no», dice el veterano crítico, y yo incluyo en ese «todos» a un escritor que, por el tiempo en que Freud apenas publicaba algún trabajo, en el año 1890, logra que vea la luz en Oslo su asombrosa novela *Hambre*, un retrato de la congoja, la incertidumbre, la locura de un protagonista anónimo a través de una prosa que hasta en los elementos tipográficos es trasgresora: sin guiones ni párrafos aparte para los diálogos al uso, sin ni siquiera comillas para delimitar quién habla –un siglo más tarde, los *entendidos* aplaudirán al unísono a un escritor que a mi entender lleva ese recurso hasta una reiteración soporífera, José Saramago–, la obra de Knut Hamsun marca el inicio de una narrativa que contempla lo marginal de modo implacable y sin retóricas baratas ni trucos líricos, lo irracional en estado puro y durísimo, la manera de ver una realidad incluso más *real* –la que sufrimos y nos hace creer nuestro cerebro– que la que nos circunda hecha de objetos, movimientos y reglas preestablecidas.

Literatura y psicoanálisis comparten, así, una misma herramienta: el lenguaje. «Las palabras, primitivamente, formaban parte de la magia y conservan todavía en la actualidad algo de su antiguo poder. Por medio de palabras puede un hombre hacer feliz a un semejante o llevarle a la desesperación», dijo Freud en su serie de conferencias iniciada en 1915 para introducir a médicos y profanos en los intríngulis psicoanalíticos. ¿Leería a Sigmund Freud el maestro del monólogo interior, James Joyce, quien reconoció inspirarse, para llevarlo a la práctica en el *Ulises*, en el hoy olvidado Edouard Dujardin, el irlandés George Moore y Tolstói? En su majestuosa biografía del dublinés, Richard Ellmann afirma que «el interés de Joyce por los sueños es prefreudiano, en cuanto que busca en ellos una revelación y no una explicación científica», aunque parece claro que «había también jugueteado con las teorías de asociación verbal descubiertas por Freud», como ya se advierte en las notas preparatorias para su obra teatral *Exiliados* (1918) y en plena elaboración, por lo demás, de las vicisitudes de Stephen Dedalus y Leopold y Molly Bloom.

La palabra en prosa de ficción parece cobrar un valor cada vez más simbólico, una rotunda ambigüedad de raigambre poética, adquiriendo los textos un lenguaje paralelo que se esconde entre líneas, que insinúa más cosas de las que el discurso uniformal, ordenado y recto, denotaba en los escritores decimonónicos. Tal vez esta fundamental transformación narrativa pudiera ser definida con lo que dice Guadalupe Abascal de los cuentos de Flannery O'Connor, «piezas únicas cuya peculiaridad extraordinaria reside en lo que ella llamaba "realismo de distancias" o realismo grotesco, que nacía de la necesidad de combinar dos polos: lo concreto y visible y lo invisible para los ojos pero real y creíble». El escritor contemporáneo, como podría ejemplificar la autora georgiana, repudia ordenar la realidad, buscando la libertad en su traslación lingüística de lo que ve, siente, imagina, desea literaturizar. La objetividad implica lo subjetivo, lo visible supone la invisibilidad. Y sin fronteras estéticas, hasta la fantasía se abre hueco en mitad de nuestra vida común y corriente; lo veíamos en la interpretación de lo mítico-fabuloso en C. S. Lewis; lo leímos a comienzos del siglo XXI en *¿Quieres ser mi perro?* (2001), los cómicos cuentos del joven Arthur Bradford cuyos protagonistas contemplaban aturdidos cómo surgían, de asuntos domésticos más o menos inofensivos, cachorros mutantes, absurdos canes de tres patas y hasta un «niñoperro»; lo comprobaremos siempre, soberanamente, en Julio Cortázar y su perpetua fusión entre lo real y lo fantástico dentro de la más estricta cotidianidad, pues no hay diferencia alguna en una existencia que no se entiende sin lo uno ni lo otro.

Lo real, lo fantástico, lo soñado

«Me acuerdo: a los once años presté a un camarada *El secreto de Wilhelm Storitz*, donde Julio Verne me proponía como siempre un comercio natural y entrañable con una realidad nada desemejante a la cotidiana. Mi amigo me devolvió el libro: "No lo terminé, es demasiado fantástico." Jamás renunciaré a la sorpresa escandalizada de ese minuto. ¿Fantástica, la invisibilidad de un hombre? Entonces, ¿sólo en el fútbol, en el café con leche, en las primeras confidencias sexuales podíamos encontrarnos?», dice el Cortázar de «Del sentimiento de no estar del todo» en un libro que sólo el gran cronopio hubiera podido escribir, celebrando desde el título a su maestro Verne.

Éste, en marzo de 1905, en plena decadencia física y con una decena de obras guardadas en el cajón que ya no tendría tiempo de ver publicadas, le había mandado una carta a Jules Hetzel, su fiel editor al que le unía el acuerdo de entregarle dos novelas al año desde que publicara en 1863 *Cinco semanas en globo*, para informarle de su nueva historia, como documenta el biógrafo Herbert Lottman: «*Storitz* es lo invisible, Hoffmann en estado puro, y ni siquiera Hoffmann se habría atrevido a llegar tan lejos». Trataba esta nueva aventura sobre la invisibilidad, asunto popularizado por H. G. Wells en 1897 y que retomará Verne apoyándose, como es habitual en él, en una libre y a menudo profética investigación científica. En su momento, Cortázar leería la versión manipulada que de *El secreto de Wilhelm Storitz* hicieran Hetzel y el hijo de Verne, Michel, para su edición en 1910 (el manuscrito original reaparecería en 1996). De este modo, se desvirtuaba un relato de inesperado desenlace en el que toda una familia húngara, los Roderich, que estaban a punto de casar a la bella Myra con un noble muchacho francés al que acompañaba su hermano y narrador del suceso, Henry, se enfrentaba a un gran misterio. La amenaza era Wilhelm Storitz, poseedor, gracias al legado de su padre químico, de la fórmula que le permitía ser invisible, lo que usaría para impedir la boda de Myra, según algunos expertos la imagen ficticia de un fracasado amor de Verne, enfatizado en la memoria por la posterior experiencia de un matrimonio errático. El francés escribía esta narración llena de personajes estereotipados y diálogos pomposos en un tiempo en que conservaba la fe en su creación, a la vez que se atrevía –en un artículo de 1902 y tras escribir su centésimo libro– a prever el fin de la novela dentro de cincuenta o cien años, porque ya nadie iba a necesitar su lectura frente a la dosis de realidad de los periódicos.

Si una obra con semejante argumento podía provocar, en un artista del talento, la cultura literaria y la originalidad de Cortázar, una percepción de la realidad tan libre de prejuicios, entonces cómo no tratar de realistas a esas predicciones cada vez menos ficticias y más inquietantemente próximas: el *big brother* concebido por una persona con los pies tan en la tierra –en la política y las guerras de su tiempo– como George Orwell; el Marte de las expediciones de Ray Bradbury que se piensa un destino probable para las huellas del ser humano dentro de pocos siglos, la quema de libros en una sociedad indefinida, vigilada por bomberos, que copia las demencias estalinistas y nazis y se acerca a las órdenes *democráticas* del gobierno de Bush II, cuyos servicios de ¿inteligencia? exploraban los correos electrónicos en busca de palabras que coquetearan con la terminología terrorista, a la vez que revisaban los libros que el ciudadano de a pie sacaba de la biblioteca en vistas de capturar a un letrado que violentara el orden religioso de la realidad estadounidense... Una realidad cada vez más parecida a una orgía peliculera de tiros y sangre: según la ley que entró en vigor el 1 de octubre del 2005, un vecino de Florida puede convertirse en el protagonista de una novela de *western*, y desenfundar en casa su revólver para eliminar de la vida a cualquiera que le resulte sospechoso.

De qué manera proclamar entonces, sociológicamente hablando: seamos realistas, cuando vivimos por y para el escapismo, con frecuencia desde y hacia el olvido, huyendo a menudo de lo real mediante la recreación audiovisual y, en mucha menor medida, literaria: «En un sentido toda lectura es siempre una evasión. Implica una transferencia mental transitoria de nuestro entorno actual a cosas meramente imaginadas o concebidas», advierte C. S. Lewis. (Escapismo que logra un clímax particularmente literario en el terreno amoroso. El pasivo y soñador protagonista de *Senectud,* de un especialista como Italo Svevo en personajes infelices y pasivos sin remedio que evitan su realidad, soñando existencias que no les comprometan demasiado en medio de latentes contradicciones –como le ocurrirá a Zeno Cosini en su afán por dejar de fumar y su lucha contra su conciencia–, constituye un ejemplo claro del impulso ficticio, esto es, literario, del deseo erótico: «La mujer de la que se había enamorado, Ange, era una criatura de su imaginación, la había creado él con un esfuerzo deliberado».) Se me acusará, seguramente con toda razón, de lector simplista, pero *La Regenta* de Clarín, *Niebla* de Unamuno, «El milagro secreto» de Borges cumplen un mismo cometido sobre el que yo no consigo advertir, en caso de haberlas, las diferentes clases de evasión que proporcionan. El refugio que significa leer narrativa ha sido estudiado por muchos teóricos contemporáneos –entre los más socorridos para mi generación, Vítor Manuel de Aguiar e Silva, René Wellek y Austin Warren, Roland Bourneuf y Réal Ouellet– pero, por fortuna, en todo ello sólo nacen, se reproducen y mueren hipótesis más o menos evidentes, generando un campo abierto para la interpretación personal, para cada lectura/relectura que, como el río de Heráclito, no es igual jamás ni siquiera para un mismo lector.

Ese lector podrá decidir, quizá sería mejor decir intuirá, los distintos niveles lectores de la narración a la que se enfrente, completando el sentido del texto en virtud de su experiencia y memoria, entresacando lo que haya, aprecie, sepa o entienda de simbólico, de fantástico –lo que a veces se reviste de azar imposible, aparentemente, y posible, potencialmente–, de biográfico o incluso de periodístico y ensayístico que la obra deje traslucir. No en vano, parte de la narrativa del siglo XX ha sido, si no escrita (que también, y en multitud de casos), estudiada bajo los parámetros que ensalzan al lector como partícipe de la eficacia textual de tal novela o cuento. Juan Rulfo, preguntado en una entrevista de 1981 sobre la concepción de su célebre obra maestra, dijo algo sumamente interesante para cualquier autor de ficción: «En cuanto a la estructura de *Pedro Páramo*, la varié. Originariamente había muchas divagaciones. Lucubraciones de autor. Caí en un error, el más común en todos los escritores: creerme ensayista. Había volcado toda una necesidad de opinar y, naturalmente, la novela tenía esas divagaciones, intromisiones y explicaciones aberrantes. Cuando cambié la estructura quité todo eso. Hice de *Pedro Páramo* ciento cincuenta páginas, teniendo en cuenta al lector como coautor».

El que escribe y el que lee, el inventor y el resucitador del texto mantienen una relación singular en la narrativa contemporánea: reconstruyen la realidad juntos, ordenando la caprichosa rayuela cortazariana, poniéndose en el lugar lingüístico de un retrasado mental en *El ruido y la furia* de William Faulkner o en los cuatro distintos narradores que cuentan una misma historia en *Festejos de boda* de Naguib Mahfuz. Lo real es la base, la plataforma, el trampolín para alcanzar algo que el escritor no sabe si llegará a saborear el lector: «Siempre le había gustado la poesía simbolista francesa y también la poesía *haiku* y medieval japonesa, pero desde sus inicios como escritor se había esforzado por conseguir un estilo concreto, realista. Sin embargo, había pensado que al profundizar esa forma de expresión sus obras podían llegar a adquirir una cualidad simbólica», dice la voz narrativa de *Lo bello y lo triste* en un fragmento que bien podría ser el principio estético de su autor, Yasunari Kawabata.

El narrador y la contemporaneidad

Al otro lado de este escapismo indescifrable, de las intenciones simbólicas de la obra, de la inclinación por la coautoría, se encontraría el gusto, tan realista-naturalista, de escribir atendiendo al tiempo y la sociedad en que se vive, proyectando en ella una suerte de continuidad documental, de ampliación de un mundo cercano a los conciudadanos. A propósito, hay en el ecuador de *El desencantado*, la espléndida novela de Budd Schulberg, un diálogo genial entre los dos protagonistas, condenados a entenderse al trabajar en un guión de cine para Hollywood. El mayor de ellos, trasunto de un Scott Fitzgerald achispado a todas horas por la bebida, va soltándole a su joven colega elocuentes teorías; entre otras: «Uno de los rasgos que caracterizan a un artista es su sentido de la contemporaneidad sin ser oportunista». Pues bien, la sabia frase entronca con el meollo entre los acontecimientos presentes, siempre tan delicados de llevar a la literatura al no haber mediado aún una distancia temporal prudente para verlos en perspectiva, y la capacidad de la ficción narrativa para levantar un ambiente compartido que, a la vez, tenga independencia artística, para que así el texto se asiente por sí mismo al margen de las relaciones con los hechos reales.

Este desafío siempre es difícil: César Aira sólo llegó a esbozarlo en *Las noches de Flores*, novela corta escrita cuando, en una depauperada Buenos Aires, se producía un secuestro diario del que se aprovechaban los medios de comunicación para sacarle jugo sensacionalista a cada uno de los dramas. De ahí parte el argumento: el adolescente Jonathan es víctima de unos raptores sin escrúpulos y el barrio de Flores no habla de otra cosa; pero entonces, cayendo en el error rulfiano, surge el narrador-ensayista, el que explica las cosas en vez de exponerlas mediante una trama y unos personajes: «Fiel a su nombre, el neoliberalismo había aportado una nueva libertad al mundo. Las nuevas condiciones económicas, la concentración de la riqueza, la desocupación, creaban hábitos distintos dentro de los hábitos viejos». Tras apuntes aislados como este, la ciudad bonaerense es recreada a modo de circo lleno de despropósitos, vulgaridades, delirios; la realidad, poco a poco, va siendo sustituida por la imaginación, y la anécdota original desemboca en situaciones grotescas dominadas por el azar: un matrimonio de jubilados de clase media, apurados como tanta gente por su débil situación financiera, deciden trabajar de repartidores de pizzas haciendo los recorridos a pie y arriesgándose a ser atropellados por bandas de moteros o atracados por alguno de los muchos delincuentes que han ido proliferando por toda la capital. Y así, como en un relato infantil, la pareja se cruzará con criaturas extrañas y visitará rincones oscuros: un convento de monjas que será clave en el desenlace, un enano que no es quien parecía ser y una serie de personajes melancólicos o corruptos que ni nos atrapa ni convence pues desearíamos que la verdadera historia hubiera sido sólo la de los ancianos, y que el Buenos Aires más absurdamente real le hubiera ganado la partida a la fantasía.

Se me permitirá una posible moraleja: si se juega a ser contemporáneo, habrá que serlo con todas las consecuencias, llegando al fondo de las cuestiones sin servirse de unos personajes inverosímiles para escapar del ambiente puesto sobre la mesa desde el inicio, tanto si se tiene el ánimo de entretener con una historia singular, caso de Aira, como en el tan aburridamente pedagógico y rancio de otros autores ansiosos por mostrar su mundo tal como lo ven a través de un burdo costumbrismo. Entre éstos, destacaría en el plano político Benjamin Disraeli, cuyas ideas sobre los problemas de la Inglaterra victoriana quiso reflejar en obras como *Sybil*, sobre el amor imposible entre un hombre rico y la hija de un portavoz de la clase obrera. Pero ¿qué tenían que ver sus admirables teorías –eliminar la explotación laboral, atacar a los especuladores financieros, etc.– con el hecho de molestarse en escribir miles de páginas que hoy sólo son un aburrido panfleto socioeconómico si no lo fueron ya en su momento? Los narradores sin brillo, pretenciosos en su visión estricta de lo que ven con clínico ojo objetivo, aquellos que en vez de poner un espejo en el camino colocaron a un notario tomando notas, han perecido en la memoria del mundo literario, aunque la inercia por publicarlo todo de los muertos que un día fueron vivos ilustres nos dé material de sobra para esta crítica a la narración didáctica. Sucede, en un plano cultural, en las novelas de Isaac Bashavis Singer –no en los cuentos, que tienen mucha más enjundia artística–, como *La casa de Jampol*, novela concebida para recrear el ambiente familiar religioso de la Polonia del último tercio del siglo XIX a partir de las miserias del protagonista, el desgraciado comerciante Calman Jacoby, y de varias generaciones más consagradas a los hábitos y a las lecturas rabínicas; quinientas páginas impresas sólo con vistas a preguntarse, mas no a contestarse, por qué los judíos carecen de tierra propia y cuál es la razón por la que no viven en Palestina.

El cuadro estándar de costumbres, la ingenua ordenación de la realidad en todas sus manifestaciones sociales, el naturalismo mal leído y entendido, muchas veces afloran por culpa de retos literarios excesivos que superan las propias capacidades novelescas del escritor, y entonces se quiere historiar un periodo concreto de la vida de un país naufragando en el intento. Tal grandilocuente iniciativa, muy especialmente retratada en esa fijación por construir la «gran novela americana», siempre cuenta con la benevolencia de gran número de críticos, que aprueban semejantes gestos de pedante intelectualidad sobre todo si proceden de la literatura anglosajona. Don DeLillo, por ejemplo, puede publicar una novela gigantesca, *Submundo* (1997), desdeñando a compañeros estilísticos tan leales como la elipsis, con un tempo lentísimo y una descripción extenuante, inundando el texto de abundantes personajes hasta conformar una borrachera de voces, diálogos, escenarios y saltos temporales en los que es muy fácil perderse y donde no ayuda la presencia de un narrador cuya omnisciencia se hace total, y no pasa nada. No se dirá que la lectura es inaguantable, sino que el inicio que describe de modo completo un estadio de béisbol neoyorquino, un lejano día de 1951 que vive un crucial partido que tiene en vilo a una buena parte de la ciudadanía (como Frank Sinatra, uno de los personajes reales del libro), es fruto de una técnica de gran Escritor, de un artesano cuyo oficio era sagrado según Henry James. *Submundo* presenta un protagonista peculiar, un obseso de los desperdicios, y su existencia corre paralela a la escalada de armamento nuclear por parte de la Unión Soviética, lo que dará paso al inicio de la Guerra Fría; la alusión a la pelota de la última jugada del mítico encuentro, que devendrá una pieza de coleccionista, será el elemento que una las cuatro décadas revisadas por DeLillo a través de una aparatosa estructura, que en líneas generales va desarrollándose desde los años noventa hasta volver a los cincuenta. El final sólo podrá ofrecer un violento desenlace que cierra un paseo por este mundo deteriorado y repulsivo, en el que un juego ocupa el mismo espacio en el periódico que una explosión nuclear, pues no en vano «cuando fabrican una bomba atómica (...) hacen el núcleo radiactivo exactamente del mismo tamaño que una pelota de béisbol».

Cabe decir que en novelas como *Submundo*, nuestra lectura siempre resultará contradictoria: en efecto podremos elogiar el trabajo realizado, entendiendo la dificultad que entraña, pero en última instancia el equilibrio entre objetividad y subjetividad, por mucho que se dé en proporciones interesantes y reporte unas formidables intenciones estéticas y un esfuerzo extraordinario, acabará por parecernos terriblemente tedioso, y la comparación entre una pelota y una bomba algo forzado hasta el ridículo. Las serias ganas de representar una realidad tan vasta, la de una nación tan grande e influyente, ha sido para DeLillo una losa demasiado pesada: su naturalismo se vuelve antiliterario, la ampulosidad del proyecto se difumina en la dispersión de querer tocar demasiadas teclas, y la melodía no la comprendemos, ni nos emociona ni despierta nuestro interés.

Por encima de las connotaciones históricas, de los acontecimientos actuales o recientes, la realidad ha de ser imaginada aunque se conozca a fondo, como decía Rulfo. Creo, por supuesto, más estimulante una narración ficticia sin pretensiones sociológicas que se nutra por entero de arquetipos reales y fácilmente reconocibles –tal vez el paradigma de esta clase de realismo se halle en las novelas y cuentos de Antón Chéjov–, que una obra cuyo objetivo central sea la propia reconstrucción de un modo de vida y que use personajes sólo útiles para hilvanar las ideas y observaciones, convirtiéndolos en meras excusas antes que individualidades literariamente vivas. A este respecto, la novela de Nacho Faerna *Bendita democracia americana* constituiría el ejemplo de cómo una trama novelesca puede confluir en hechos tan relevantes como el atentado en las Torres Gemelas sin necesidad de introducir al lector en ninguna clase de guía explicativa, sólo con Literatura. El título, muy oportunista por cuanto se publicó en los meses de las elecciones norteamericanas del año 2004, no haría justicia al contenido poliédrico y ambicioso de una trama ubicada en Los Ángeles y Washington, pero también en Madrid, Zarautz, Río y París. Más bien la metáfora adecuada que trasluciría el texto sería la de «Hombres invisibles», un concepto que se hace explícito e intenso hacia el final del libro, al darse uno cuenta de que todos los individuos que habían ido participando en el colosal lío político-detectivesco-terrorista es gente que pasaba oculta por la vida, lanzando la piedra de la corrupción para luego esconder su mano asesina. Partiendo de la Nochevieja del año 2000 y alcanzando el 11-S neoyorquino,

Faerna creaba una novela donde diferentes estamentos sociales y profesionales se relacionaban entre sí en un efecto dominó que abrazaba a matones, periodistas, políticos, agentes de la CIA y eclesiásticos. El eje de todos ellos lo constituía el cubano Horacio Wellman, enamorado de una azafata de avión –y poseedor de un pene tan imponente que hasta recibía nombre, Fabiola (todo lo relativo a él era desternillante)– a la que le ocultaba que su empleo era «mantener el equilibrio», como decía su «padrino» Jerry, un mafioso aficionado a las drogas y a la obra de Thoreau que trabajaba para el gobierno estadounidense. Tal equilibrio consistía, en pocas palabras, en matar a los que amenazaban con pervertir el orden socioeconómico mundial. Así, todos estaban en peligro: Marcelo Cifuentes, el cura homosexual que huía a Brasil con el dinero de una fundación; Pellicena, el ingenuo periodista al que le daba por escribir la «gran novela murciana» –fantástica la parodia de lo que apuntábamos antes– y que tendrá el privilegio de saber que algo grande pasará en «la cima del mundo»; el diputado Aníbal Quintero, temeroso de quedar mal ante el presidente de su partido político; o Leopoldo Giménez-Alvarado, presumible suicida que había hecho una célebre estafa empresarial. Todos estos personajes sin escrúpulos se irían encontrando en un mismo camino, protagonizando escenas y diálogos absurdos hasta llegar al sensacional contraste: en él, nuestra diversión chocaba con las emocionantes últimas páginas, cuando descubríamos en la cita inicial de Pavese («Vendrá la muerte y tendrá tus ojos») un acertado y delicado presagio.

Es decir, Faerna agrupaba una gran cantidad de detalles, muy familiares para todos nosotros gracias a los medios de comunicación, construyendo un argumento de ejemplar ritmo novelesco y, además, conectándolo todo con una tragedia próxima y complejísima sin que el texto sufriera ninguna rotura de verosimilitud literaria, respondiendo al patrón de uno de los realismos de C. S. Lewis, ese en el que destacaba Dickens, alrededor de hechos y comportamientos característicos de la vida humana en una situación verosímil aunque con contenido improbable. Y es que, ya lo decía Wilde, «puedo creer cualquier cosa con tal que sea increíble»; y en verdad, tal y como leemos en la prensa diaria, muchas noticias parecen más propias de la mente retorcida de un narrador fantasioso que de algo que haya sucedido en la esquina de nuestra calle o en casa del vecino. Esa clase de oportunismo, el de base periodística, nos conduciría a un territorio laberíntico donde se abrirían frente a nosotros una serie de inagotables vinculaciones entre lo real y lo imaginado.

Narrativa periodística y biográfica

En noviembre de 1959, Truman Capote se pone a leer *The New York Times* y un titular llama poderosamente su atención: «Asesinados rico agricultor y tres miembros de su familia». La noticia está fechada en una localidad de Kansas, y la curiosidad del escritor por los pormenores del homicidio se transforma en seis años de investigación y en la obra que funda lo que da en llamar, él mismo, con la reconstrucción del crimen cometido por dos hombres de los que se hace amigo hasta que son ahorcados, «novela de no ficción» o «novela reportaje». Convencido de que la grabadora o el bloc de notas ponía nerviosa a la gente, Capote había hablado con los lugareños del pueblo de Holcomb hasta reunir miles de hojas con las que elaboraría un relato real y ficticio a partes iguales. *A sangre fría* (1966) es toda una nueva manera de considerar la realidad; de hecho, Capote se funde con lo real, lo vuelve materia literaria y hasta cambia el curso de los hechos para que su narración salga beneficiada: según una información del día 12 de octubre del 2005, a raíz de la publicación de una novela de juventud inédita y de una película que indaga en su vida, Capote habría retrasado y adelantado la ejecución de los presos, se supone mediante argucias legales, para hacerla coincidir con el final de la escritura de su obra y ganar publicidad.

Tal relación entre noticia periodística y literatura viene de muy lejos, de la propia eclosión de la prensa londinense a finales del siglo XVII. Flaubert y Tolstói encontrarían luego en el diario de sus ciudades a las suicidas que les inspirarían la creación de Emma Bovary y Anna Karénina, pero antes, el Defoe reportero, el que basándose en un náufrago real escribió una historia pensando siempre en el lector –un librero de confianza le orientó sobre la longitud que debía tener el texto, el cual podría resultar atractivo para muchas personas ávidas de simple entretenimiento, literatura de evasión–, aquel Defoe, decimos, que luego ha sido considerado como el pionero del periodismo inglés, sabía, como todo el mundo en su época, que la novela era un género secundario y hasta polémico por inducir a ensoñaciones y falsas creencias, pero con su fina intuición iba a detectar que el género podría ser un inmejorable vehículo para propagar sus ideas moralizadoras y puritanas a partir de un hombre que se superaba a sí mismo. Porque Robinsón ejemplificaba al ser que luchaba con un entorno natural inhóspito y que había de fabricarse una civilización a su manera, construyéndola de la nada, e incluso integrando en ella a un indígena, lo cual simbolizaba el colonialismo e imperialismo británico. Dadas estas premisas pedagógicas a las que todo escritor debía someterse, esta fusión con la realidad racionalista, no es extraño que Jean Jacques Rousseau recomendara vivamente la novela a los jóvenes como gran herramienta para su educación.

Robinsón Crusoe (1719) no tenía nada que ver con las populares e insustanciales aventuras de piratas que circulaban en aquellos tiempos; constituía la recreación de algo más posible que utópico: levantar una cabaña, aprender a subsistir en una naturaleza salvaje, soportar el abatimiento de tanta soledad y falta de recursos de toda clase. En ese cebo alimentado de realismo y ficción, Defoe atrapó a un público numeroso, siguió el sendero del drama novelesco y realista tres años después con *Moll Flanders* y llevó su visión periodística-literaria al límite al publicar *Diario del año de la peste*, la crónica en torno a cómo la peste bubónica de 1665 había acabado con más de cien mil personas, una tragedia que los londinenses aún recordaban y con la que Defoe volvió a conquistarlos. Aunque de una manera especial: contando la presunta verdad –se incluyen estadísticas, ordenanzas políticas, declaraciones de médicos–, pero en realidad mintiendo, haciendo pura literatura, como aclara Juan Bravo Castillo: «Era tal la exactitud informativa (...), el dramatismo ambiental generado por el texto y la verosimilitud del relato (...), que hubo quien tomó por realidad lo que era ficción perfectamente reconstruida gracias a la extraordinaria facultad que poseyó Defoe para rehacer aquel ingente drama valiéndose de los testimonios y noticias que de niño había logrado reunir sobre la terrible plaga».

El travieso adulto Defoe había recuperado los recuerdos del niño Daniel y, en el apogeo de su fama, preferido la opción de escribir un informe ficticio de un suceso que pasaba por fidedigno antes que contar su vida y sus curiosísimos deslindes políticos, pues el escritor cambiaba de ideología en función del partido que regentara el poder con tal de no perder su lugar de privilegio en la prensa. Todavía faltaban cuatro o cinco décadas para que la literatura de corte biográfico emergiera en un momento de crisis –seguimos recurriendo a Bravo Castillo– en el que «el yo personal trata de hallar sus propios cauces de expresión. La novela de memorias, concretamente, nace de la mutación de dos géneros literarios próximos, las memorias auténticas y la novela en primera persona heredera de la picaresca y despojada de elementos caricaturescos, con predominio de la materia realista». Sin reglas ni dogmas, el género novelístico progresaba a expensas de las crisis sociales, del ascenso de lectores, de los nuevos planteamientos didácticos, de la mezcolanza de historia y autobiografía envuelta en un tono narrativo e incluso poético: las *Memorias de ultratumba* de Chateaubriand no son sólo un recorrido vital en primera persona que comprende la evolución de Europa entre finales de siglo XVIII y la primera mitad del XIX, sino un ejercicio de los recuerdos íntimos, idealizados, que se subliman mediante un lenguaje artístico en grado sumo –ya desde el título– que exhala languidez, melancolía, soledad, sentimientos más cercanos a las emociones de un personaje de novela que a la voz que atiende cuestiones histórico-biográficas.

Para el quien esto escribe, las memorias de Chateaubriand son una gloriosa enciclopedia de los avatares, miedos y deseos del hombre, un tesoro donde encontrar inteligentes opiniones literarias, viejos consejos de filosofía grecolatina, explicaciones de cómo se transforma un país o sufre sus revoluciones, libertades y decadencias; en cada párrafo el autor de *René* y *Atala* me habla a mí exclusivamente, y nos hacemos confidencias con una única voz, la escrita, que se desdobla al ser leída y que se mantiene preñada de una cálida desidia por vivir, un afán nostálgico de muerte, un cansancio permanente que pone en solfa una vida prodigiosamente inquieta y azarosa, aristócrata y miserable, aburrida y rutilante. Y con todo, estas memorias de dos mil quinientas páginas son por encima de cualquier cosa alta literatura, entre otros motivos, por negar el propio género –digámoslo mediante el término usado por Bryce Echenique en sus dos volúmenes autobiográficos, *antimemorias*– con esa afectación, ese dulce amaneramiento estético tan irresistible y paradójico del que da muestras, por ejemplo, al inicio del «Libro undécimo»: «No hablo nunca con nadie de paso de mis intereses, de mis intenciones, de mis trabajos, de mis ideas, de mis afectos, de mis alegrías, de mis tristezas, pues estoy convencido del profundo tedio que se causa a los demás hablándoles de uno mismo. Sincero y vivaz como soy, me es imposible abrir mi corazón: mi alma tiende sin cesar a cerrarse; nunca lo digo todo y solamente he confesado mi vida entera en estas *Memorias*. Si intento comenzar un relato, de repente me espanta la idea de su extensión; al cabo de cuatro palabras, el sonido de mi voz se torna insoportable para mí y me callo», etcétera. El astuto Chateaubriand proyecta de continuo una infinita vanidad que, a lo largo de toda su prosa, late desde el más profundo y dulce gesto humilde; nos convence de lo que quiere, y nosotros nos dejamos arrastrar porque hemos entrado en su juego, el juego de la literatura: el tú que escribe, el yo que lee, ambos re/creando el mundo sin importar las *mentiras* literarias, las tristezas hiperbólicas, las escenas desmesuradas; el estilo consolida cualquier cosa que se pronuncie con el suficiente talento, ese «don del cielo», porque ciertamente «no se vive más que por el estilo». Este hombre que dice desconfiar de todo y sólo creer en la religión, tiene la voluntad estilística tan asumida, tan bien formada y calculada, que cimenta la narración de su vida con unas formas lingüísticas, sintácticas, léxicas de las que parece poseer el *copyright*, el molde que se llevó a su *ultratumba*.

Nadie alcanza en toda la historia la dimensión de Chateaubriand en cuanto a la escritura de memorias, por mucho que de un tiempo a esta parte esta clase de textos se hayan prodigado muchísimo, aupándose algunos de ellos a la lista de los libros que leímos con el mayor de los placeres: la *Vida de Torres Villarroel*, *El mundo de ayer. Memorias de un europeo* de Stefan Zweig, *Confesiones de un burgués* de Sándor Márai, *Confieso que he vivido*, de Pablo Neruda son exquisiteces narrativas que atraen al lector de anécdotas personales e Historia con la misma intensidad que las memorias noveladas de Frank McCourt (*Las cenizas de Ángela*, mucho más lograda que su continuación, *Lo es*) o las de J. M. Coetzee (*Juventud*, para mi gusto mejor que su antecesora *Infancia*). El yo constituye, en una y otra clase de obras, el sedimento, el río conductor, la cuenca final donde van a parar todas las reflexiones, las caricias, los golpes, los obstáculos de una existencia marcada por el enfermizo amor a las letras. En ellas, se ejercita un tránsito en el tiempo y en el espacio, pues en multitud de ocasiones lo memorialístico surge de una visita a un lugar insospechado, de la obligación de exiliarse o del viaje por el mero hecho de trasladarse en busca de no se sabe qué. Y entonces el propio narrador lucha contra lo que de literario hay en él para que su libro no sea malinterpretado como un relato imaginario con suelo y cielo reales: Heinrich Böll da comienzo a su *Diario irlandés*, escrito en los años cincuenta del pasado siglo, con una advertencia: «Esta Irlanda existe: pero el autor no se hace responsable si alguien va allí y no la encuentra»; en el prólogo a su libro *Las islas Aran* (1907), dice John M. Synge: «En las páginas que siguen he realizado una narración directa de mi vida en estas islas, y de lo que encontré en ellas, sin inventar nada ni cambiar nada que fuese esencial». Ambos se defienden, se justifican, pero tal vez no era necesario, porque la grandeza de su estilo les confiere la licencia de decirlo todo como les plazca.

Jamás sabremos, o yo al menos no he sido capaz de averiguarlo, qué motivos llevaron a Böll a Irlanda, de la que quedó enamorado y sobre la que se hizo un formidable conocedor, pero sí cómo fue la concepción de *Las islas Aran*, que bien merecerían un aparte, tanto por la idea que dio origen a visitarlas como por el cruce directo entre literatura y realidad –una realidad además desconocida, lo que entraña más valor– del que todos los escritores aquí reunidos, y por eso les llamaremos realistas sin excepciones, de Cervantes a Jonathan Safran Foer, se nutren en mayor o menor medida. El caso es que Synge, que había renegado de su rica familia de Rathfarnham para estudiar historia e idiomas en el Trinity College de Dublín y más tarde música en Alemania, llegó en 1896 a un París bohemio y vanguardista que ya vivía la revolución teatral. Allí se encontraría con W. B. Yeats, quien le convence de regresar a Irlanda para conocer las islas Aranmor, Inishmaan e Inishere, de donde podrá extraer interesantes temas para sus obras teatrales. Synge descubrirá esas tierras gracias a cuatro viajes desde 1898 a 1902, naciendo de sus vivencias un libro en el que dará cuenta de una cotidianidad expresada en gaélico, pues el inglés allí casi no se habla, reflejando el extraño mundo gris de la costa occidental irlandesa, elaborando la crónica de unos hombres que «viven olvidados en este mundo de nieblas».

HETEROGENEIDAD DEL REALISMO NARRATIVO MODERNO

Estos dos maravillosos libros de Synge y Böll, a mí no me cabe la menor duda, irían a parar a la biblioteca de obras literarias, acaso de forma más concreta junto con los libros de viajes de Cela o Pla, pero en todo caso en el estante de los textos artísticos. Ambas descripciones de ambientes ya perdidos son, hoy, el hermoso documento de un país religioso y bebedor, rural y charlatán, intensamente lluvioso y verde en manos del autor germano; el espejo de una población humilde volcada en la pesca y en las chozas donde, frente al fuego, se charla durante horas, se recitan poemas y se cuentan leyendas que el propio Synge transcribe. Los dos escritores observan y narran, pero sin formar itinerarios ni guías geográficas: logran encapsular en lenguaje unas existencias primitivas que ignoran lo que ocurre más allá de la orilla del mar y, de este modo, el hilo conductor de lo relatado es la Vida; no hay objetivo argumental ni, desde luego, un ápice de trama, y sin embargo tampoco me atrevería a afirmar que esos escritos proporcionen un tipo de escapismo, evasión o como quiera llamarse, diferente al que sentimos leyendo una novela.

Hoy más que nunca, lo que implicará también una mirada heterogénea a los textos del pasado, los géneros narrativos se subvierten, se confunden en la siembra de hechos biográficos, el abono de la imaginación y la subsiguiente recogida de recuerdos. Algunos aseguran que toda biografía es una falsedad, toda autobiografía un autoengaño, todas las memorias una selección tendenciosa de experiencias. En una de sus últimas obras, el islandés Gudbergur Bergsson pareció plantear para sí mismo una terapia de rememoración, recordando los mil y un detalles de su infancia y denominándolos «bionovela», como explicita en la nota previa al libro: «Las biografías no existen, porque pocas cosas hay que se pierdan tan irremisiblemente como la vida de un ser humano, de modo que sólo es posible trasladar al papel el deseo de conservar en palabras un mínimo hálito de esa vida», afirma rotundo. Consciente de esa relación ficticia entre lo vivido y su transición lingüística, preguntándose constantemente qué es esta gran broma de estar vivo –no en vano uno de sus admiradores, Milan Kundera, le definió como un artista obsesionado por la existencia–, Bergsson despliega las anécdotas que le salen al paso en su recuerdo, las pequeñas historias de su pueblo pesquero, los vecinos y los miembros de la familia: el padre, el padrastro, la madre, la abuela, los hermanos se mezclan con conclusiones filosóficas surgidas a partir de asuntos cotidianos, por lo que la insignificancia, a los ojos de un niño, cobra una dimensión trascendente. «La magia de mi infancia ha surgido como la tierra desde el susurro del mar, o ha estado flotando en el aire durante mis años de adulto en el extranjero, para posarse en lo que yo llamo mi patria chica, la literatura», añade en otro pasaje; y así, al no haber voluntad de ofrecer una visión sociológica de la vieja y rural Islandia del segundo tercio del siglo XX, unas cuantas travesuras se erigen en paradigma de un pasado que existe por contraste con el presente, de un lugar provinciano, de la memoria y realidad actuales.

Esta arriesgada forma de reinventarse, tan lejana al relato autobiográfico al uso, entroncaría con lo que el narrador de *Una fuente inagotable*, de Martin Walser, apunta alrededor de su *alter ego*, el niño Joahnn, quien sin denuncia ni sentimentalismo alguno es testigo del ascenso y la caída del nazismo entre los años 1932 y 1945: «No se puede vivir y al mismo tiempo saber algo de lo que uno está viviendo». Acaso solamente trasladarlo, intuitivamente, a la literatura que se esté escribiendo, y es en ese impenetrable territorio donde se fabrican las más variadas teorías entre vida y obra. Según Roberto Calasso, el tribunal que juzga a Josef K. en *El proceso* y la administración del Castillo a la que se ofrece K. en *El castillo* –¿novelas? (cómo llamarlas) que guardan «innumerables conexiones»–, «son dos organizaciones adyacentes, que resuenan una en la otra», obligando a ambos protagonistas a una constante espera llena de «extrañeza, desconcierto, estupor». ¿Serían estas las sensaciones de Kakfa tras su ruptura con su novia formal Felice, en un hotel de Berlín en julio de 1914, que luego inspirarían «el tribunal del hotel» de *El proceso,* obra iniciada al mes siguiente? ¿Qué relación tendría su paso por Zürau, ya enfermo de tuberculosis, en 1917 –cuando, afirma Calasso, encuentra una salida «a las principales potencias que desde siempre le persiguen», es decir, la familia, la oficina y las mujeres– para la elaboración de *El castillo*? No hay respuestas. De hecho, la necesidad de plantear sus análisis aludiendo a la biografía del escritor es un procedimiento demasiado simple para el lector italiano, que sobre todo busca la exactitud de los símbolos –emblemas, diría el propio Kafka, y jamás metáforas, pues el escritor las detestaba– antes que conjugar vida y obra proporcionando una falsa luz en toda la oscuridad que sugiere el mundo kafkiano.

Vladimir Nabokov, con el que quisiera encarar muy significativamente el final de estos apuntes sobre el realismo en las ficciones narrativas, estaría muy de acuerdo con Kafka y con varios de los escritores que nos han ido iluminando el camino: con C. S. Lewis cuando dice, en sus lecciones en la universidad de Cornell reunidas bajo el título de *Curso de literatura europea,* que «las grandes novelas son grandes cuentos de hadas»; con René de Chateaubriand por cuanto «el estilo y la estructura son la esencia de un libro; las grandes ideas son idioteces» –su principal lema en palabras de John Updike–; con Julio Cortázar respecto a la no diferencia entre fantasía y realidad, en concreto en las páginas dedicadas a *El Dr. Jekyll y Mr. Hyde,* cuya poética aureola coloca en la línea artística de *Madame Bovary*; con Flaubert, precisamente, cuando se ampara en la independencia creativa: «La literatura es invención. La ficción es ficción. Calificar un relato de historia verídica es un insulto al arte y a la verdad. Todo gran escritor es un gran embaucador, como lo es la architramposa Naturaleza»; yo diría también que, salvando el elemento doloroso, con el Ernesto Sabato que se pregunta por «esas oscuras motivaciones que llevan a un hombre a escribir seria y hasta angustiosamente sobre seres y episodios que no pertenecen al mundo de la realidad; y que, por curioso mecanismo, sin embargo parecen dar el más auténtico testimonio de la realidad contemporánea»; ligado a esto, con Oscar Wilde, pues tal y como reconoció Nabokov en la entrevista que le hiciera Bernard Pivot en la televisión francesa, «una obra de ficción sólo existe en la medida en que me proporciona lo que llamaré lisa y llanamente placer estético, es decir, la sensación de que es algo, en algún lugar, relacionado con otros estados de ser en el que el arte (curiosidad, ternura, bondad, éxtasis) es la norma»; por descontado, como extraemos de la citada entrevista del programa *Apostrophes*, con el *Ulises* de James Joyce –«mi gran modelo», dijo–, y con Franz Kafka en referencia al odio a los símbolos y las alegorías, al psicoanálisis y a Freud, a «las generalizaciones fraguadas por sociólogos y míticos literarios».

Las grandes palabras, al igual que pasa con las grandes ideas, estorban en el análisis del arte, en la visión de lo que denominamos realidad, pues la carga semántica del lenguaje es diferente para cada ser humano al margen del acervo lingüístico común que nos ofrecen los diccionarios. María Moliner escribe, como tercera acepción del sustantivo «realismo»: «En literatura o arte, manera de tratar los asuntos en que se describe la realidad sin atenuación o idealización»; y líneas más adelante, como segunda acepción del adjetivo «realista»: «Se aplica a las personas que ven y juzgan las cosas tal como son en realidad, sin desfigurarlas con la imaginación o el deseo, así como a su criterio, sentido, etc.». Pero qué significa decir *las cosas tal como son*, y de qué manera un escritor puede aislar la realidad –la única, presunta, supuesta, realidad objetiva posible– de la influencia de la *atenuación*, la *idealización*, la *imaginación*, el *deseo* propios, humanos, absolutamente inevitables. En la calle, en la televisión, en la memoria, un mismo hecho es visto, registrado, revisado de forma diferente en cualquier lugar del planeta Tierra por parte de un niño, un veinteañero, un anciano, un loco, un sordo, un depresivo, un multimillonario, un poeta... ¿No deformamos la realidad en cuanto la verbalizamos, al añadirle lenguaje?; el recuerdo, al volcarse en escritura, ¿no se convierte inmediata, directamente en ficción?; ¿no estamos imaginando lo que vemos mientras lo vemos?

Tenía razón Nabokov, el maestro del sentido común y la precisión que yo había elegido para recolectar estos conceptos esparcidos, que diría Lope; elección hecha, sobre todo, pensando en su célebre frase sobre el término que hemos tenido entre manos continuamente: en su texto «Sobre un libro llamado *Lolita*», el autor ruso-estadounidense cuenta que, para la redacción de su famosa novela, se vio obligado a «inventar Norteamérica; obtener los ingredientes locales que me permitirían agregar una pizca de "realidad" (palabra que no significa nada sin comillas) corriente al fermento de la fantasía individual». En este paréntesis se cifra el ser o no ser del dilema; dentro de él, estalla cada letra de lo real, y todo se vuelve ambiguo, la palabra es sitiada por espontáneas comillas, o señalada en cursiva, o subrayada o elevada a altura mayúscula, y en todo ese trato exclusivo, el vocablo nos pierde el respeto, deserta de nuestro vocabulario lleno de prejuicios e ignorancias y sigue su propio curso; por sí mismo suelta el lastre de su significado y gana los que queramos añadirle. Y todo ello con sólo una pequeña, grande rozadura o incisión literarias, que convierte la realidad en su reverso irreal, y así cualquier cosa ya no será tal como es una vez sometida al artificio narrativo, sino como el instinto de lo artístico cree que habrá de ser más allá de los límites del tiempo.

Intermedio de transición

Tres estaciones realistas (del siglo XVII al XX)

Miguel de Cervantes: principio y fin de la novela

Así como al escuchar ciertas melodías de Bach o detenernos ante algunos cuadros de Turner uno acaba pensando que éstos siguen siendo más audaces, en la búsqueda artística, que el más sofisticado de los creadores de las últimas décadas, con Cervantes, en el campo de la literatura, tal impresión se vuelve absoluta, abrumadora, aplastante. A veces, notamos una influencia más o menos específica del escritor cuando nos topamos con algún relato que emana tono, ritmo o discurso cervantino; asentimos entonces gustosos ante esa conexión en el tiempo, pero acabamos comprendiendo que sólo se trata de un homenaje al maestro, de un guiño, de un préstamo técnico, a menudo una simple adaptación quijotesca a un ambiente actual.

Esto es así de obvio, o al menos lo ha sido para los más grandes escritores, porque en resumidas cuentas: «Todo está ya en Cervantes. Todo lo que hará la perdurabilidad de muchas novelas futuras: el enciclopedismo, el sentido de la historia, la sátira social, la caricatura junto a la poesía y hasta la crítica literaria». Son palabras de Alejo Carpentier, leídas en 1977 al recibir el premio Cervantes y que suscribirían Fielding, Swift, Sterne, Defoe y Dickens; Stendhal, Flaubert y Balzac; Hawthorne, Melville y Twain; Pushkin, Turguénev, Tolstói y Dostoievski; Galdós y Clarín. Es decir, lo mejor de las mejores literaturas, durante los siglos XVIII y XIX, se empaparía de Cervantes con mayor destreza e intensidad que la tierra que le vio nacer y afirmar de sí mismo: «Soy el primero que he novelado en lengua castellana».

En este sentido, *El Quijote* constituye el principio y, por así decirlo, el final de lo novelístico. En *Este mar narrativo* –título extraído del ensayo que Thomas Mann escribió a bordo del barco que le condujo a Nueva York en 1934 mientras leía *El Quijote*–, José Balza recordaba que Cervantes «funda un género en el arte de la escritura; y al instaurarlo parece contener en sí mismo toda la aventura formal que la humanidad puede imaginar para la ficción». Por su parte, Harold Bloom se muestra taxativo en *El canon occidental*: «Todas las novelas desde *Don Quijote* rescriben la obra maestra universal de Cervantes, aun cuando no sean consciente de ello» (además, señala, en el capítulo «Cervantes: el juego del mundo», cómo «los críticos más distinguidos todavía no han conseguido ponerse de acuerdo en los aspectos fundamentales del libro», en el sentido que la grandeza de la obra no produce dos lectores iguales). Buscar ejemplos sobre eso en la narrativa contemporánea resulta, por tanto, algo tan ocioso como infinito, pero nos permitiremos citar *Orlando* de Virginia Woolf, «un hidalgo que padecía del amor de la literatura», como preferencia personal de personaje quijotesco del siglo XX.

Así las cosas, la lista de caracteres inspirados en Alonso Quijano y Sancho es muy diversa: de 1905, cuando Unamuno practicó en *Vida de Don Quijote y Sancho* la novela, el ensayo, la biografía e incluso la autobiografía –como advierte Ricardo Gullón: «¿Novela, pues? Es una lectura admisible pensando precisamente en eso: el hidalgo y su escudero reviven la historia, episodios y aventuras, en compañía de un narrador que no se priva del autoatribuido derecho a ingerirse en lo narrado, trasluciendo en el comentario una voluntad crítica tanto como creadora»–, hasta el Graham Greene de *Monseñor Quijote* (1982), constatamos de continuo, reflejados en las letras, el segundo de los dos grandes motivos del *Quijote* al decir de Borges. Señalaba el argentino que en el texto hay dos caminos principales: «Uno, el argumento ostensible, es decir la propia historia del ingenioso hidalgo, y el otro, el argumento íntimo, que yo creo que es el verdadero tema: la amistad de Don Quijote y Sancho».

El contraste entre ambos, generador de incontables parejas literarias en los cuatrocientos años posteriores, se articula sutilmente en el poder individual de la memoria. Observemos al «ingenioso hidalgo», al «caballero de la Triste Figura», para conocer los humores de Quijano-Quijote, recalcados por Harald Weinrich en su espléndido trabajo sobre la desmemoria literaria: la ingeniosidad y la melancolía. De este modo, frente al despierto y lúcido analfabeto Sancho, Don Quijote representa la falta de recuerdos, la incapacidad de reconocer la propia identidad: «Tal ingenio no se nutre de la memoria, sino de las capacidades de un agudo entendimiento y una desbordante imaginación», pues ya decía Aristóteles –luego lo repetirían Cicerón y Goethe– que «todos los ingeniosos han sido melancólicos».

Y ahora viene el más difícil todavía: en la novela que funda un género, que inventa la figura del héroe que duda y hace dudar –¿qué vemos realmente, en la ficción narrativa, gigantes o molinos de viento?–, el narrador se confunde con el autor e incluso con el lector. Quién es Cide Hamete –véase la *Trilogía de Nueva York*, de Paul Auster, que ofrece una original teoría al respecto– y por qué se esconde el escritor Miguel de Cervantes de espaldas a su lector, quien también participará del texto en una suerte de interacción inédita hasta la fecha; ésta surge en la segunda parte de la obra, cuando «el errante protagonista encuentra hombres y mujeres que han leído la primera parte y esperan –y de hecho demandan– determinadas acciones de él», según dice Edward Said en uno de sus ensayos culturales. Y añade: «En cierto sentido los lectores de ficción a lo largo de los años de su madurez han desempeñado un papel tan importante en el florecimiento de la forma como los autores».

Nadie puede llegar a semejante metaliteratura si no es, como el borgeano Pierre Menard, escribiendo de nuevo el *Quijote* palabra a palabra. Así que si ya todo era ambiguo en una novela publicada en 1605 y 1615, hasta dónde pudo llegar nuestro mundo de vanguardias, experimentos, modernidad y mil cosas que rompen con el pasado: no más lejos que el propio Cervantes puesto que, de hecho, el arte actual es aún renacentista, viene a decir Octavio Paz en *El arco y la lira*: «Cervantes hace novela de la novela, Shakespeare crítica del teatro en el teatro, Velázquez se pinta pintando. El artista se inclina sobre su obra y no ve en ella sino su propio rostro que, atónito, lo contempla». O sea, «la novela pone en entredicho la realidad de la llamada realidad. La poesía del pasado consagra a los héroes (...). La novela moderna los examina y los niega, hasta cuando se apiada de ellos».

Paz aludía a lo poético al interpretar cómo la crisis de la sociedad moderna se manifestaba «en la novela como un regreso al poema». Basta con hojear la prosa de Joyce, Proust y Kafka. Cervantes, a quien los dioses no premiaron con el don lírico según confesó él mismo, se volvió poeta entre los renglones de su narrativa y sus herederos –la mejor prosa del siglo XX– se alejarán del ritmo prosaico para coquetear con el tempo poético, la pulsación musical, el lenguaje contemplativo.

Con todo, no llegaremos en este comentario a la obsesión de Dostoievski por *El Quijote*, quien dijo en su *Diario de un escritor* (1877): «Ese libro, el más triste de todos, no debe el hombre olvidar llevarlo consigo el día del Juicio final». Tampoco asumiremos, con Unamuno, que el libro sea la Biblia española y «Nuestro Señor don Quijote», Cristo. Nos limitaremos a asentir al juicio de Flaubert, que escribió en sendas cartas de 1852 a su amante intelectual Louise Colet consideraciones de gran calado por lo que respecta, primero, a la existencia real del Quijote: «Lo que distingue a los grandes genios es la generalización y la creación. En un solo tipo resumen personalidades dispersas y aportan a la conciencia del género humano personajes nuevos. ¿Acaso no se cree en la existencia de Don Quijote igual que en la de César?», y por el otro, sobre la grandeza de una obra que lo aúna todo, que todo lo abarca hasta minimizar lo demás: «Lo que hay de prodigioso en *Don Quijote* es la ausencia de arte, y esa perpetua fusión de la ilusión y de la realidad que hace de él un libro tan cómico y tan poético. A su lado, ¡qué enanos, todos los demás! ¡Qué pequeño se siente uno, Dios mío! ¡Qué pequeño!».

FRIEDRICH SCHILLER Y CLARÍN: LA REALIDAD PEDAGÓGICA

La visión de la realidad, como principio y fin filosófico-literario, como origen argumental y objetivo estético, como interés sociológico y trasfondo político, hizo de Friedrich Schiller un tótem a la entrada de la Ilustración germánica. No sabemos si lo es hoy al modo en que Pushkin aún es el poeta popular por excelencia en Rusia, pero al menos Schiller así se mantuvo en Alemania en el año en que Thomas Mann leyó un conmovedor discurso con motivo del 150 aniversario de la muerte del dramaturgo y poeta, hablando de su «grandeza generosa, entusiasta, llameante, briosa, embriagada del universo y humana y culturalmente pedagógica, y en todo ello masculina al máximo».

Hace unos años, cuando había transcurrido medio siglo más, se tradujo al español por vez primera su prosa –¿masculina?; Mann, homosexual, ¿qué entendería por tal término?– que da cuenta, precisamente, de lo que ya advirtiera Jorge Guillén en su texto «Vida y muerte de Alonso Quijano» en alusión a una carta de Schiller, pues no en vano en su correspondencia (sobre todo con Goethe) se encuentran a menudo pruebas clarividentes de su aliento literario: «De mis esferas ideales me siento caer en cuanto una media rasgada me llama a la realidad».

Así es el lenguaje de Schiller, solemne y bello y hasta complejo, más esteticista que narrativo-ficcional en los cinco relatos y una novela corta –*El visionario*, que incluye un apéndice en forma de «diálogo filosófico»– que conforman sus narraciones completas escritas entre los años 1782 y 1789 y que, para el propio autor, fueron una parte secundaria al lado de su aportación poética y, sobre todo, dramática. Común a los seis, se muestra incluso desde los subtítulos –en los cuentos «Una acción generosa. Sacada de la Historia más reciente», «El delincuente por culpa del honor perdido. Una historia real» o «Una jugada del destino. Fragmento de una historia real»– la intención de trasladar a la prosa episodios reales protagonizados por personas conocidas entonces, las cuales sin embargo aparecen detrás de un asterisco o una inicial al más puro estilo decimonónico.

Tal insistencia en lo real y lo histórico, lo cual habría que extender a la citada novelita, construida a partir «de las memorias del conde de O***», o al relato «Curioso ejemplo de una venganza femenina. Sacado de un manuscrito del difunto Diderot», y con la única excepción del breve «Un paseo bajo los tilos», de carácter dialéctico-platónico, ya había sido el eje de la literatura de Schiller y lo iba a ser de sus escritos posteriores. Justo antes de redactar estas historias puramente por razones económicas, había estrenado con un éxito descomunal su primer drama, *Los bandidos* (1781), respondiendo así al gusto romántico por los perfiles humanos rebeldes, idealistas y marginales que tanto se iba a explotar en Europa. «Hombre de recursos escasos, muy enfermizo, bastante inclinado al erotismo y a la bebida, gran poeta que inflamó el pecho de los jóvenes de las décadas posteriores con una cierta carga, excesiva, tal vez, de retoricismo», escribió de él Josep Pla. Era el tiempo en que Schiller tenía puesta su fe en el teatro como medio para llegar al pueblo, para educarlo, para hacerle sentir, como dijo Kant al definir la Ilustración, que podía confiar en su personal entendimiento, en su libertad para reflexionar y conseguir una mayoría de edad intelectual. Por este motivo, los escritores conciben su literatura desde la pedagogía, y por eso es la narrativa de Schiller didáctica y moralista, al compás del sentimentalismo del movimiento «Sturm und Drang».

Salvando las distancias, espaciales, temporales e históricas, sería el mismo tipo de realismo que interpretaría Leopoldo Alas cuando, al hilo de las tesis realistas y naturalistas, dirá décadas después: «El novelista realista, más que un fotógrafo de la realidad, es un crítico de la realidad, que se sitúa ante la vida social con actitud parecida a aquella con que el crítico literario se enfrenta a la obra». Por esa razón, Gonzalo Sobejano calificó a Clarín de «moralista» en dos sentidos, tras adivinarle un fondo romántico que partía de su insatisfacción por la realidad que le había tocado vivir: como «observador penetrante de la vida social y defensor de un ideal de justicia y verdad». Así, en la introducción a su edición de *La regenta*, el filólogo murciano añadía, en el mismo párrafo: «Realista en la dirección de su inteligencia, consideraba extemporánea la continuación del romanticismo. Espíritu religioso, mente necesitada de nutrición filosófica, excelente educador, infatigable lector y espectador del desenvolvimiento literario europeo desde su retiro provinciano, Clarín cumplió su vocación de moralista en la crítica, en el cuento y en la novela». Asimismo, en la edición de la narrativa corta del asturiano, ya puso de manifiesto Carolyn Richmond tal intención didáctica, el «continuo diálogo del escritor con su lector». La estudiosa afirmaba haber reunido «todos los relatos y fragmentos narrativos de Leopoldo Alas, uno de los grandes maestros del género de toda la literatura española». ¿Pero es en efecto Clarín un maestro en la narración breve? A mi juicio, el lector actual puede acusar bastante que estos cuentos, como decía Azorín, sean «la realización en forma pintoresca de un ensayo moral y filosófico». Por ejemplo, sus *Cuentos morales* parecen ahora meras estampas envejecidas, moralizadoras en grado sumo cuando describe al «hombre interior» que tanto le inquietaba, en unos años de salud quebradiza y angustioso espiritualismo ya reflejado en *El Señor y lo demás, son cuentos* (1893). En cualquier caso, siguiendo con el comentario al mensaje clariniano, cabe advertir cómo en el prólogo a *La cuestión palpitante* de Pardo Bazán, el autor hablaba del didactismo inherente a la traslación de la sociedad real al campo literario: «El naturalismo (...) en su perfecta imitación de la realidad, se abstiene de dar lecciones, de pintar los hechos como los pintan los inventores de filosofías de la historia, para hacerles decir lo que quiere que digan el que los pinta: el naturalismo encierra enseñanzas, como la vida, pero no pone cátedra». De la misma manera en que Schiller se dirige al lector en sus cuentos, a menudo más cercanos a la crónica social, a la subliminal reflexión sociológica.

Así, para el alemán, la literatura, más en concreto el teatro, constituyó una manera de cohesión de los territorios desperdigados que conformaban el área alemana: algo factible para los poetas, una quimera para los políticos. A la difusión de ese mensaje se empeñó Schiller en gran número de textos, como en una conferencia de 1784 en la que afirmó que el teatro contribuía a forjar el espíritu alemán nacional, pues «sólo él se extiende por todos los dominios de la sabiduría humana, agota todas las situaciones vitales y lleva la luz a todos los rincones amargos del corazón». Algo que la filosofía era incapaz de transmitir, como bien entendió su gran amigo Goethe: «Es triste ver cómo un ser tan extraordinariamente dotado se atormentaba con pensamientos filosóficos que no podían resolverle nada»; ni tampoco la poesía –no digamos sus versos filosóficos de los años noventa–; ni, al fin en última instancia, la narrativa, convertida sólo en un ejercicio paralelo a los escenarios, donde en efecto la realidad se recreaba, se reconstruía, hablaba por sí misma.

Luigi Pirandello y Josep Pla: esencia de vida y soledad

Hubo un tiempo en que sobre Luigi Pirandello, autor de una gran y diversa obra que mereció el premio Nobel en 1934, se extendió un cierto olvido, a excepción de su célebre trilogía teatral compuesta por *Seis personajes en busca de autor, Cada uno a su manera* y *Esta noche se improvisa*. Sin ir más lejos, el canon moderno más difundido hace patente la ausencia como referente artístico que sufre el escritor siciliano, salvado de la desmemoria gracias a su dramaturgia, que en su momento obtuvo un éxito sólo comparable al de Bernard Shaw en los Estados Unidos. Y sin embargo, Josep Pla afirmaba en *Notas dispersas* que su teatro era una copia de los relatos escritos con anterioridad, diciendo además: «En el teatro, el contraste de la dialéctica humana empleado por Pirandello es más crudo y más directo: en las *novelle*, es más matizado y puede que más real»; dicho lo cual, se colige que deberíamos hallar en su narrativa, antes que en las piezas teatrales, las claves para entender esta contundente afirmación planiana: «Los tres grandes fenómenos literarios de mi tiempo han sido la obra de Marcel Proust, el *Ulises* de Joyce y la obra de Luigi Pirandello».

Pla había presenciado el éxito de Pirandello en los teatros de Roma cuando, en 1922, viajó a Italia como corresponsal de un par de periódicos para seguir de cerca los sucesos políticos que llevarían a Mussolini al poder. Como leemos en *Cartas europeas*, en aquel momento pudo comparar dos estilos contrapuestos: el ampuloso de D'Annunzio, que no le gustaba demasiado, y el admirable «realismo glacial» de Pirandello, cuya «paternidad literaria viene del naturalismo ruso»; una naturalidad esta, tanto de talante decimonónico como de sencillez estilística, que se convertiría –ya lo presagiaba el catalán– en un obstáculo en un tiempo repleto de innovaciones estéticas muy llamativas. Precisamente, en aquel mismo año de la llegada de Pla a Italia, se publicaría el primer volumen de sus relatos con el título *Novelle per un anno* (llegó a publicar quince volúmenes de narrativa corta, el primero de ellos *Mantón negro*, en 1922).

Pues bien, la incomprensión por el relativo olvido de Pirandello resulta escandalosa. Cuesta encontrar otro artista que haya asumido la narración corta con semejante viveza y densidad, belleza y riqueza técnica. Sólo Chéjov, ya en el primer párrafo del texto, es capaz de abrirnos al pasado no dicho de los personajes y sus tragedias; tragedias pequeñas, mínimas, insignificantes, que de la mano poética de Pirandello son transformadas en aventuras que nos atrapan y emocionan. Amargos, meticulosos, con toques cómicos, sus cuentos son el espejo de nuestra propia alma que odia y ama y sueña y teme, que está perdida o no se reconoce; pero también del espíritu verosímil de los personajes ficticios que, cual *Niebla* unamuniana, reclaman atención e importancia al autor en por ejemplo, el relato «La tragedia de un personaje».

Notamos todo lo dicho mediante el tratamiento de varios motivos que, sobre todo, exploran la soledad profunda del individuo, sus dudas, la capacidad de ver las cosas de forma poliédrica, a menudo desde el punto de vista de una mujer. Así, la muerte tiene un aspecto tragicómico en el cuento «Visitar a los enfermos», dramático en «El viaje», absurdo en «El ilustre extinto» –donde los dos planos del moribundo, antes y después de su entierro, encierran una fascinante estructura– y desesperado en «La trampa». La misma variedad de matices ocurrirá con el amor: triste en «El mantón negro» y melancólico en el fenomenal «La luz de la otra casa»; con el humor de «El frac estrecho»; con la superstición de «El cuervo de Mizzaro»; con el patetismo de «La herejía cátara» y «Mundo de papel». La obra de Pirandello será nuestra oportunidad de volver a afrontar la esencia de la vida, imaginando por ejemplo el rostro de un joven sin fe que comprende el universo en una brizna de hierba en «Canta la epístola», cuento de una densidad abrumadora, o en el que se recrea el mundo de la explotación del azufre (su familia poseía una mina en Girgenti que se fue a la quiebra en 1903, época en que el autor escribe su primer éxito, la novela *El difunto Matías Pascal*), llamado «Ciàula descubre la luna». En él, un infeliz se ve atrapado en la oscuridad y, temeroso de quedar sepultado, consigue hallar una salida gracias a la luz de la luna, y allá en lo alto, ajena a todas nuestras preocupaciones, cree verla por vez primera.

Ante una preciosa imagen como la descrita, y muchas otras que gozan de semejante nivel emotivo, ¿en verdad cabrá referirse a un realismo glacial al considerar la prosa pirandelliana? Justo al revés de lo que el tópico señala sobre el latino de las costas del sur de Europa, Pla habla de Pirandello en estos términos en las citadas *Notas dispersas:* «Fascinado por el Mediterráneo, tenía su característica más acusada: la frialdad. Pirandello es un realista glacial», insistía; pero un autor frío, es preciso matizar enseguida, que escribe sobre las mayores pasiones, las sensuales, las posesivas; un autor que se coloca en el punto más alejado del barroquismo, que tiende al lenguaje coloquial usando «adjetivos prodigiosos y cuya exactitud es de lo más anticonvencional», según Pla. Éste, comentando a Pirandello, a la vez se comenta a sí mismo, alude a los rasgos estilísticos compartidos, pues como recuerda Valentí Puig en el texto titulado «Las exactitudes de Josep Pla», el gran problema de la literatura para Pla –que reconoció practicar un «realismo sintético»– es la adjetivación realista.

De este modo, coincidiendo en una parecida meticulosidad verbal, una inclinación por la sencillez expresiva, pero sin el estilo poético y la inercia novelesca de Pirandello, su gran admirador Pla explota ese realismo glacial que atribuyó al italiano en sus propias narraciones, austeras y precisas. Pocos autores como el catalán tuvieron tan claro el que debería ser el inequívoco destino de todo escritor: observar y relatar lo que pasa en la época que le ha tocado vivir. Su caso es, en este sentido, antonomástico, pues a lo largo de sus ochenta y cuatro años de vida, a través de sus treinta mil páginas publicadas, Pla se consagró a la contemplación de la vida, sí, pero vista desde la lectura y enseguida llevándola a la escritura diaria, incombustible, incansable, y además con la humildad que sólo tienen los creadores más grandes, aliñando la elección de su soledad existencial con un fino escepticismo.

Quizá por esa añoranza de no haber vivido más y escrito menos, a pesar de sus múltiples viajes, siempre de carácter profesional –como ese a Italia, donde descubriría de primera mano las dos tendencias de los años veinte, tan manipuladas desde el punto de vista político, la del fascista D'Annunzio y la del hombre popular y ajeno a todo Pirandello–, Pla se iba a

mostrar como un realista total, alguien afín al espejo stendhaliano, un antibarroco partidario de la claridad que despreció
la ficción para sí mismo, con dos o tres excepciones, tendiendo
al dietario, al relato descriptivo.

Frente al alud de textos, cuarenta y seis tomos de obras
completas, considero de particular importancia, de cara al
lector que pretenda iniciar sus pasos planianos, el volumen
que extrajo las inquietudes estéticas más llamativas del autor
de Palafrugell, el *Diccionario Pla de literatura* –preparado por
Puig–, el cual mostraba reunidas sus reflexiones literarias más
personales y jugosas, al tiempo que servía para comprender
la dedicación a ese realismo en el que incidiré luego. Aquellos fragmentos significativos sobre autores, temas, conceptos,
tópicos literarios y demás asuntos artísticos constituía, además de un completísimo diccionario de las letras universales,
también una valiosa síntesis de la mirada de un lector genial,
libre de prejuicios, inteligente y descarado. Así, en el volumen
veíamos aparecer el capital problema de la adjetivación o la
exigencia de la anécdota por encima de todo; la mediocridad
de la literatura de su tiempo y la vanidad, la envidia y las
aspiraciones de gloria de tantos escritores; la vaciedad en algunos casos del género novelesco y la poesía concebida como
una farsa que, cada vez más ininteligible, está de espaldas a la
gente de a pie.

Sintetizada la voz de Pla de esta manera, se apreciaba claramente su preferencia por la literatura de recreación frente a
la imaginativa, algo que se ejemplificaba mediante el análisis
de la obra de una serie numerosa de escritores, tanto de sus
predilectos –Platón, Montaigne, Nietzsche, Baudelaire, Tolstói, Chéjov, Poe, Conrad, Proust, Joyce, Shaw, Baroja, Pirandello...– como de los que le disgustaban –Voltaire, Dostoievski,
Pérez Galdós, Borges o Camus–, a pesar de que, a nuestros
ojos, tal diferenciación sea a menudo tan ambigua y en absoluto objetiva desde el plano técnico-literario. Pero Pla sabe de
lo que habla, y elige muy bien las palabras para comunicar
sus predilecciones: buen conocedor de la cultura grecolatina,
de los textos sagrados, de la literatura medieval europea, el
ampurdanés demuestra su dominio de la literatura inglesa,
para él la más amena y confortable, y de la francesa, que le

es tan próxima, pero también de la italiana, la rusa y, por supuesto, la catalana. Con ello, Pla se inserta en el entendimiento de la tradición, adscribiéndose o apartándose, sin delinear los contornos de los géneros, pues de etiquetar ya se ocuparán otros. Él opina y escribe de una forma antisimbólica, atento a lo único que le interesa y que tan bien explicó, sirviéndose de las palabras del propio Pla, Jaume Fuster, en «Notas para una introducción al estudio de Josep Pla»: «Él sólo acepta "aquella literatura que parte de lo real y busca la emoción entrañable": "la realidad, la maravillosa, enorme, misteriosa realidad que nos rodea y a la que damos vueltas", ha de ser, escribe, el objeto de las búsquedas lúcidas del escritor. (...) La "realidad", o la "vida", o como queramos llamarlo, exige el primero y más firme respeto del literato. La descripción y el reflejo resultarían, si no, imposibles. Pla es respetuoso con ello hasta el máximo: tiene su manera de serlo. Y por esto no cultiva los géneros de ficción».

Pero, como decíamos, hay excepciones en ello: una es *El carrer estret* (1951), novela sin novelar ninguna trama, crónica ficticia de una estancia perfectamente real a través de la figura de un veterinario y de su cocinera, un cuadro de costumbres en la vida apacible de un pueblo imaginario del interior de Cataluña. Porque, si nuestra vida carece de argumento, un texto narrativo tampoco habría de tenerlo; de hecho, Pla confesó en alguna ocasión que apenas leía novelas, que no podía con ellas en cuanto descubría que avanzaban hacia un desenlace, un fin concreto. Ya en el prólogo a *La calle estrecha* dejaba claro su interés por el detalle, por la descripción, poniendo como guía el espejo en el camino de Stendhal, que no refleja ningún argumento «más que por una rarísima casualidad», por lo que «las novelas como argumento, más que reflejar la vida, no hacen más que arbitrar una forma de artificiosidad». Incluso decía temer que *El carrer estret* pudiera ser considerada una novela como una de tantas, cuando lo único que había hecho, reconocía, era poner un espejo «por la calle Estret de Torrelles», consiguiendo lo que él define así: «Son imágenes de la vida tal como es –más que imágenes inventadas y convencionales. Son imágenes de la realidad. En este sentido este libro se encuentra en la línea de la prosa que se escribe en los países donde hay, todavía, una literatura. Esta prosa está afectada por un creciente respeto a la realidad prodigiosa e inacabable, grosera y mágica».

Y en efecto, si se acude a la entrada «novela» del citado *Diccionario*, se lee: «Hablando concretamente de la novela, que ha producido y produce una incontable cantidad de naufragios, quizá se podría concluir que nuestros novelistas considerados indiscutibles han tendido a convertir sus propias ficciones en escrituras de auténtica realidad, de una realidad sensible y, ni que decir tiene, visual, y en cambio, los otros, la inmensa mayoría, han intentado trabajar trasladando la realidad a las ficciones y a los caprichos fantasiosos personales, que han resultado, por eso mismo –y a pesar de la riqueza indescriptible de la realidad–, absolutamente ininteligibles». Es entonces, en el traslado de la realidad a parámetros ficticios mediante el filtro de la imaginación personal, donde se sacrifica dicha realidad en beneficio de algo que acaba siendo un naufragio, un fracaso literario, la mayor parte de las veces.

En su ingente trayectoria, aparte *La calle estrecha*, la otra excepción a la no ficción –otro texto ficticio, *La herencia*, apenas ha tenido resonancia–, sería *Nocturn de primavera*, que había aparecido en catalán en 1953. Sería Baltasar Porcel quien insistiría en la recuperación de aquella novela que el propio Pla había descartado para sus obras completas por considerarla fallida y que, al final, decidió incorporar en 1972 tras una profunda revisión que, según Porcel, deterioró el texto al cambiar su estructura e incluso el nombre del pueblo en el que sucedía la acción. «Pensaba, y pienso, que Pla no tenía una concepción clara, libre, de la creación o, mejor, de la imaginación creadora, desconfiaba de ella en literatura, pintura, música», asegura el autor mallorquín. De ahí su entusiasmo por esta novela tan diferente del resto de la obra de Pla, quien «entonces concebía la escritura e incluso el arte como una descripción y un análisis de lo que llamaba la "realidad existente", y pensaba que si se lograba establecer un retrato veraz de ella podía obtenerse una relativa propuesta de regeneración».

Sin embargo, en *Nocturno de primavera* Pla también ensayó un retrato veraz pese a coquetear con la ficción. De hecho, la novela es una excusa para plantear lo que la propia vida tiene de imagen ficticia, de disimulo, de máscara y apariencia. Por ejemplo, al comienzo del texto, se lee: «En nuestro país, se trata más bien de no reflejar nunca la realidad de una manera precisa, por eso, hay mucha gente que aparenta tener lo que no tiene y hay una cantidad considerable que tiene mucho más de lo que aparenta. Esta manera de ser produce una situación sistemáticamente ficticia, impregnada de hipocresía que por la gran cantidad de tiempo que permanece, ha convertido la verdad subjetiva, la verdad personal, es decir, la falsedad necesaria e indispensable, en la pura y simple verdad». Y más adelante, a partir de un suceso trivial pero significativo: «El doctor Torrent contempló la escena con una curiosidad risueña y vio, una vez más, confirmada la tendencia a la ficción que tienen las apariencias de la vida».

Es en la vida provinciana de un pueblo llamado Vilaplana, donde tales apariencias cobran cuerpo mediante una serie de personajes que juegan con lo arquetípico; aquellos que tienen los oficios preeminentes, como el banquero que va a recibir en su casa, junto a su esposa, doña Adela, a unos cuantos invitados con motivo de la boda de su hija: el médico Torrent, el periodista Gratacós, el rico y soltero Fàbregues, el juez suplente Prats, el matrimonio de los avariciosos Perdigó, el exitoso electricista Pujolet, el ocioso notario Corcoll, el boticario Pibernat, Pagès, primer teniente del Ayuntamiento... Pla pone en liza a tipos que localiza en «las capitales de provincia y en las poblaciones con feria», cuenta por separado sus antecedentes con minuciosidad y, a mitad de relato, los activa para dialogar entre ellos, perfilando un escenario social donde las pequeñas tensiones, reproches, envidias y malentendidos están a la orden del día en un pueblo donde se respira «un aire suavísimo de *dolce far niente*, de honorable y cívica vagancia».

El pueblo payés, el ambiente que Pla más conocía y apreciaba, el ambiente que tanto le atrajo del Pirandello que retrataba las pequeñas miserias de las gentes más humildes, sus existencias en pueblos recónditos de Italia, surge aquí engalanado con las posturas urbanizadas de una intensa vida social, narrado por una tercera persona omnisciente que se concreta en un yo que aparece a poco de empezar el texto. El propio Pla cronista, transcriptor de la existencia provinciana circundante

−«En estos pequeños pueblos payeses nunca se sabe quién gobierna, quién manda, quién corta, para decirlo vulgarmente, el bacalao»−, satiriza en torno a las jerarquías, a las apariencias que esconden inseguridades con un toque de humor anglosajón; a mi entender, con más eficacia por medio de la digresión, de la descripción general, que mediante las intrincadas relaciones de los personajes que pone en su particular escenario, enmarcados de cara a ser observados con el detenimiento necesario para este escritor consagrado a trasladar lo real a la palabra escrita.

Singularidades

Benito Pérez Galdós

I. La adivinación artística

Alude el narrador de bastantes de las novelas galdosianas, con harta frecuencia y ya desde *La Fontana de Oro* (1870), a «esta verídica historia», heredando el gusto cervantino por avivar el juego ficcional entre el lector, el que cuenta la historia y sus personajes; en la obra citada, por ejemplo, es el personaje Bozmediano quien informa de los hechos al «autor». Irá así poniendo a las claras el escritor canario su intención de mezclar lo histórico y geográfico reales con la invención de unos seres que transitan por Madrid, que podrían verse reflejados en las novelas firmadas por un hombre llamado Benito Pérez Galdós y que aparecían por entregas en la prensa o en uno o varios libros de forma casi anual. Ya ciego, en sus últimos tiempos, se cuenta que en algún momento especialmente conmovedor, Galdós mencionó a uno de sus personajes cual si fuera una criatura real, como su admiradísimo Balzac había hecho en sus últimos días moribundo, él también casi ciego, cuando llamó a un médico creado por él mismo[2].

Siempre sensible a la multiplicidad de voces, a captar todos los gustos y experiencias de los conciudadanos que elevó a categoría literaria, a Galdós, en el fondo un gran humorista, de vez en cuando se le rebela algún personaje, como Joaquín en *La desheredada*, que responde de esta guisa a la idea de Isidora Rufete de huir juntos y perderse románticamente en un lugar apartado: «Los novelistas han introducido en la sociedad multitud de ideas erróneas. Son los falsificadores de la vida, y por

---

2 Apunta la anécdota apócrifa Stefan Zweig en su biografía del escritor: «Quizá sea en efecto la verdad; quizá sea tan sólo una piadosa leyenda: se cuenta que Balzac en su delirio llamó a Horace Bianchon, el médico a quien él, en la *Comédie humaine*, lleva a operar milagros en la ciencia: "¡Si Bianchon estuviera aquí, Bianchon me salvaría!"». En otras biografías, por ejemplo en *Balzac* (Gallimard, París, 2005), de François Taillander, no hay la menor alusión a ello.

esto deberían ir todos a presidio». El antiidealismo es la piedra de toque de unos comportamientos alejados de lo lírico, espejo de una sociedad prosaica, gris, paupérrima, en la que a todo escritor –él mismo no fue una excepción por cuanto sufrió considerables problemas económicos– le depara un destino aciago. De hecho, Galdós no se muestra condescendiente con los literatos que se asoman a sus páginas; muy al contrario, o se burla de ellos –caso de los cuatro tipos de críticos que presenta en «Un tribunal literario», texto narrativo que pretende atacar ciertas poses caducas y afectadas– o los coloca como harapientos intelectuales medio locos –el mejor ejemplo es José Ido del Sagrario–, o como profesores que viven en su torre de marfil ignorantes del mundo, tal es el antihéroe humanista de *El amigo Manso*, o como científicos con conocimientos filosóficos –el ingeniero Pepe Rey– cuyas ideas son amenazadoras para la tradicional localidad de Orbajosa en *Doña Perfecta*.

Este sentido patéticamente paródico se volverá revisión cínica cuando Galdós se siente a escribir unas (para mí descafeinadas) *Memorias de un desmemoriado*, como no podía ser de otra manera considerando la incomodidad que siempre mostró a la hora de hablar de sí mismo, tanto de su vida como su obra. Hay un pasaje genial, no obstante, en dicho libro; en él, burlándose de la falta de precisión de sus propios recuerdos, dialoga con su memoria, confesando: «Es que lo imaginario me deleita más que lo real». Y he aquí que damos con esos dos escurridizos términos que parecen siempre necesitar aclaración al abordar, desde el campo de la crítica textual y la filología, obras realistas-naturalistas del ochocientos español y aun europeo: «Las problemáticas relaciones entre lo real y lo imaginario se repiten continuamente en las novelas de Galdós», dice Francisco Caudet en su edición de *El amigo Manso*; en muchas ocasiones, tal cosa se orienta a fines, según este último, tendenciosos; de ahí las llamadas «novelas de tesis» en las que Galdós se muestra partidario de una sociedad laica y progresista, educada en la racionalidad: «Así las cosas, esa proclamada intención, a mitad de camino entre la prédica y la didáctica, convertía la novela en un pretexto para comunicar unos personales puntos de vista ideológicos. De resultas de ello, la trama novelesca se hallaba supeditada a las ideas», explica el crítico.

Se ha dicho repetidamente, en este sentido, que la literatura naturalista es sinónimo de literatura moralista: «Se trata del carácter *didáctico* que Galdós descubre en la ficción novelesca», señala Laureano Bonet, en su edición de los textos teóricos galdosianos, poniendo el acento en «las insospechadas posibilidades que, para el buen creador, encierra el entrecruce de problemas religiosos, morales, políticos y sentimentales propios del ámbito "doméstico" de la burguesía». El mensaje moral, de este modo, ya existe para Galdós antes de la irrupción del naturalismo en España, influencia que en su narrativa los expertos asocian con las peripecias de la desgraciada Isidora, en 1881. A juicio de nuevo de Caudet, «Galdós se va alejando paulatinamente del discurso maniqueo de las novelas de tesis pero sin dejar de escribir novelas de tesis. Lo que ocurre es que a partir de *La desheredada* se trata de novelas de tesis escritas según el nuevo credo naturalista. Cambia la forma pero no el fondo». El escritor va perfilando su trayectoria narrativa mediante un proceso de reajuste –deducción de los referentes útiles: *El Quijote,* la prosa picaresca, Flaubert, Dickens, Balzac, Zola–, y de absorción y superación de la literatura precedente y contemporánea nacionales: el costumbrismo madrileño tan admirable para él de su amigo Mesonero Romanos –aunque fuera insuficiente para llevar la vida de entonces a la novela, tan dada solamente al banal entretenimiento folletinesco, y que el propio Galdós había practicado en sus primeras colaboraciones periodísticas– y el costumbrismo rural de su también idolatrado José María de Pereda, sobre todo en *El sabor de la tierruca,* libro que prologó Galdós y en el que habla de su amigo santanderino como del «portaestandarte del realismo literario en España», pese a que se limitara a un ámbito sólo localista.

Resulta indispensable, piensa Galdós, ir más allá de lo anecdótico y lo rural; cabe atender a la clase media en su amplio espectro, pues no en vano es la que hace política, administra, discute, enseña y se forma. Lo propone en su interesante texto «Observaciones sobre la novela española contemporánea» (1870): «La novela moderna de costumbres ha de ser la expresión de cuanto bueno y malo existe en el fondo de esa clase, de la incesante agitación que la elabora, de ese desempeño que manifiesta por encontrar ciertos ideales y resolver ciertos problemas que preocupan a todos, y conocer el origen y el remedio de ciertos males que turban a las familias. La grande aspiración del arte literario en nuestro tiempo es dar forma a todo esto». Un objetivo para el que es necesaria una cualidad muy poco frecuente entre los españoles, más dados al lirismo poético según Galdós: la capacidad de observación, que se manifestó de manera superlativa en Cervantes y Velázquez y que los siglos XVIII y aún XIX no vieron desarrollada lo suficiente por parte de ningún artista. Lo que nos lleva a citar una reflexión de Germán Gullón, tan pertinente: «El realismo implica una filosofía positivista, un método de observación, en otras palabras, el roce del intelectual con las ideas del filósofo Kant, aunque no sea directamente. Y los escritores, como Galdós, sintieron su influjo, y les indicaba, como habían presentido al leer las páginas de Honoré de Balzac, que el mundo en vez de estar abierto a todas las posibilidades, se podía limitar, representar de acuerdo a normas con perfiles definidos; así la realidad se veía mejor».

Por consiguiente, todo radica en cambiar el enfoque y convertir el marco estático en una escena móvil y poliédrica. Sólo de tal modo se abrazará la realidad en toda su compleja diversidad. «La única posibilidad válida consistiría en un realismo que fuera, a la vez, espejo y análisis crítico de las tensiones de la nueva sociedad surgida tras el advenimiento del capitalismo y utilizando, para ello, unos esquemas formales que superasen los "cuadros" forzosamente estáticos del costumbrismo», dice Bonet al respecto del mencionado ensayo; y precisa, en relación con el discurso galdosiano de entrada en la Real Academia Española: «Galdós parte de un concepto del realismo literario como mímesis fiel, objetiva, de la realidad envolvente». Lo deduce del siguiente fragmento de dicho discurso, titulado significativamente «La sociedad presente como materia novelable» (1897): «Imagen de la vida es la Novela, y el arte de componerla estriba en reproducir los caracteres humanos, las pasiones, las debilidades, lo grande y lo pequeño, las almas y las fisonomías, todo lo espiritual y lo físico que nos constituye y nos rodea, y el lenguaje, que es la marca de la raza, y las viviendas, que son el signo de la familia, y la vestidura, que diseña los últimos trazos externos de la personalidad».

Este es el punto de vista de Galdós, que en esencia podría resumirse en una frase de su estudioso José Fernández Montesinos: «No puede haber gran novela sin un replanteamiento del problema de la realidad». Esa mímesis citada en el párrafo anterior, esa supuesta objetividad, sin embargo hay que ponerla entre comillas, pues el espejo galdosiano no se limita a copiar, sino a inventar, novelar, a partir de lo observado previamente. Galdós no es un retratista que pinta un paisaje de tipologías humanas, ni un notario de los acontecimientos y hábitos de la época, ni un documentalista que reúne información objetiva para exponerla de forma amena; es un artista que prefiere lo imaginado a lo real porque la realidad sin imaginación no tiene validez alguna. Por esta razón, han caído en el absurdo los intentos de relacionar a los personajes ficticios con personas de carne y hueso que trataron al escritor: «No son claridades de esta índole las que necesita la obra de Galdós, ni son esos el sentido y raíz de su realismo, el realismo menos fotográfico que haya existido, el menos atado a lo anecdótico», afirma Montesinos.

El espejo stendhaliano a lo largo del camino se queda en parco símbolo leyendo hoy las historias de Galdós. Éste pone cristales que reflejan o transparentan la realidad en las alturas y a ras de suelo, tras los bancos de los parques, en las escaleras de los edificios, encima de los mostradores de los comercios. Y no sólo se trata de espejos ordinarios cuyo brillo ciega o ilumina, sino que agrandan, empequeñecen o deforman, pues en más de un caso el esperpento, la caricatura tragicómica –pues a menudo mezcla humor y drama–, se hace dueña de la imagen de un personaje, sobre todo en los numerosos dementes que habitan las páginas galdosianas. Precisamente, Montesinos une la presencia de tantos locos con el mencionado replanteamiento de la realidad: «No creo que haya obra novelesca en toda Europa en que el loco se halla tan abundantemente representado, por más que el loco sea, después que Cervantes descubrió su secreto, un formidable elemento en la novela, pues permite renovar de manera constante el problema de la realidad, la relatividad de lo real, tema de todas las grandes novelas». Desde muy pronto, ya desde los primeros escritos galdosianos, el perfil psiquiátrico quijotesco, por así decirlo, se desenvuelve de muchas maneras: a veces de forma innegable y otras de forma ambigua, como, respectivamente, en el caso de la loca y adinerada Isabel de *El doctor Centeno*, y en el de su sobrino Miquis, el cual sufre, en la misma obra, un desequilibrio nacido de su ánimo idealista y soñador, de un cariz quijotesco similar al de Isidora, pariente a su vez del hombre al que va a visitar al manicomio donde empieza su peripecia. Asimismo, se encuentran ejemplos de cómo un personaje sufre la transformación de cuerdo a loco: la Rosario de *Doña Perfecta*, de la que alguien dice «está ya perdida de la cabeza» cuando asesinan a su novio Pepe Rey y antes de internarla también en un manicomio, o el Daniel de *Gloria*, que enloquece al morir su enamorada.

Lo cervantino, pues, tanto en su vertiente realista-social como en la que atiende a lo irracional-fantasioso, ejerce una influencia esencial en Galdós, tan bien subrayada por Ricardo Gullón, pionero en llamar «moderno» al canario y sacarlo del polvoriento estante de autores decimonónicos mal revisados en el siglo XX: «La realidad novelesca se logra, es verdad, mediante presentación realista de la sustancia, como tantas veces hizo Galdós, pero tal es precisamente el cervantino engaño a los ojos: la ilusión del "como si". (...) La realidad de la ficción no es lo que parece: confundimos a Fortunata con la muchacha que ayer pasó a nuestro lado, y hasta nos parece más "real" porque la conocemos mejor, pero nos consta lo ilusorio de la confusión; en el mundo de Fortunata no podemos poner pie, y donde de verdad está presente la atractiva muchacha es en el mundo fabuloso de la imaginación». Alonso Quijano, que confundió a prostitutas con doncellas, que se enamoró de una mujer inexistente salvo en sus desvelos caballerescos, hubiera estado de acuerdo con estas palabras en su postrer momento de lucidez.

La realidad, la verdad novelesca, necesita conjugar el plano real con el inventado, como dice Montesinos al explicar la perfecta conexión entre lo histórico y lo novelesco en *Fortunata y Jacinta*, cuando se funde el discurso de los cambios comerciales en Madrid con personajes imaginarios, lo que «acaba por sugerirnos un ambiente increíblemente auténtico, mucho más sensible como tal de lo que hubiera podido conseguir la impasibilidad naturalista al uso. Creo que desde Cervantes no se había logrado nunca entre nosotros un tan perfecto ilusionismo». Para llegar a tal ilusionismo, se necesita, desde luego, un paciente proceso artístico, una maduración de los componentes narrativos junto con el dominio de la representación realista del entorno: Galdós, en su infancia y adolescencia, ve los últimos coletazos de la literatura romántica, que luego dará paso al costumbrismo y, paulatinamente, como apunta G. Gullón en su edición de *La desheredada*, a la introducción de lo verosímil en la segunda mitad de siglo XIX mediante el lenguaje popular, a través de los diálogos de unos personajes que caminan por calles que el lector identifica con su propia cotidianidad: «Todo ello concede a la novela galdosiana la fuerza que poseen los testimonios, y le permite entablar un discurso con la realidad epocal (...). Él enfocaba directamente el corazón de la realidad». Es, en efecto, una cuestión de enfoque; y de profundidad: si los costumbristas se quedaban en la realidad superficial, Galdós alcanza su fondo en un proceso artístico de estilización por el que las extensas descripciones de su primera etapa se condensan en pasajes sintéticos que no entorpecen la senda argumental y que sugieren una fusión sensacional entre ser humano y ciudad. Magistrales son en este sentido, en mi opinión, las frases de *Miau* con las que acaba el capítulo dos, cuando el niño Luis va con el perro Canelo a casa de Cucúrbitas, por un «laberinto de calles y plazuelas, desigualmente iluminadas y concurridas. Aquí mucho gas, allí tinieblas; acá mucha gente; después soledad, figuras errantes. Pasaron por calles en que la gente, presurosa, apenas cabía; por otras en que vieron más mujeres que luces; por otras en que había más perros que personas». El realismo galdosiano constituye la demostración de cómo el ambiente circundante urbano participa de las tensiones y desesperanzas de los seres que viven en él, como en el pasaje en que Isidora pasea con don José de Relimpio, en el capítulo diecisiete de la primera parte de *La desheredada*: «Adelante. La Puerta del Sol, latiendo como un corazón siempre alborozado, le comunicó su vivir rápido y anheloso. Allí se cruzan las ansiedades; la sangre social entra y sale, llevando las sensaciones o sacando el impulso. Madrid, a las ocho y media de la noche, es un encanto, abierto bazar, exposición de alegrías y amenidades sin cuento. Los teatros llaman con sus rótulos de gas, las tiendas atraen con el charlatanismo de sus escaparates, los cafés fascinan con su murmullo y su tibia atmósfera, en que nadan la dulce pereza y la chismografía. El vagar de esta hora tiene todos los atractivos del paseo y las seducciones del viaje de aventuras. La gente se recrea en la gente».

Qué importante esta última frase. Todo está comunicado: individuo, calle, masa social, ciudad. Galdós presenta a sus personajes asidos a su estatus, familia, herencia, labor, desocupación: en un mundo difícil donde el afán por la supervivencia o el mantenimiento del honor personal es el motor de un gran número de acciones apasionadas, el generador de miedos, ocultaciones o engaños, uno es quien los demás dicen que es, pues las apariencias lo son todo dentro del espacio asfixiante de una pobreza española que, en mayor o menor medida, afecta a toda la amplia esfera de la clase media. El paso de toda esta vida real observada al lenguaje literario es el gran objetivo de Galdós desde que abandona temporalmente la novela histórica y se pone a trabajar en su primera «novela de la primera época», *Doña Perfecta* (1876), en la que vio Clarín un «*verdadero realismo* que, dejando lo puramente accidental, y elevándose a considerar lo temporal y transitorio en su fundamento, sabe tratar dignamente los asuntos comunes y ordinarios, porque adivina en ellos y luego estudia lo que tienen de trascendental y eterno». Para Alas, «Orbajosa es toda España. ¿Qué mayor realismo?», lo que contrasta con el «idealismo abstracto, por débil y vagaroso, [que] reina en nuestra literatura». Así, sigue diciendo el autor de *La Regenta*, Galdós sigue el camino de Cervantes y Goethe, el de «la realidad poética».

La sombra del Londres dickensiano, del París balzaquiano, es muy alargada. Clarín tiene muy presente estos referentes sin duda cuando, en su texto «Benito Pérez Galdós (estudio crítico biográfico)», habla de su amigo como del «primer novelista de verdad, entre los modernos, que ha sacado de la corte de España un venero de observación y de materia romancesca, en el sentido propiamente realista, como tantos otros lo han sacado de París, por ejemplo». De hecho, lo llama «novelista urbano», destacando además su «antilirismo», su escritura explicativa y sencilla que nos hace evocar el «escribo como hablo» de Alfonso de Valdés. Es el tiempo este del artículo de Clarín, el año 1889, el de los inicios de una nueva manera de novelar para Galdós, al parecer de G. Gullón, en su introducción a *Tristana*, que englobaría las obras escritas entre 1888 y 1897: «Cuando roza la cincuentena de edad la realidad contemporánea no es ya la principal maestra de su existencia, sino que ha sido sustituida por la observación y las experiencias vitales». El crítico, al calificar obras como la citada *Tristana* (1892), se refiere a «un realismo profundo, que permite auscultar la personalidad humana. La representación de los rasgos físicos y de la conciencia del ser humano tuvieron prioridad en las maneras anteriores, ahora el narrador se centra en auscultar lo que le mueve desde el interior». Y puntualiza más si cabe: «Podríamos denominar al realismo de esta obra, basado en un asunto autobiográfico, realismo íntimo. Muy distinto al realismo basado en la reproducción de personajes intuidos en los contactos con el mundo».

El proceso del realismo galdosiano, por lo tanto, está muy lejos de ser unidireccional o monocorde: se trata de un enfrentamiento de la realidad narrativamente en progreso, cambiante, que aprende de sí mismo y busca nuevas vías de crecimiento. Es más; como señala Bonet, en las últimas obras, Galdós «modera un tanto la fe en el verismo literario y pone en sordina el concepto de la verosimilitud –o sea, el fundamento del propio realismo– para desarrollar, por el contrario, un tipo de relato en el que la ficción desfigura y enmascara la propia realidad (...). Me refiero a los últimos *Episodios Nacionales* de la serie quinta (1908-1912) o a la novela *El caballero encantado* (1909), que Galdós ya subtituló con el revelador epígrafe de "Cuento real... inverosímil", y cuyo primer capítulo empieza con las palabras –tan significativas– de "Fábula verdadera y mentirosa"». Lo imaginario ya se ha adueñado de lo real plenamente, de ahí las palabras *desmemoriadas* del escritor al intentar escribir su autobiografía en sus años de senectud.

En suma, ¿cómo hay que llamar al realismo de Galdós? Ciertamente, costumbrismo, naturalismo, son vocablos que pueden asociarse a parte de su narrativa, pero sin que sirvan de etiqueta general, ya que enseguida nos vemos necesitados de adjetivos para matizar el análisis: profundo, íntimo, «un realismo de la conciencia», en definitiva, para G. Gullón en su texto «La novela del XIX ante los estudios culturales: (El caso de Benito Pérez Galdós)», donde añade: «O sea, que cuando pensamos en Galdós conviene darse cuenta de que él no busca reproducir lo natural, o seguir modelos de la naturaleza, sino una imagen ficticia, él así lo dijo, pero vivida por el lector como realidad, que recoge esa mezcla de naturaleza, conciencia, social e individual, hábitos de convivencia social y política, etcétera, denominada la vida de cada día, aunque imaginada, sin validez real. Es un extraordinario mundo posible, verosímil, difícil de valorar desde los parámetros realidad-ficción».

Pese al carácter independiente de escritor, concentrado en la tarea monumental de escribir cientos de páginas año tras año, cabe suponer que su narrativa no quedaría al margen de la evolución de la ficción europea de la época. Walter T. Pattison habla de la irrupción naturalista en España tras *L'assommoir* de Zola (1877), en paralelo a la revolución industrial y comercial, lo que llevaría a un énfasis de los valores materiales en la sociedad, a la tendencia a una filosofía positivista en las artes que, más tarde, se suavizaría con «una nueva oleada de espiritualidad» motivada por la traducción al francés de *Guerra y paz* en 1884, y la influencia de *El discípulo* de Paul Bourget (1889) y del teatro de Ibsen: «Todas estas corrientes confluyeron en novelas que conservaban descripciones detalladas del ambiente de los barrios obreros, pero que estudian a los personajes no a través de una presentación hecha directamente por el autor, sino por medio del diálogo y de la acción, según el sistema preconizado por Bourget. Los hechos de los personajes no están determinados por completo por el medio ambiente y la herencia: al menos una parte de sus actos tiene su origen en el espíritu». Así es en la serie de *Torquemada*, en *Misericordia*: la voz de los personajes constituye la base para que, sin ayuda expresa del narrador, la acción dialogada fluya y dé intensidad a los hechos contados.

Un entusiasta Clarín dijo, comentando *Miau*, que Galdós estaba «enamorado de la realidad por ella misma, porque es verdad, y sobre todo de la verdad de los fenómenos sociales»; en ocasión anterior, en el formidable texto «Una carta y muchas digresiones», y asombrado por el realismo del convento donde va a parar Fortunata, habló de «un primor de penetración y verdad». Y se preguntaba acerca de tan alto grado de verosimilitud: «¿Qué milagro hay aquí? El mismo que en la mayor parte de las obras de Balzac: el milagro de la adivinación artística. Un gran poeta que pone todas sus potencias en ver lo que no hay, llega a sublimes imposibles, bellísimos, y es idealista. Un gran poeta que por la índole de su genio (no por seguir una escuela) pone todos sus esfuerzos de *inspirado* en ver lo que hay, llega a descubrir el mundo *verosímil* que ha pintado Balzac y que le ha hecho inmortal, y es realista». Lo paradójico, en este caso, afianza la magnitud creativa del autor estudiado: poeta, aunque antilírico; genio visionario, aun asiéndose a la simplicidad de la vida más mundana; realista en su propia imaginación, en concordia espiritual con los sueños y miserias de la época española de caquexia intelectual, artística, educativa, moral, que le tocó no sólo respirar, sino también describir e incluso enjuiciar.

II. Una trilogía crematística

Hay dos factores que moldean nuestra vida entera, la determinan, orientan, explican: la educación que recibimos y el dinero del que disponemos. Basta echar un vistazo alrededor: estamos hechos de esa combinación cada día; somos el resultado de las cosas y personas que nos han educado –o deseducado– y del dinero que tenemos para pagar lo que la vida en sociedad cuesta. Y en medio, la inercia de la lucha de sexos, en su anhelo sensualista, como brújula para el futuro y mapa del pasado.

De ese triángulo temático, espejo de la existencia humana vulgar y corriente, se ocupa Benito Pérez Galdós de forma particular en tres novelas consecutivas, *El doctor Centeno, Tormento* y *La de Bringas*, escritas en menos de un año y medio, de enero de 1883 a mayo de 1884. El escritor ya ha publicado *La desheredada* y *El amigo Manso*, dos de sus historias más redondas, yo creo que las mejor escritas por él y tal vez las más próximas a nosotros hoy por su estilo y ritmo. Los críticos dicen que con ellas comenzó su etapa naturalista, pero Galdós seguramente estaría por encima de esa clase de encasillamientos. Un tipo que, con sólo cuarenta años, la edad en que se pone a escribir *El doctor Centeno*, tiene tras de sí treinta volúmenes, como decía su *alter ego* narrativo en *El amigo Manso* al verse «reincidente en el feo delito de escribir», sentirá indiferencia por ese tipo de etiquetas. No ha de tener tiempo ni de planteárselo: su verbo fluye y construye tramas, levanta personajes de la nada, inventa lo que la realidad le ofrece con ritmo vertiginoso e incontrolable.

Imagino a don Benito levantándose cada mañana –al parecer, casi siempre solo–, tarareando alguna de sus arias favoritas, despeinado, buscando con las manos aún soñolientas las gafas y el tabaco, mirándose al espejo para colocarse bien las puntas de su mostacho cual Hércules Poirot en rudo, con una sola idea ya en mente: sentarse a escribir, en el disfrute de la libertad de la soltería, sin más obligaciones o compromisos salvo el de no dar muchas molestias en casa a sus hermanas.

Este hombre que vive para narrar, la voz a la que aludía antes, la que decía incurrir, irónicamente, «en la pena infamante de escribir novelas», le comunica al profesor Manso la intención de redactar algo sobre la educación, que será a fin de cuentas su próxima obra, las andanzas del vagabundo Felipe Centeno, sirviente primero de un irascible director de escuela y luego del desdichado Alejandro Miquis, «estudiante de leyes, natural del Toboso, de veintiún años»: ambos protagonizan *El doctor Centeno* al alimón o de forma alternada; de hecho, hay disparidad de criterios al respecto. Galdós busca nuevos caminos en la construcción de sus obras, y entonces, como tan bien aprendió de Balzac al ver la habilidad con la que éste hacía que sus seres de ficción poblaran distintos tomos de *La comedia humana*, recupera uno de sus personajes secundarios anteriores. Así, confirma lo que apuntó al final de *Marianela* (1878), esto es, que algún día contaría la historia de Felipe, amigo de la muchacha protagonista a la que ya había transmitido sus deseos de estudiar y ver mundo.

Para empezar, Felipe va a entrar a servir en *La familia de León Roch*, pero luego, en *El doctor Centeno*, lo encontramos perdido y solo. Se trata de un héroe «oscuro», como se dice en la primera página, en la cual ya se insinúa la vena picaresca en torno a un personaje mísero, pequeño gran ejemplo de la pobreza intrínseca española. Este David Copperfield, este Oliver Twist «de trece o catorce años» –el lector interesado ya conoce de sobras la admiración de Galdós por Dickens– es un ingenuo buscavidas, un pillastre que sólo tiene buena fe, un chaval que no ha sido aún corrompido por la tentación de la delincuencia ante la necesidad de llevarse algo de comer a la boca... Todo es educación, parece sugerir Galdós; cada individuo está marcado por su entorno y su formación educativa y emocional –se ha relacionado la obra, aunque a mi juicio de forma harto forzada, con *La educación sentimental* de Flaubert–, por lo que no extrañan los títulos de los capítulos que apuntan a lo «pedagógico». Si en la mayoría de novelas galdosianas se podría hablar de contenido sociológico, en *El doctor Centeno* tal cosa queda enfatizada ya desde el enfoque compositivo del texto, que se ramifica en varios personajes destacables y en situaciones dispersas que –y este fue uno de los defectos que encontró Clarín («cierta prolijidad enojosa, que sobra sin duda»)– entorpecen con páginas, en principio prescindibles, la marcha del relato.

Sin embargo, la lectura paciente tendrá recompensa. Leopoldo Alas, en su crítica del 5 de agosto de 1883 en *El Día*, en la que entendió las características del supuesto protagonista, quien sirve «de engarce a todos los episodios en que se va retratando la vida contemporánea», también señalaba que ciertos pasajes de la novela estaban entre lo mejor de Galdós. El mes anterior, un individuo llamado Luis Alfonso, en *La Época*, reseñaba la novela partiendo de su tendencia naturalista, destacando el escaso argumento de las últimas obras del escritor canario, pues aquí «no encuentra el lector otro interés que el interés descriptivo y retórico»; de esta forma, definía *El doctor Centeno* como meros «apuntes», tras un «bosquejo», *La desheredada*, y un «croquis», *El amigo Manso*.

Sin duda este tal Alfonso acaba exagerando bastante, pero cabe constatar que la descripción y la retórica tienen, ciertamente, un peso considerable en *El doctor Centeno*, lo que no ocurrirá en *Tormento* y *La de Bringas*, novelas en las que

Galdós retoma su habitual intensidad narrativa y alcanza de nuevo la excelencia artística de la fecundísima etapa iniciada en 1876, cuando se dio un descanso de los *Episodios nacionales* y publicó la primera de sus «novelas contemporáneas», *Doña Perfecta.* En cualquier caso, se encuentran sobrados alicientes en la peripecia del quijotesco Miquis y su escudero Celipín; uno, en relación con una estructura original: la primera parte la protagoniza el chico y la segunda, ya juntos, el estudiante; e intercalándose, se yergue la arquitectura con la que Galdós presenta a un personaje, se queda con él sacándole provecho, para luego esperar el momento de colocarlo en la escena junto a los otros para que interactúen entre ellos. El segundo aliciente, para mi gusto, radica en lo que precisamente los críticos de la época ponían bajo sospecha: el retoricismo excesivo que bien podía fatigar al lector más galdosiano.

En propiedad, el estilo muestra un tono que ahora nos parece muy ajeno, decimonónico en la segunda acepción, peyorativa, que da el DRAE, pero es formidable leer la retórica, por ejemplo, que envuelve el encendido de un cigarro por parte de Centeno: «Un papelillo entero de mixto se consume en la empresa incendiaria; pero al fin el héroe tiene el gusto de ver quemada y humeante la cola del monstruo. Éste se defiende con ferocidad de las quijadas, que remedan los fuelles de Vulcano. Lucha desesperada, horrible, titánica», etcétera, pues el párrafo es largo y enjundioso. En descripciones como esta y mil más, yo he paladeado el raro placer de hallar palabras hoy olvidadas, de ver cómo el extraordinario oído del novelista pone un doble empeño en su tarea: conseguir que su prosa cante y brille sosteniéndose por ella misma sin estar supeditada a menudo a una trama novelesca, y que sus personajes aparezcan caracterizados por su propia habla.

Si la viuda doña Cándida de *El amigo Manso* repetía para cualquier comentario la palabra «atroz», y la joven admirada por el profesor, Irene, «tremendo», vocablo al que, de tan repetido, ya no concedía importancia el mismo Máximo Manso; si Juan Bou, el aspirante a marido de Isidora en *La desheredada,* acababa sus rústicos discursos con un «palante», ahora Felipe se distingue por el argot que nace de la profunda ignorancia y antepone el prefijo «des» a ciertas palabras. El hecho de hablar de una forma u otra ya indica procedencia, ambiente social, *deseducación*, por mucho que otros escritores vieran en los niños que hacen novillos el paradigma de un comportamiento libre e ideal: R. L. Stevenson, en el ensayo «Apología de la pereza», habla de la calle como de «ese portentoso lugar de educación, que fue la escuela preferida de Dickens y de Balzac». Mark Twain y Alexandre Dumas quizá estarían de acuerdo con ello; no así, probablemente, Tolstói y Zola, ni tampoco Galdós.

Ya en su primera novela, *La Fontana de Oro*, a nuestro autor le había salido la vena educativa, moralista, en torno al asfixiante clima eclesiástico que limitaba tanto el pensamiento de la gente. Consciente del analfabetismo que asolaba la España de la segunda mitad del siglo XIX, Galdós recrea a ras de suelo el porqué de la caquexia intelectual y cultural que padecía el país: halla uno de los males en la base, en la educación a la infancia, encarnada en la escuela de Pedro Polo, que deja en ayunas a Felipe, se burla de los alumnos y les atiza. El contraste lo pone la presencia del bondadoso, famélico y triste maestro especializado en caligrafía José Ido del Sagrario, que regalará a Felipe valiosos consejos al final de la novela y que gozará de una relevancia ascendente en las siguientes obras hasta *Fortunata y Jacinta*.

Las garras de la pobreza estrangulan a un amplio sector de la sociedad, que no puede, que no sabe pensar con el estómago vacío y que desprecia, por no estar en disposición de apreciarlas al sufrir tantas precariedades diarias, las letras y las ciencias. «Me parece que tú te has hartado de leer esos librotes que llaman novelas. ¡Cuánto mejor es no saber leer! Mírate en mi espejo. No conozco una letra..., ni falta. Para mentiras, bastantes entran por las orejas...», afirma la Sanguijuelera, tía de la desheredada Isidora, cuando ésta le dice que su hermano de trece años, un quinqui lleno de desparpajo, no debería trabajar sino ir al colegio. Tal prejuicio está tan asentado entre la población más simple, que soñar con una renovación educativa sólo es propio de locos: uno de los que se alojan, al igual que Miquis, en la pensión de doña Virginia, Jesús Delgado, con «su pacífico desorden mental» –qué frecuentes los locos inofensivos en Galdós– se escribe cartas a sí mismo en las que proyecta un «grandioso plan de *Educación Completa*», el cual consiste en que los niños aprendan jugando, que la enseñanza sea lúdica, como ya es casi una regla en el siglo XXI; una iniciativa que recuerda, por cierto, el plan económico con el que, en *Miau* (1888), Villaamil deseaba en vano lograr un puesto en Hacienda.

Todo, claro está, es puro humo: el profesor, el literato, el filósofo, el científico, el hombre investigador y creativo en definitiva no encaja en un Madrid lleno de picaresca y apariencias, en una España provinciana y grosera. El soñador, el poeta, es un farsante a los ojos de los que sólo ven la realidad tangible de la vida, y por eso el bueno de Alejandro Miquis, que anhela estrenar alguna de sus obras teatrales –Galdós crea a este personaje en un tiempo en que aún no había conseguido nada en los escenarios– es un incomprendido desde niño, cuando todos ven en él a un superdotado para la literatura. Pero, tras el primer deslumbramiento por tamaña precocidad, el inteligente, el pensador, se transforma en una figura incómoda que provoca desconfianza, como sucedía en el pueblo de Orbajosa ante la llegada, desde la gran ciudad, del culto Pepe Rey en *Doña Perfecta*. Más si cabe cuando, es el caso de Miquis, su espíritu artístico –inútil a efectos prácticos desde el punto de vista de la supervivencia cotidiana– va acompañado con una postura incomprensible para el pueblo llano: la indiferencia por el dinero.

Porque ese es el grave problema, no para él sino para los demás, del raquítico Miquis, que malgasta los billetes cuando le caen en suerte gracias a la generosidad de su tía, la neurótica Isabel Godoy, fiel a su idea de que «afanarse por dinero es tontería, y guardarlo tontería mayor»; de ahí que, siendo «refractario a la cantidad», piense en desprenderse de lo que tiene con despreocupado ánimo derrochador pese a su enfermedad e inestabilidad económica. Para Miquis, «el placer de los placeres es dar», y justifica semejante comportamiento con una frase metafísica: «Mi yo es un yo ajeno».

El paralelismo cervantino resulta obvio: el estudiante se desentiende de su destino y termina por idolatrar a una «Tal» que le visita en sus últimos días; el escudero Felipe, acaso protagonista en la sombra, constituye el nexo de unión entre el ámbito de la educación de la primera parte y el de la decadencia por falta de dinero en la segunda. Tal vez el verdadero héroe, el mártir, sea sólo Miquis, quien encuentra en Centeno un alma cándida que cargará con el peso del sufrimiento y asimilará el realismo circundante, mientras aquél se engaña pensando que sanará y triunfará en los teatros con sus desfasadas obras de rancio sabor calderoniano. La ceguera ante la realidad del artista y la conciencia pragmática del sirviente, el primero cayendo en picado sin remisión, el segundo saliendo a flote con el aprendizaje que dan las experiencias, abren la novela hacia las dos dimensiones que de continuo trató Galdós: las esperanzas y los límites que insufla e impone la vida frente a los sueños que la sociedad se encarga de incumplir.

«¿Por qué escriben los escritores sobre el dinero de una forma tan superficial? –se preguntaba un personaje de Sándor Márai en *La mujer justa* (1941)–. Luego pasan a escribir sobre el amor, la grandeza, el destino o la sociedad, pero del dinero no dicen casi nada, como si fuese algo accesorio, un trozo de papel de estraza que el guardarropa pone en los bolsillos de los actores porque es necesario para el desarrollo de la acción.»

El narrador húngaro estaba en lo cierto: qué pocos autores han abordado bajo el prisma novelesco algo tan imprescindible para la vida, alejándose así de una de las necesidades más mundanas y también más difíciles de representar literariamente: «En la vida real hay muchas más tensiones generadas por el dinero de lo que nos gusta admitir. Y no me refiero a la riqueza y la pobreza como conceptos teóricos, sino al dinero, ese material cotidiano y extraño, infinitamente peligroso, a esa sustancia que es más explosiva que la dinamita». Desde la «Letrilla satírica» del famoso estribillo «Poderoso caballero / es don dinero» de Quevedo, hasta la canción de Serrat «Mensajes de amor de curso legal» (1994) –«Dinero, dinero, dinero, / dinero, vil metal...», decía–, muchos poetas y compositores han captado bien la magnitud de, como recita con fantástica retórica un Miquis enfermo, «¡estos pedazos de papel, hechura de los modernos bancos, y que llevan impresos, como signo de andar a prisa, los alados borceguíes de vuestro hermanito Mercurio!».

En cambio, en el terreno de la narrativa, Galdós representa una sublime excepción; ni siquiera el Zola de *El dinero* (1891), que contaba el descalabro de un importante banco parisino, llega tan al fondo de las consecuencias de tener o no tener capacidad adquisitiva. Márai, en este sentido de forma indirecta, nos sirve de gran comentarista acerca del pavor económico que se respira en *Tormento* y *La de Bringas*: «Las tensiones diarias surgen y se acumulan en torno a sumas irrisorias; (...) Pero lo que cuenta de verdad, tanto en la riqueza como en la pobreza, es la relación que cada uno tiene con el dinero, el oportunismo o el heroísmo de los individuos respecto al dinero».

Estas dos claves, el hecho de aprovechar o no las oportunidades que el azar ofrece, y la valentía de tener iniciativas financieras o la cobardía para compartirlas, coexisten en *Tormento* y, sobre todo, en *La de Bringas*. Clarín habló de dramas que exponen «un caso, admirablemente estudiado, de locura crematística, la de los cursis», protagonizado por Francisco Bringas y Rosalía Pipaón de la Barca, familia de aspecto acomodado próxima al ambiente de Palacio, el primero avaro hasta la médula, la segunda obcecada en llegar a la crema de la sociedad, ambos portaestandartes ridículos de la tacañería y el parasitismo del Madrid con ínfulas burguesas que explota a los de menor rango. La cohibida cenicienta Amparo, discreta y temerosa, que vive en casa de los Bringas «en calidad de pariente pobre y molesto», tendrá que enfrentarse a lo que de malo y bueno le acontece: la crueldad doméstica de Rosalía, el acoso de Pedro Polo, el clérigo al que le cuesta un mundo controlar sus accesos sexuales, y la oferta de matrimonio del sin par Agustín Caballero, hombre fornido y rico que ha vuelto de hacer las Américas, nuevo amo de Felipe Centeno, y a quien no le importa que la muchacha tenga un pasado indecoroso –«la más grande falta que mujer alguna podría cometer»– por culpa del cura.

Ya desde el narrador, una primera persona del singular que a veces actúa de voyeur y cuyo verdadero rostro descubriremos –merced a su habla característica– en la última página de *La de Bringas*, comprendemos que estamos ante dos novelas muy astutamente diseñadas. La genial modernidad de Galdós coquetea incluso con lo metaliterario, tan maravillosamente desarrollado en *El amigo Manso*, por mediación de José Ido, ahora dedicado a escribir folletines para los que se inspira directamente en su entorno: «¿Ves cómo por mucho que invente la fantasía, mucho más inventa la realidad?», le dice a Felipe: «La realidad nos persigue. Yo escribo maravillas; la realidad me las plagia». A fin de cuentas, la vida de cualquier ser humano consiste en equilibrar lo real y lo ficticio: en Miquis, la balanza se inclinaba hacia lo inventado; en Rosalía, víctima de «su perversa educación moral», la aspiración a otra realidad provendrá de la codicia; en Francisco, el autoengaño consiste en controlar lo que se gasta en casa, fiel a sus «dos religiones, la de Dios y la del ahorro», ovillándose en la frágil seguridad que le proporciona guardar sin ton ni son billetes en una caja; Agustín, por su parte, manifiesta un sentido común propio del que no ha sufrido la necesidad de establecer hipócritas relaciones con las que ascender en la escala social madrileña, y desecha las ambigüedades para entregarse honesto y sincero; por ello, cuando se plantea escribir una carta amorosa a Amparo, al final concluye: «Nada, nada de papeles escritos. El estilo es la mentira. La verdad mira y calla».

La ocultación de los problemas siempre conlleva malentendidos, desconfianzas, infelicidad; ir de frente, por el contrario, puede conducir a la paz interior: la débil Amparo supera la prueba de encararse con su pasado sospechoso ante el ofrecimiento de una vida rica con Agustín. Cuántas veces uno quisiera lograr lo que ella ansía con desesperación: «Olvido, olvido era lo que hacía falta; que cayera tierra, mucha tierra sobre aquello, hasta que sepultado quedase para siempre y arrancado de la memoria humana». Pero, mientras crece su ansiedad por no recordar, los demás se empeñan en mantener vivos los tiempos pretéritos: las insinuaciones de Rosalía, las cartas dementes del celoso Polo, acabarán por desquiciarla hasta el punto de llegarse a plantear el suicidio. Por fortuna, Felipe reaccionará con similar audacia a la del pequeño George Baily cuando, en el film de Frank Capra *Qué bello es vivir*, cambia la medicina que su jefe farmacéutico había preparado para una clienta: en realidad un veneno que, en plena turbación tras recibir un telegrama que le comunicaba la muerte de su hijo en acto de servicio, había echado en el frasco por error.

Leyendo el modo en que Galdós expone los insignificantes pero supervalorados dramatismos de unas gentes siempre pendientes del qué dirán, que califican de escandalosas actitudes que, vistas hoy, nos hacen sentir vergüenza ajena, uno evoca aquella sensacional frase de Oscar Wilde, en *El retrato de Dorian Gray*: «Hay algo infinitamente vulgar en las tragedias de los demás». Y nada más vulgar que la envidia soez –Rosalía ante el noviazgo de Amparo y Agustín en *Tormento*– o los caprichos materiales que comprometan a toda una familia –la misma Rosalía endeudándose en *La de Bringas* por la compra, a espaldas del marido, de «una manteleta... ¡Qué pieza, qué manzana de Eva!»–, con las subsiguientes consecuencias en forma de nuevas mentiras y demandas de préstamos a propios y extraños.

Para representar todo este disparate que conduce a Rosalía a gastar un dinero que no tiene sólo por el afán de vestirse bien, por aparentar una riqueza de la que carece, Galdós practica un fino humorismo con el que se burla de toda mujer, pretenciosa y altanera, para la que lo doméstico está plagado de angustias gratuitas. «Mujer fatal / siempre con problemas...», aquello que cantaba el grupo Burning a finales de los setenta, sería la banda sonora que se oiría de fondo en algunos de los capítulos de *La de Bringas*, en especial los pasajes en los que el histerismo hiperbólico e insoportable de varias féminas del entorno de Rosalía empuja a Galdós a la caricatura de la mujer que no sabe apreciar su privilegiado confort. Por ejemplo, cuando Milagros, la maestra en cuestiones de ropas y moda de Rosalía, le pide a ésta que le deje dinero con gruesas palabras: «"Usted, amiga del alma, puede salvarme". Dicho esto, le entró una congoja y una convulsioncilla de estas que las mujeres llaman ataque de nervios, por llamarlo de alguna manera, seguida de un espasmo de los que reciben el bonito nombre de síncope».

Qué significativo el histrionismo en tantos personajes galdosianos, reflejo de una sociedad susceptible y pasiva, rastrera y egoísta, fatalmente melodramática. Todo está estancado, y el progreso de las ideas es una quimera, más cuando las que vienen del extranjero traen «el ateísmo, la demagogia y todos los males que padecen los países que no quieren o no saben hermanar la libertad con la religión», como afirma don Florencio en *El doctor Centeno*. De ahí que irrumpa de vez en cuando un personaje con grandes planes en la cabeza para la regeneración de España, esta vez desde las maniobras del Estado: «El país no pensaba, el país no obraba, el país era idiota», piensa Manuel Pez, el amigo de los Bringas para el que la solución nacional radica en crear «un sistema administrativo perfecto, con ochenta o noventa Direcciones generales»; para él y su esposa, he aquí el inicio esperpéntico de la novela, está Francisco diseñando un objeto artístico funerario con los cabellos de una hija que se les había muerto.

Esta es la oportunidad para Galdós de satirizar lo cursi, engalanado y romántico; Bringas «tenía la enfermedad epiléptica de la gestación artística», y en tal desafío ornamental se va a dejar la vista literalmente: cuando de repente aúlla, en el capítulo XX, «¡No veo!... ¡No veo!», mi memoria cinematográfica captura la imagen de Woody Allen, en la fabulosa comedia *Un final made in Hollywood*, encarnando a un director que se queda ciego pero ha de seguir rodando su película, y también la novela de Ernst Weiss *El testigo ocular* (escrita en 1939) sobre la ceguera transitoria de Hitler en 1918 y cuyo tratamiento, de haber tenido otro desenlace, hubiera podido cambiar el curso de la historia.

La tacañería extrema de Bringas aparece aquí en todo su esplendor: por temor a la factura de un oculista al que habrá de recurrir en última instancia, prefiere que le atienda el médico habitual. Mientras, la derrochadora Rosalía se concentra en reunir dinero con el que saldar la deuda con la tienda, aunque para ello meta mano en la caja de billetes que su marido guarda a calicanto, visite al prestamista Torquemada, una especie de mercader de Venecia «con un gorro turco y un chaquetón de paño de ala de mosca», personaje memorable que luego protagonizará varias novelas galdosianas, e intente sensibilizar a Refugio, la hermana tarambana de Amparo que acaba de recibir de ésta diez mil reales para poner un comercio. «¡Ay!, qué Madrid éste, todo apariencia», «todo es facha», dirá esta mujer de *vida libre* a quien la de Bringas tanto había criticado y que acabará dando toda una lección de principios morales: su sabiduría, como la de Felipe, al que Miquis apoda Aristóteles, nace del contacto en las calles con las gentes que de verdad sufren y no con las mujeres cuya máxima preocupación es que las vean pasear con un vestido nuevo.

Todo ello son síntomas de una España enferma, desde el punto de vista pedagógico, que se manifiestan en necios hábitos sociales. La falta o la imposibilidad de recibir una buena educación en la infancia se paga más adelante, y los adultos tienen reacciones infantiles y estúpidas, o de una moralidad trasnochada e improductiva. Clarín, tras la publicación de *Lo prohibido*, entendió perfectamente las intenciones socioliterarias que su amigo estaba desarrollando en los últimos años: «Ahora penetra en el alma verdaderamente humana, y estudia y pinta la sociedad española por dentro, por primera vez». Así, a la manera de los corpus narrativos de Balzac y Zola, Galdós construyó esta suerte de trilogía sobre los efectos de lo *deseducativo* y lo monetario, sobre cómo estos dos factores inciden en el amor idealizado y el matrimonio rutinario: «*Tormento* estaba ya prevista, probablemente imaginada, cuando se escribía *El doctor Centeno* y la figura inolvidable de la de Bringas estaba concebida y en gran parte creada ya en *Tormento*. El novelista continúa simplemente el proceso creativo», afirma el que, por cierto, en aquellos años ochenta, estaba consagrado a la escritura de *La Regenta*.

En cualquiera de esos diecisiete meses en los que tardó en escribir estas tres novelas, imagino a don Benito preparándose para ir a dormir, sentándose en la cama un minuto antes de apagar la luz, mirando hacia la alfombra que tiene a sus pies, deteniendo un instante la velocidad de sus pensamientos, meditando fugazmente sobre lo que es su vida. Sólo un momento... Los personajes que ha dejado congelados en el papel tendrán que cobrar movimiento al día siguiente. Ni el propio autor sabe aún del todo qué pasará con ellos. Pero, cuando amanezca y se incorpore al mundo, empezará a vislumbrarlo, de cara al espejo, con una sola cosa ya en mente que atrapará sus sentidos y su imaginación hasta que regrese la noche.

Horacio Quiroga

Una lágrima de vidrio

La muerte, en lo corpóreo y sensitivo que se palpa y respira alrededor, en lo sombrío y luminoso que produce dosis de creatividad, acompañó a Horacio Quiroga allá donde fue: el espectro de la guadaña decidió visitar relativamente tarde al escritor, como para dejarle llevar a cabo su destino artístico – el del fundador de la cuentística moderna en lengua castellana–, pero lo avisó de forma tan insistente y despiadada, desde que apenas era un bebé, que parece sobrenatural la red de acontecimientos desgraciados que le sucedieron. Es todo tan increíblemente trágico que roza la comicidad intencionada, el guión absurdo de un dios bromista por ver cómo el espíritu humano reacciona ante la mayor tortura. Nos encontramos ante una biografía marcada por una salud quebradiza, suicidios ajenos y uno final propio, la histeria familiar y la honda soledad, si bien con retazos de entusiasmo y esperanza que provocaron un carácter insatisfecho e hiperactivo, pero al fin y al cabo muerte presencial a ras de suelo y sobrevolando, enfrente y a la espalda, rotunda y sanguinaria.

Si hubiera que elegir un gesto para la vida de Quiroga sería el grito del cuadro de Munch, sonido mudo, interior y desgarrador, de la desesperación del que sobrevive rodeado de cadáveres; junto a ese marco con los bordes del río de la Plata, las miradas dementes de los personajes de Knut Hamsun corresponderían a las pupilas de los *alter ego* del autor: perseguidos, hombres fronterizos que se pierden y ni siquiera saben de su extravío; también el loco Strindberg, si en vez de pasear por el Sena pensando en quitarse la vida hubiera pisado la selva argentina, habría sido un perfecto intérprete quiroguiano en su enloquecido trato con el prójimo; y qué decir del profundo Ibsen: se hubiera hecho el cronista de las etapas de introspección de Quiroga, del autocontrol, de la pasión dosificada que éste recomendaba en su decálogo del cuentista, en la norma IX, y que consiste en alejarse de la emoción vivida antes de emprender la escritura ficticia; y por último, a la fila de almas gemelas, se asomaría Dostoievski –«Uno de mis dioses. El hombre que ha visto con más profundidad los subsuelos del alma» (carta del 19-VIII-1936 a su gran amigo Ezequiel Martínez Estrada, escritor y crítico literario argentino)–, otro enfermo genial y prolífico que podría darle la mano a Quiroga y verse en sus mismos ojos de desgarro y ansiedad.

Esas alusiones nórdicas, de autores que tan bien entendió Quiroga surgidos en el otro Polo del planeta –la obra que más releyó fue *Brand*, el drama de Ibsen, y le encantaban *Victoria* y *Pan* de Hamsun por estar, especificaba, «en inmensa cantidad con mi psicología del femenino» (carta del 27-VIII-1936 a Martínez Estrada)–, son trenes de cercanías que reúnen almas que penden de un hilo y que saltan de siglo con una cabalgadura demencial y transgresora. Son gentes, las que escriben y las que se dejan escribir, que se matan a sí mismas de muchas maneras; instrumentos de cuerda demasiado tensados que pueden quebrarse en cualquier momento: la armonía de su arte les permite seguir vivos o mínimamente equilibrados, pero una nota mal tocada y, entonces, suena la neurastenia, la autodestrucción, las ganas de huir sin brújula, con los ojos cerrados a la memoria –con la amnesia que Quiroga decidió practicar con respecto al suicidio de su primera mujer–, y abandonarse al destino que tiene preparado el otro, el doble, el perseguidor de la guadaña.

Así, tanto intentó escapar Quiroga que se convirtió en un desterrado continuo de cuerpo y espíritu, en colono de unas tierras casi vírgenes para la huella del hombre que él desvirgó literariamente, en un Thoreau de un *Walden* hispanoamericano, narrativo en vez de ensayístico, con la destreza y la independencia de un Robinsón que, en vez de naufragar azarosamente en la isla, va en pos de ella con toda su voluntad. Tal es el impacto que le supuso el descubrimiento de la vida salvaje en 1903, frente a las ruinas jesuíticas de San Ignacio en compañía de su idolatrado y paternal Leopoldo Lugones, quien contó con él en calidad de fotógrafo para una exploración encargada por el Ministerio de Instrucción Pública. De súbito, en la selva de Misiones, la naturaleza y sus retos iban a quebrar, para el joven uruguayo del pueblo de Salto, las preferencias generacionales que él rechazó en su desafío por diferenciarse, para el breve modernista y gótico que fue él mismo en sus comienzos de poeta en prosa y cuentista mórbido. De modo que, regalando al olvido su frustrante experiencia cosmopolita de tres meses en París en 1900, decide cambiar la previsible bohemia urbana en Montevideo o Buenos Aires por otra meta para sus huidas y precipitaciones. Todo lo cual deviene hallazgo artístico, pues el asunto capital de su obra será el ser humano y el animal y la muerte en el monte, o mejor dicho, «más que el tema de la muerte es el del *hombre-que-se-está-muriendo*, apasionado actor de su acontecer definitivo», según José Etcheverry.

Hasta su postrera actuación con cianuro, cuando el dolor por el cáncer resulta insoportable, Quiroga va a ser el espectador de muchos aconteceres definitivos y el escritor de otros tantos con el filtro de la verdad autobiográfica en clave ficticia. Una pulsión mortífera irá apoderándose del subconsciente del que será un joven dandi educado entre algodones de orfandad y que, demasiado temprano, escucha un hilo musical mortuorio: sólo con dos meses y medio de edad presencia el fallecimiento de su padre cuando éste baja de la lancha que le traía de una sesión de caza y se le dispara la escopeta. Al parecer, la madre, que llevaba a Horacio en brazos, ante semejante impacto deja caer al bebé, lo que llevó a Noé Jitrik a fantasear de forma freudiana lo que sigue: «Desde una perspectiva psicoanalítica este episodio es fundamental; inicia una cadena de autodestrucción y de dolor cuya expresión exterior será el sino de muerte que rodea su existencia». Diecisiete años más tarde, auxilia a su padrastro, paralítico a causa de un derrame cerebral, tras oír la detonación de otra escopeta sedienta de autohomicidio. De ahí que el veinteañero Horacio viva imantado hacia lo pesimista y melancólico, hacia lo moribundo que hay en él, en tormentoso regusto por indagarse macabro, como reconoce en un texto juvenil titulado «Sombras». Lo señaló Emir Rodríguez Monegal, al que debemos el hecho de haber colocado a Quiroga en el olimpo que le corresponde dentro de la tradición literaria: ya en esas fechas tempranas, el futuro escritor se siente «huérfano y póstumo». Y no es para menos a tenor de lo vivido: escenas que encuentran una suerte de consuelo o explicación en la literatura leída, y un cobijo ensimismado para las meditaciones íntimas gracias a la literatura escrita. «Cuando examina la pasión, la considera pasada e irrecuperable –apunta el crítico–; abre el pecho para enseñar la llaga. (...) Este pesimismo materialista lo lleva a determinado momento a defender el suicidio, en un artículo elocuente, pretextado por un suelto periodístico. Entonces escribirá unas palabras que el tiempo le obligaría a vivir: "El enfermo se mata, cuando plenamente comprende que su mal no tiene cura y que entre sufrir y no sufrir es fácil la elección"».

Resulta estremecedor que el sino inicial del padre y del padrastro se complete con el del hijo-hijastro. Que su hermana Pastora y su hermano Prudencio mueran el mismo año, 1901, por una tifoidea contraída en el Chaco argentino. Que su hermano de letras, Federico Ferrando, en 1902 reciba una bala en la boca desde las manos de Quiroga, quien inspeccionaba el arma que iba a usarse en un duelo entre su amigo y otro conocido. Que su primera mujer, Ana María Cires, que contaba con quince años cuando contrae matrimonio con Quiroga, se suicide con una dosis de sublimado en 1915, tras seis años en las tierras de Misiones, donde su marido la había obligado a parir sin asistencia médica. Eso lleva a la evidencia de que la cercanía de la muerte conduce a la crueldad, la dirigida a uno mismo y a los demás; una actitud que proviene de una mente tan fría como hipersensible, de un compasivo malhumor que no tuvo amparo ni guía juicioso para la rectificación. Quiroga ve morir a su primera esposa durante tres días, presencia ese *acontecer definitivo*, y al fin tantas agonías lagrimearán sobre el papel, hechas relatos de hombres notando la extinción de su aliento.

Al igual que ocurre con la tripulación de «Los buques suicidantes», los personajes de la novela de la vida de Quiroga parecen abocados a satisfacer, con el movimiento mecánico de un fantasma hipnotizado, la «curiosidad un poco romántica por el fantástico viaje» (de este modo se refirió a la muerte el autor, en carta del 14-VI-1936 a Martínez Estrada, pocos meses antes de suicidarse). Así, en 1933, su viejo amigo Baltasar Brum, presidente del Uruguay, que le había proporcionado ciertos cargos diplomáticos desde 1919, se suicida ante el golpe de Estado que sufre el país, y como consecuencia de ello, al año siguiente el escritor pierde su trabajo. Esta etapa coincide con su segunda residencia misionera (1932-1936), con el abandono de la escritura de cuentos, con enormes problemas de índole económica y el alejamiento de su segunda mujer –la jovencísima María Elena Bravo, con quien se casa en 1927 y tendrá una niña– y de los dos hijos concebidos con su primera esposa, Eglé y Darío, que también se quitarán la vida cuando su padre ya no esté entre ellos, quizá recordando cómo les imponía una existencia de obediencia férrea y malvadas pruebas para calibrar su aguante en la selva. Pues Quiroga busca en su familia la misma tensión que preside su andadura, por lo que acaba construyendo «una relación de supremacía de un esposo-padre sobre una esposa-hija. El amor quiroguiano está marcado por las mismas señas destructivas del impulso tanático que le costó su vida», en palabras de José Miguel Oviedo. Asimismo, dos personas determinantes en el entorno literario de Quiroga desearán irse antes de tiempo, ambos en 1938: su tutor inicial en los cenáculos artísticos, Lugones, que se da muerte también con cianuro, y la amiga que tanto le apoyó, Alfonsina Storni, quien se tiró al Mar del Plata tras serle diagnosticado un cáncer y que dedicó a Quiroga un poema que empezaba: «Morir como tú, Horacio, en tus cabales, / y así como en tus cuentos, no está mal; / un rayo a tiempo y se acabó la feria... / Allá dirán».

Dirán, en efecto, dijeron, han dicho tantas cosas controvertidas y hasta injustas sobre Quiroga que los tiempos acabaron dando la razón a este apunte de su diario parisino: «... me han entrado unas aureolas de grandeza como tal vez nunca haya sentido. Me creo notable, muy notable, con un porvenir, sobre todo, de gloria rara. No gloria popular, conocida, ofrecida y desgajada, sino sutil, extraña, de lágrima de vidrio. ¿Será o no será? Esperemos» (escrito el 3 de abril de 1900). Gloria rarísima en efecto, trayectoria despreciada ya por la nueva generación de escritores que silenció a Quiroga, por muchos críticos que calificaron su estilo de poco ortodoxo según las leyes gramaticales y académicas. ¿Estilo desaliñado, impreciso incluso? Eso argumentaron algunos, pero sólo basta echar una ojeada al minucioso trabajo de Napoleón Baccino Ponce de León y Jorge Lafforge, que editaron todos los cuentos de Quiroga con sus variantes –pues el perfeccionista escritor fue corrigiendo las páginas que iban a disfrutar de más ediciones–, para apreciar lo erróneo de ese dictamen. Lo puso de manifiesto Andrés Neuman, al comparar el texto original y una versión posterior del citado «Los buques suicidantes», poniendo un ejemplo de cómo el autor daba importancia al efecto que una simple coma imponía en el ritmo lector de la última frase. Y es que Horacio Quiroga, en su búsqueda ansiosa por bregar con su propia vida turbulenta, también transitó el difícil camino del verdadero artista: aquel que lleva a arriesgar nuevas formas de expresión. El resultado, nadie lo discute, fue irregular a lo largo y ancho y hondo de los casi doscientos cincuenta cuentos que concibió, pero un alma impetuosa no alcanza la excelencia sometiéndose a inhibiciones en respuesta a otros ecos ni reprimiendo su instinto creador, sino lanzándose a las aguas bravas del arte y remando con o sin viento, con caudal favorable o a contracorriente.

El individuo que publica joven tiene un nacimiento objetivo como autor, aquel fechado por el tacto de la cubierta de su primer libro, y otro más sutil, discutible según quien lo interprete, pero sin duda más verdadero porque su juez es el paso de los años: el momento en que logra alcanzar el estilo que lo va a singularizar. En pocas ocasiones en la historia de la literatura, ambas cosas coinciden gracias a la fusión de genio y precocidad, de tal manera que, en algunas primeras obras narrativas ya están perfiladas la madurez sintáctica, la profundidad argumental, la riqueza léxica y la estructura apropiada. Este, sin embargo, no fue el caso de Quiroga, que empezó escribiendo prosas poéticas al hilo de la moda modernista, llenas de un engalanamiento adscrito a una temprana caducidad –*Los arrecifes de coral* (1901)–, para tres años después publicar los cuentos de *El crimen del otro*, ejercicios empapados en demasía por el impacto de los relatos de Poe, hasta que el año 1905 sea testigo de la explosión del escritor que hoy recordamos. Ese es su nacimiento artístico, cuando es capaz de crear su primer cuento de calidad, «Los perseguidos», y se inicia como colaborador en *Caras y Caretas*. Es decir, el joven ebrio de lecturas y con sobrio afán de vivir de la pluma, se profesionaliza: empieza a vivir del cuento adaptándose a las limitaciones de espacio que la revista demanda y pensando en más lectores aparte de él mismo. Ese aprendizaje se relacionaría con la creación de los puntos VI y VII de su decálogo del buen cuentista, los que atañen a desarrollar un estilo directo y preciso. Quiroga va a ir adaptando el hábito de desnudar a su prosa de adjetivos o descripciones innecesarias, a elegir de forma muy consciente sus métodos expresivos para relatos que, en líneas generales, tenderán a desarrollar un trío temático mortuorio desde lo demencial, lo fantástico y lo selvático.

A la hora de preparar sus libros, Quiroga fue reuniendo cuentos de distintas épocas intentando cohesionarlos en cierta forma: el título de *Cuentos de amor de locura y de muerte* –sin comas entre las palabras, como exigió– pretende dotar de unidad a un contenido no obstante diverso, y el último, *Más allá*, responde a una «recopilación de relatos de atmósfera alucinada» (carta del 30-V-1934 al editor César Tiempo), pero, con todo, el autor no se preocupó en exceso por brindar volúmenes cuentísticos compactos, salvo quizá *Los desterrados* –la entrega más homogénea y de mayor nivel literario a juicio de la crítica, pese a ofrecer cuentos algo separados en el tiempo (1919-1925)–, por lo que cabe encarar la obra sin el contexto de la encuadernación con la que vio la luz. De ahí que Rodríguez Monegal decidiera un orden cronológico de escritura o aparición en la prensa para hacer su referencial edición quiroguiana de la Biblioteca Ayacucho (Caracas, 1981). A lo que añadimos nosotros una preferencia que busca, también desde lo cronológico, una triple división temática para que la lectura gane coherencia y no se salte de asuntos que tienen poco que ver entre sí –menos, claro está, el omnipresente *acontecer definitivo*– y se aprecie la evolución del estilo y de la temática practicada. De esta manera, tenemos cuentos en los que la reacción demente, la locura continua, la enfermedad mental son el centro del tema, el volcán y la lava de los personajes; tenemos cuentos en los que esa atmósfera cruza la frontera de la psique maltrecha para recurrir a visiones fantásticas e incluso terroríficas, quedando la realidad arraigada a una sorpresa de perfil espectral o sonambúlica –en carta del 17-VII-1934, hablando de las correcciones a las que ha sometido *Más allá*, refiere: «Le tengo afecto a estas historias, por expresar muchas de ellas lo sonambúlico que hay en mí»– muy en consonancia con una tendencia hacia lo gótico que destacó Julio Cortázar en torno a los escritores del río de la Plata[3]; y tenemos cuentos que el propio autor calificó «de monte», donde se recrea la vida extremadamente dura de individuos como él mismo o de aquellos otros que, a tenor de lo estudiado por los expertos en el autor, son fieles retratos de personas que transitaron esas tierras y compartieron con él sus afanes y miserias.

En pos de esa coherencia temática y estilística, tras las huellas de los cuentos más significativos de esta tríada narrativa que se propone, he creído oportuno no acoger los relatos en los que los animales cobran voz. Primero, porque en muchas ocasiones, de forma explícita los *Cuentos de la selva* (1918), fueron concebidos para niños; y en segundo lugar, por las características de los personajes de estos relatos en los cuales la impostura de un perro, un caballo o una serpiente con poderes habladores y esquema mental humano resulta, perdóneseme esta opinión tan particular, cuanto menos chocante y tal vez alejada del lector adulto de hoy día, si bien la crítica especializada no ha cesado de tratar como

---

3   En sus «Notas sobre lo gótico en el Río de la Plata» (1977), Cortázar explica cómo es un misterio para la crítica que «la literatura rioplatense cuenta con una serie de escritores cuya obra se basa en mayor o menor medida en lo fantástico, entendido en una acepción muy amplia que va de lo sobrenatural a lo misterioso, de lo terrorífico a lo insólito, y donde la presencia de lo específicamente "gótico" es con frecuencia perceptible». Entonces cita a Borges, Bioy Casares, Silvina Ocampo, Felisberto Hernández y, por supuesto, a Quiroga, en concreto su cuento «El almohadón de plumas».

obras maestras cuentos como «La insolación» o el relato largo «Anaconda», algo que aquí no cuestionaremos. En todo caso, al hilo de lo apuntado resultaría pertinente encarar la obra quiroguiana prestando atención, como dice Lafforgue, a la «inquietante transgresión de los límites entre lo animal y lo humano», lo cual se observa mediante una «doble vertiente: animalización del hombre y humanización de los animales. El primer proceso supone la tensión latente entre lo racional y lo irracional; en última instancia, una concepción del hombre como entidad escindida. Emergencia de la faz oculta del hombre, lo animal (en cuanto irracional) se revela en Quiroga a través de las formas que asume la locura: el alcoholismo, la meningitis, determinadas fiebres, etc.». Y en efecto, animal y hombre se confunden en una misma existencia prosaica y a la vez llena de desafíos y peligros, donde rige la ley de la supervivencia y la condena del ataque inesperado: bichos imposibles o insectos reales matando a lugareños, transmisión de enfermedades físicas o imaginarias, la potencia de la naturaleza ocultando mil y una torturas. «Quiroga opta por poner en palabras los miedos que lo aterran para domesticarlos. Nombra entonces la naturaleza voraz y la inclemencia de los elementos, la fragilidad del hombre y su desolación, su empecinamiento en una lucha degradante», ha apuntado con tino Leonor Fleming.

Mas no es el miedo a perecer lo que siente Quiroga en los momentos de materializar su infinidad de ideas en pleno monte –inventos para matar hormigas o destilar naranjas, construcciones de canoas o *bungalows*, trampas para animales–, dado que una biografía tan desgraciada como la suya sólo permite dos extremos: desesperación psicótica o estoicismo. Quiroga llevó a la narrativa lo primero y desarrolló lo segundo durante su última etapa, cuando ya ve la muerte como «*descanso. That is the question*. Esperanza de olvidar dolores, aplacar ingratitudes, purificarse de desengaños. Borrar las heces de la vida ya demasiado vivida, infantilizarse de nuevo; más todavía: retornar al no ser primitivo, antes de la gestación y de toda existencia: todo esto es lo que nos ofrece la muerte con su descanso sin pesadillas» (carta del 29-IV-1936 a Martínez Estrada). En su obsesivo lienzo mortuorio, el grito mudo fue apagándose hasta quedarse con un rictus resignado de cincuenta y siete años, de paz interior acaso. Solamente así se entiende su sosegado paseo desde el hospital en busca de cianuro y su risueña despedida a algunos conocidos; obedeciendo a sus antiguos principios vitales, Quiroga actúa con la lógica que había ido cimentando desde su macabro despertar al mundo. Él no quiere ser uno de los moribundos que pueblan sus cuentos, ya no siente interés por el final del relato que protagoniza ni va a permitir que las negras sombras le sorprendan. Siente que, como artista, ya lo ha dado todo, que su «chifladura agreste», como llama a su aislamiento montañero, ya tiene un fin, que su insobornable libertad también merece ese último acontecer definitivo, una postrera lágrima de vidrio.

Pero pocos llorarán a Quiroga en 1937. Rodríguez Monegal señaló la soledad absoluta en la que el escritor se encontró al morir, pese a que de inmediato hubo una cohorte de homenajes e incluso la publicación de una biografía. El mundillo literario le llevaba dando la espalda mucho tiempo, y en respuesta Quiroga había escrito el irónico y agrio artículo «Ante el tribunal» (1931), donde denunciaba cómo los jóvenes –aquellos que colaboraban con la revista *Martín Fierro* y cuyo referente era Macedonio Fernández, tan grato a Borges– habían pasado por encima de él sin contemplaciones: «Durante veinticinco años he luchado por conquistar, en la medida de mis fuerzas, cuanto hoy se me niega. Ha sido una ilusión», decía, presto a reivindicarse frente al fiscal acusador, consciente de que ese cuarto de siglo creativo iba a chocar con las «puertas al futuro» que esos jueces nuevos le iban a cerrar. Abandonaba así su tarea, «cansado y sangrante», y prácticamente se despedía de la narrativa. En una carta a Norah Lange (5-III-1922), quien le había enviado un cuento para saber su opinión, Quiroga dictaminó lo siguiente: «Tal vez sea el cuento la forma de arte para la que se requiere más acumulación de sentimientos propios; sentidos casi en carne propia». Se diría que, en los años treinta, lo sentimental está bloqueado en él por la aspereza de sus relaciones familiares y el «daño atroz» que le supone una cotidianidad sin apenas dinero en Misiones. Y eso mismo fue la vida de Quiroga si se

me acepta el juego terminológico, una «Misión», la que sintetiza Abelardo Castillo: «Quiroga nos enseñó la selva, el deslumbramiento y la abominación de la selva. No quiero decir
que la describió –casi no hay descripciones en sus cuentos–;
quiero decir que nos la reveló. No como paisaje, sino geografía espiritual».

A tal logro –poner en literatura un lugar y su alma–
contribuyó su red de lecturas internacionales desde joven:
Kipling, Maupassant y Poe. «Sin duda provengo de estos
hombres, pero mucho más del primero (...) También como
Kipling, creo que el hombre de acción ocupa en mi ser un
lugar tan importante como el escritor. En Kipling la acción
fue política y turística. En mí de pionero agrícola. Esto explica que, cumplida a mi modo de sentir mi actividad artística
resucite muy briosa mi vocación agreste» (carta del 4-IV-1936
a Julio E. Payró[4]). Y sin embargo, pese a interesarse por la
vida humana y animal, por la animalización y humanización
recíprocas, cuán diferente es la narrativa del uruguayo y la
del anglo-indio; aunque no para Jorge Luis Borges, que en
una charla con Rodríguez Monegal llegó a una asombrosa
simplificación sobre el salteño: «Escribió los cuentos que ya
había escrito mejor Kipling».[5] Lo cierto es que, nunca reacio
a ocultar sus influencias, Quiroga tuvo el talento suficiente
para aprender de los mejores a la hora de forjar su propio
tono narrativo, despojándose pronto de influjos demasiado
evidentes, en especial de Poe y Dostoievski. Atento a lo que
se escribía en Norteamérica (Bret Harte, Erskine Caldwell,
Ernest Hemingway), Quiroga vio confirmado que el cami-

---

4   Hijo del periodista Roberto J. Payró, miembro de la Academia Nacional de
Bellas Artes, muy amigo de Juan Carlos Onetti y autor de varios estudios sobre la historia del arte y de un libro con el que homenajeó a Quiroga, *Las ruinas de San Ignacio*,
como documenta Erika Martínez.

5   Se trataba del primer encuentro entre Borges y Rodríguez Monegal. Este
apunta la anécdota en *El desterrado. Vida y obra de Horacio Quiroga*, y añade: «No he
podido olvidar esa frase de 1945. A pesar de mi admiración por Borges, sentí en ese
momento la injusticia de su juicio aunque no me animé entonces a refutarlo. Tardaría
algunos años en darme cuenta que la frase contiene más un juicio sobre Borges que
sobre Quiroga».

no de estética austera, de intensidad y concisión que estaba eligiendo, era el adecuado. Una preocupación técnica que se observa en los textos en los que se dedicó a meditar sobre el cuento como género, algo de lo que también fue pionero en lengua castellana y de lo que se ofrece aquí cinco ejemplos, el más llamativo y efectista, el celebérrimo «Decálogo del perfecto cuentista», cuyas primeras cuatro recomendaciones, cabe decir, giran en torno al arte en general y no al cuentístico en particular. Un texto original, de astuta modernidad, *raro* como su gloria, que resume la personalidad efervescente de un hombre que, tras haber soportado tanta muerte circundante, prefirió el retiro natural de decidir, por sí mismo, cuándo había de reencontrarse con sus muertos.

José Antonio Ramos Sucre

El hechizo del insomne

Nos encontramos en 1985. El narrador venezolano José Balza penetra en una sala de conferencias de la Universidad de Columbia. Primavera en Nueva York. Un ambiente estudiantil de hostilidad hacia las recientes decisiones del gobierno, en el área internacional, rodean el campus. Balza va a bregar con un ambiente frío y distante, ¿o es su sensación de extrañeza por lo que va a acometer al cabo de un momento? No en vano ha acudido para hablar de un poeta desconocido, extraño, complejo, pero que para él es tanto una luz que ha iluminado su mirada literaria como una sombra que ha ayudado a enfriar su narrativa en busca de la frase exacta, el adjetivo único, la palabra que no puede ser otra. Balza anuncia el tema de su ponencia: José Antonio Ramos Sucre, convocándolo con «dos frases suyas, inolvidables, publicadas en 1929: "Enamorarse es una falta de amor propio"; "Un idioma es el universo traducido a ese idioma"». Hace cinco años, la obra completa del poeta más insólito que hayan dado las letras contemporáneas en lengua española, a los dos lados del Atlántico, ha visto la luz de forma canónica en Caracas, en la Biblioteca Ayacucho. Es una indicación de que Ramos Sucre ya es un clásico; una observación unánime en su país pese a que el escritor es tan apreciado como incomprendido, pues, como dice Gustavo Guerrero en su antología de seis poetas venezolanos *Conversación con la intemperie* (2008), «la poesía venezolana moderna escoge como padre fundador a un autor aún considerado como un raro entre los raros, a un poeta que ha suscitado ya mil equívocos y cuya obra fascina y extravía, hechiza y desorienta –o mejor: fascina porque extravía, hechiza porque desorienta».

Esa fascinación hechizante que provoca Ramos Sucre quiso transmitir José Balza aquella tarde en Manhattan, cuando habló de cómo «la lectura de algunos poemas ("La venganza del dios", "El herbolario", "La vida del maldito") nos conduce a dos de sus constantes: la irremediable crueldad colectiva y la voluntad individual como arte del escepticismo, de la destrucción, del vacío». El autor, casi diría único discípulo, que tomó una frase del poema «El cristiano» para titular su ensayo «Eché por delante un zorro azul del polo y una liebre sedosa», en el cual comenta el tercer libro del poeta y cuyos primeros dos renglones dicen: «Hay autores que se conocen por primera vez cuando son releídos. Ramos Sucre es uno de ellos»… El autor, casi diría único lector creativo –a la manera en que R. W. Emerson entendía que debía ser la lectura, un acto de creación literaria que conduzca al acto de escribir– que llamó su serie de aforismos sobre la teoría y práctica del cuento «Lince y topo», adoptando la siguiente frase del citado «El herbolario»: «El topo y el lince eran los ministros de mi sabiduría secreta»… Ese autor, quiero acabar resaltando, biografió de forma inigualable la vida de Ramos Sucre en el relato «La máscara feliz», escrito tal vez poco después de aquella conferencia en Columbia en la que sintió, como en una alucinación, que entraba en la sala el otro Ramos Sucre, el retratado por aquel que publicó su primer perfil biográfico, Carlos Augusto León, en 1945, titulado *Las piedras mágicas*: un ser distinto al escritor del que estaba hablando. Un escritor renacido.

Porque el arte de Ramos Sucre ha vivido toda una resurrección desde el mismo instante de sus exequias, allá en su natal Cumaná, donde siempre había pedido ser enterrado. Él, que no podía *morir* provisionalmente cada día por culpa de un insomnio que le condujo a la desesperación de recurrir al suicidio, tiene una nueva vida inmortal mediante el interés de lectores que se extravían en su poesía en prosa latinizante, erudita, enigmática, impenetrable y a la vez abierta a mil interpretaciones. No en balde, Ramos Sucre podría parecer un simbolista tardío, un surrealista sereno, un modernista abstracto, un romántico sin sentimentalismo, un decadentista tropical, un vanguardista sobrio. Todo y nada de eso es. ¿No estamos por tanto ante una isla, una torre de marfil, una estrella sin constelación? Al fin y al cabo, y he aquí la mayor paradoja, es el ejecutor de una poesía –alegórica, mítica, onírica, ocultista– que no se deja redactar con versos. «Esa elección no hace sino apartarlo más de los poetas de su tiempo y alentar su encasillamiento entre las curiosidades literarias. Pero, claro, Ramos Sucre es mucho más que eso: es un poeta que, siendo difícil de imitar, es, sin embargo, ejemplar para muchos por su indeclinable fidelidad a su propia poética y a una visión cuya originalidad no sólo no ha disminuido, sino que parece hoy mayor que nunca», ha escrito José Miguel Oviedo.

Una ínsula con su propio lenguaje y estética: he aquí lo único que podemos decir a ciencia cierta sobre Ramos Sucre. No le rodea agua, sino un mar de libros, una biblioteca con un horizonte infinito que le separa del resto de los mortales. En la orilla, descansan los volúmenes de Shakespeare, la Biblia, los mitos grecolatinos, Dante, Goethe, más los tomos de historia medieval. Libros que la marea acerca o aleja pero que no anclan en su puerto, ya que Ramos Sucre acoge todo el conocimiento sin hacer ostentación de ello, pese a que se gradúa en Derecho casi de forma autodidacta –el gobierno cierra la Universidad Central de Venezuela de 1913 a 1925– y se doctora en Ciencias Políticas; pese a que ejerce de profesor de historia, geografía y lenguas muertas en la enseñanza secundaria, y de traductor e intérprete en la Cancillería; pese a que es un ejemplo superlativo de políglota desmesurado (a solas, se enseña a sí mismo latín, griego antiguo y moderno, inglés, francés, alemán, portugués, italiano, danés, sueco, holandés, turco y sánscrito). Y sin embargo, Ramos Sucre no quiere poseer nada ni pertenecer a nadie, solamente trasladar su pasión por el estudio disciplinado y la escritura diaria a unas escenas poéticas imposibles de clasificar, ajenas a todo encuadre temporal, a cualquier contexto artístico o tendencia literaria. Va a acabar siendo un exiliado en Europa, un hombre que quizá se enamoró una sola vez pero que se divierte haciendo aforismos misóginos –incluidos en la genial serie que denominó «Granizada» y que publicó en la prensa a finales de los años veinte– a pesar de que nadie como él respeta con tamaña delicadeza a la mujer, «criatura celeste», tal como la calificó en una carta a su querida prima Emilia. La dictadura de Juan Vicente Gómez en su país le ha enseñado que todo es superfluo, precario, negador de vida; menos la libertad de pensar e imaginar. Ahí el poeta es amo y señor; en ese territorio puede ser un soldado o un rey, un vagabundo o una cortesana, un filósofo o un animal, pues, siguiendo con Oviedo, cabe decir que «su poesía no es una introspección morbosa o patética de su dolor, sino un esfuerzo por alcanzar la lucidez y transfigurar la sensación de pérdida en la ganancia de un sentido. Como el yo no lo encuentra, se desdobla en "personajes" o "figuras" que le permiten contemplarse como otro y entenderse». De ahí que el lector encuentre con abundancia anafórica un Yo que habla en muchos poemas, un sujeto poético que es y no es Ramos Sucre, que es y no es Nadie, que es y no es un protagonista ficticio de alma narrativa y tempo lírico.

Violines desafinados en caótica armonía, enemistados entre sí como en una banda sonora de suspense oscuro, deberían sonar en estos poemas de Ramos Sucre junto con las cuerdas barrocas más dulces y apaciguadoras, tal es su combinación de claridad y hermetismo, pero el silencio más absoluto, dada su fobia al ruido que tanto incrementaba su ya de por sí extremo insomnio, tendría que dominar su acto final, recreado por Balza en «La máscara feliz». Aquí se literaturizan las consecuencias alucinatorias de un Ramos Sucre desquiciado que ve cómo se desdobla su cuerpo, viéndose de repente llevando la máscara del sueño o la muerte y comprendiendo que debe «dormir para siempre». Tal cosa sucederá el 13 de junio de 1930, en Ginebra, la ciudad donde desarrollaba tareas consulares, cuatro días después de cumplir cuarenta años y haber ingerido una sobredosis de hipnóticos (hubo un intento de matarse en marzo, según el telegrama del ministro de Venezuela en París, pero su cuerpo había rechazado el veronal). «El desequilibrio de mis nervios es un horror y sólo el miedo me ha detenido en el umbral del suicidio», le había escrito a su hermano diez meses antes. Pero él ya es «El desesperado», como reza uno de sus mejores poemas, en el que declara: «He sentido el estupor y la felicidad de la muerte». Ese es el final anhelado, el último viaje interior, el hundimiento dentro de la isla, acaso concebido desde la primera juventud, cuando surge la pesadilla del insomnio. José Ramón Medina, en el prólogo a la edición canónica antes referida, dice que «esta cercanía a la muerte es reiterativa y constituye una constante de la poesía de Ramos Sucre en las más diversas e inimaginables formas. Se diría, incluso, que hay una ansiedad premonitoria por alcanzarla en medio de la vida, como el modo irrevelado de la liberación final; porque, ciertamente, al final, Ramos Sucre asumió la muerte como una liberación incontrastable».

Sin duda, todo suicidio es liberador de la angustia que provoca el hecho de vivir, pero darse muerte para acabar con la tortura del insomnio extiende esa evidencia a un alivio tan físico como mental, ya que previamente se ha puesto a prueba la cordura, el nivel de resistencia del individuo que lo sufre. Durante una época, el poeta intentó paliar la falta de sueño, huyó de enloquecer en la vigilia perpetua del lecho, y se conservan testimonios de personas que lo vieron pasar las madrugadas en vela, hacia 1920, dando largos paseos por las calles de Caracas. En este caso, el insomnio fue equivalente a la escritura, como narra Balza en «La máscara feliz», cuando en la noche del trigésimo aniversario de Valdemar, el *alter ego* de Ramos Sucre en el cuento, tras presenciar una rara escena sexual y violenta de camino a casa, se dispone a irse a la cama; aunque «no podría dormir. Fue a la mesa de trabajo, pero ignoró los diccionarios y los libros de historia. Con su pluma de oscura tinta, inició la escritura de un texto incisivo: un yo ágil, íntimo, auténtico como una máscara y sin embargo imprecisable, inventaba imágenes, texturas verbales, tensiones gramaticales». Está escribiendo, a buen seguro, los poemas que tras publicar en periódicos y revistas reúne en *Trizas de papel* en 1921, a lo que le seguirá el folleto *Sobre las huellas de Humboldt*, proyecto que inicia pero que, pese a su plan inicial, no va a tener continuidad. Se trata de dos aproximaciones a lo que constituirá la publicación, en 1925, a los treinta y cinco años, de *La torre de Timón*, donde junta ambos trabajos y añade cincuenta y dos textos nuevos, sin importarle mezclar poemas con reflexiones sobre literatura o discursos y notas de trasfondo muy local. No tardará en repetir el mismo procedimiento, pero ahora lo misceláneo, el ejercicio de dispersión da paso al filtro de lo meramente poético, de tal modo que vuelve a recoger los poemas que ha publicado en la prensa y, así, a finales de 1929 verán la luz dos libros: *El cielo de esmalte* y *Las formas del fuego*.

Escribir con exactitud, conocer a fondo el diccionario, leer siempre a los autores mayores y «evitar la imitación del lenguaje bárbaro de los periódicos». He aquí los consejos que

Ramos Sucre da a su hermano Lorenzo y que nos sirven hoy a la perfección, acaso más que nunca teniendo en cuenta el modo en que el lenguaje estándar y lleno de giros inventados de los medios de comunicación contagia a los escritores literarios. La imprecisión es sinónimo de pereza, a juicio del autor, que construye cada frase como una frágil artesanía que permanecerá fuerte como el mármol, asumiendo incluso para ello una manera de ponerse límites sintácticos harto curiosa, de la cual damos cuenta con la ayuda de los tres barqueros que hemos elegido para visitar la isla mortuoria de Ramos Sucre: Oviedo explicita «su hábito de evitar el relativo *que* y abundar en la conjugación copulativa»; Guerrero señala «una expresión elíptica, la enunciación en primera persona del singular y una sobria sintaxis de aposiciones y yuxtaposiciones que no dispone del *que* ni de casi ningún otro pronombre relativo»; Balza asegura que «al eliminar el *que*, cada frase se rige por una dirección: no le están permitidas las bifurcaciones (a pesar de lo cual su sentido es plural)». En efecto, la ausencia del *que* da a la obra del poeta un compacto tono de firmeza estilística que casa mágicamente con los personajes que extrae del pasado fantástico y esotérico al que se evade de continuo. Estudiar había sido el único consuelo para Ramos Sucre durante su infancia y adolescencia solitarias, desdichadas, cuando todo era severo y prohibitivo, como le recuerda a Lorenzo; y un consuelo, asimismo, será la escritura de sus fábulas narrativas en las que las ruinas, el fuego y las aves –tres elementos que según Eugenio Montejo destacan sobremanera en toda su poesía–, más el paisaje nórdico y doloroso, nos conduce a intuir la desazón y la fantasía de un hombre que decía poseer, comparándose con Leopardi, «el hábito del sufrimiento», como le escribe en una carta al cónsul general de Venezuela, el 25 de febrero de 1930. El día anterior le había dicho al mismo destinatario: «Los insomnios me derriban», y más atrás en ese mismo mes, pero desde Hamburgo, donde los médicos le examinaban sin dar con la enfermedad que le estaba destruyendo, confesaba su temor a perder las facultades mentales. Pero entonces ya tendría pensado cómo evitar lo peor, justo a tiempo, haciendo lo mejor que podía hacer, aquel día en el que se colocaría la máscara de la felicidad eterna.

AZORÍN

José Martínez Ruiz adoraba las ventanas hasta el punto de que Azorín las convirtió en una completa visión del mundo que rodeó a ambos, a la persona y al personaje que hizo de sí mismo. Si las abrimos y nos asomamos a tres de sus obras –*La voluntad* (1902), *Antonio Azorín* (1903) y *Las confesiones de un pequeño filósofo* (1904)– veremos que el principal procedimiento de que dispone Azorín para representar espacios es la descripción. Describiendo, nos ofrece con detalle lo que los ojos pueden captar simultáneamente con una sola mirada. Este espacio, que se temporaliza al desarrollarse el lenguaje en el tiempo –un tiempo que tanto Azorín como los cultivadores del Noveau Roman (con los que se le ha asociado tradicionalmente) pretenden negar de diferentes maneras–, se propone destruir el desarrollo temporal y así concentrar toda la atención en el espacio. De ahí que la novela se vea forzada a imitar las artes plásticas. En primer lugar, imita a la pintura, y especialmente la corriente impresionista, rasgos artísticos que después trasladaron los hermanos Goncourt al género novelesco. El mismo Azorín confesaba proceder de la pintura impresionista, como Valle-Inclán y Baroja, aunque ésta comenzará a sufrir una clara influencia de la fotografía, con lo que el escritor que imitaba la técnica pictórica se interesará asimismo por la fotografía y el cine.

La pintura impresionista pretendía captar un paisaje en sus mínimas variaciones lumínicas. Trataba entonces de «fotografiar» el instante en todos sus matices de color. Se trata de una pintura directa, exageradamente fiel al dato real, ejecutada con rapidez, pues la visión puede alterarse por un cambio de luz y obtener un paisaje nuevo. Por eso vemos en aquella época paisajes corridos, como imágenes vistas desde un tren a toda velocidad. Es un arte cinematográfico: un panorama o una figura que creíamos poder llegar a contemplar y ya ha desaparecido, dejándonos sólo su pura evocación, su resonancia. Así pues, si los pintores impresionistas reducían los datos de la realidad a su estricta sensación, los escritores impresionistas se esforzarían en detener esa sensación, y Azorín mirará el paisaje a través de esta convención pictórica, fotográfica.

Llegamos, entonces, al espacio impresionista que en *Las confesiones de un pequeño filósofo* se contempla, frecuentemente, desde una ventana. El protagonista se asoma y ve pasar la vida, la describe en exquisitas pinceladas recuperadas por la memoria: «Yo recuerdo que muchas mañanas abría una de las ventanas que daban a la plaza; el cristal estaba empañado por la escarcha; una foscura recia borraba el jardín y la plaza. De pronto, a lo lejos, se oía un ligero cascabeleo. Y yo veía pasar, emocionado, nostálgico, la diligencia, con su farol terrible, que todas las madrugadas a esta hora entraba en la ciudad, de vuelta de la estación lejana». Ciertamente, buena parte de los capítulos que forman esta novela tienen la curiosa presencia de alguna ventana. Se convierte en todo un punto de vista, extraordinariamente amplio, puro, que abarca los paisajes, las acciones de la población del pueblo, los gestos de la naturaleza. Los cristales que limitan la vida interior de la exterior mantienen una precisa funcionalidad, por lo que cabe decir que el descriptivismo en Azorín no es gratuito, sino que representa el conocimiento del espacio donde se va a desarrollar la acción novelesca; aporta la luz, el sonido, el color del paisaje. Un edificio, un cuadro, un bosque, al describirse, se convierten en una sucesión temporal; sus presencias en bloque se disuelven, y ya no nos queda de ellos más que una línea, la del discurso. Los elementos de la naturaleza, los objetos, los personajes que van apareciendo a lo largo de esta pequeña novela despiertan en el lector una oleada de melancolía y de ternura. Esta sensación de añoranza proviene del tono íntimo, de su confidencia desde el pasado infantil. Son unas memorias poetizadas, pasadas por el filtro de la más suave musicalidad.

Para alcanzar el propósito de destruir el tiempo novelesco tradicional e imponer a sus obras su característico estatismo, el recurso más utilizado por Azorín es la discontinuidad en los planos. De esta manera, empieza por fragmentar la narración en láminas, como en un álbum de fotos. *Las confesio-*

nes... son breves capítulos voluntariamente deshilvanados en los que se dispersa la atención del lector hacia multitud de objetos heterogéneos que no tienen inmediata relación con el relato. En la primera escena del libro, titulada «Yo no sé si escribir...», Azorín prepara al lector ante lo que se le avecina; de una manera particularmente modesta, tímida, explica cómo se ha dispuesto a contarnos sus recuerdos. Tras contemplar su entorno, se pregunta si debe hacer de su vida algo inmortal y si su insignificancia dentro de este mundo le otorga el derecho a elegir ese deseo de hacer de sus vivencias, mediante la escritura, algo imperecedero. Es una especie de ejercicio de autodefinición que justifica el título de la obra. Por eso, comienza escribiendo: «Lector, yo soy un pequeño filósofo», para situarnos en su propio análisis, para comunicarnos su intención, la honda ternura que le inspira su memoria. Retomará la cuestión hacia el final del libro, cuando, después de haber hecho el recuento de toda su niñez y de habernos transmitido escueta y sinceramente sus impresiones lejanas ya en el tiempo, nuestro protagonista vuelve al colegio de sus primeros años, y todo aquello que se había convertido en rememoración es observado de modo directo: su pueblo abandonado, la tristeza del colegio vacío, la profundísima melancolía.

Desde el comienzo hasta las últimas palabras, la descripción se erige como el recurso más explotado, la manera más común de explicarnos las cosas; porque José Martínez Ruiz es, eminentemente, un observador; él se aleja lo suficiente para ofrecernos un punto de vista periodístico de su entorno, pero al mismo tiempo la claridad de su prosa, el ritmo sensual de sus frases delicadamente cuidadas, nos transmite un cúmulo de sensaciones que no pueden dejarnos fríos fuera de la secuencia que describe; el autor recrea tanto su observación que su emotividad arraiga en el lector, y la llaneza de su mirada (fundida con la creación literaria) conecta con quien lee su prosa de forma instantánea. De ahí que el espacio siempre se delimite, se concrete hasta el más recóndito detalle: «Lector: yo emborrono estas páginas en la pequeña biblioteca del Collado de Salinas. Quiero evocar mi vida. Es medianoche; el campo reposa en un silencio augusto; cantan los grillos en un coro suave y melódico; las estrellas fulguran en el cielo fuliginoso; de la inmensa llanura de las viñas sube una frescor grata y fragrante». A lo que sigue: «Yo estoy sentado ante la mesa; sobre ella hay puesto un velón con una redonda pantalla verde que hace un círculo luminoso sobre el tablero y deja en una suave penumbra el resto de la sala».

En sus descripciones, Azorín afirma el absoluto imperio de la luz; es clave su afición a detenerse sobre todo en los amaneceres, cuando la luz solar va elaborando de modo gradual el mundo de las apariencias. Con un detallado amanecer, tras un breve prólogo, se inicia *La voluntad*, en el que se enumera el despertar de los colores en manchas que poco a poco van especificándose en formas: «El cielo comienza a clarear indeciso. La niebla se extiende en larga pincelada blanca sobre el campo. (...) En lo hondo, el poblado se esfuma al pie del cerro en mancha incierta. Dos, cuatro, seis blancos vellones que brotan de la negrura, crecen, se ensanchan, se desparraman en cendales tenues. (...) Poco a poco la lechosa claror del horizonte se tiñe de verde pálido. El abigarrado montón de casa va de la obscuridad saliendo lentamente». Se trata, en este caso, de un amanecer campesino y de una pequeña ciudad provinciana al que pueden conectarse los sugestivos amaneceres campestres de *Antonio Azorín*, también llenos de luz, de irradiación prolongada que enriquece nuestra visión de la obra, la hace más brillante ante nuestros sentidos. El comienzo de la novela, como solía hacer el escritor alicantino, constituye una somera descripción del paisaje donde más tarde el protagonista entablará el marco adecuado para forjar su compendio de estímulos existenciales. He aquí la primera descripción con la que contemplamos el nacimiento de la obra coincidiendo con el amanecer en Collado de Salinas: «La luz pone vivo claror en los resaltos; las hondonadas quedan en la penumbra; un haz de rayos que resbala por una cima, hiende los aires en franja luminosa, corre en diagonal por un terrero, llega a esclarecer un bosquecillo. Una senda blanca serpentea entre las peñas, se pierde tras los pinos, surge, se esconde, desaparece en las alturas».

Recolectemos los términos empleados: *claror, penumbra, rayos, luminosa, esclarecer, blanca*; palabras relacionadas con la luz que inventa la realidad. Y en el otro extremo de la jornada, también el relato se iluminará: «... nos llevaba a una de las eras próximas, y nos revolcábamos, bañados por la luz de la luna, en estas noches serenas de Levante...» (*Las confesiones...*). También, durante el atardecer: «En el cuarterón de la ventana dejada abierta, comenzaba a mostrarse una claror vaga, indecisa». Cuando los rayos transforman las calles de Yecla en un suave recuerdo: «El sol reverbera en las blancas fachadas, y contemplo cómo marca en las paredes esas fajas diagonales de luz del alborear o del atardecer». Rozando el alba, cuando comenta algunos de los momentos de su diaria vida infantil en el colegio: «Nos levantábamos a las cinco; (...) una franja de luz se desparramaba sobre el pavimento semioscuro». Y así un sinnúmero de situaciones temporales que devienen filtradas por la poderosa luz. En definitiva, Azorín instala una ventana y se asoma para ver reflejado el carácter y emoción del día según sea su iluminación.

La luz también es ánimo, se personaliza poéticamente en tránsitos lánguidos, como se lee en *Antonio Azorín*: «Va anocheciendo. El pueblo luce intensamente dorado por los resplandores del ocaso; las palmeras y los cipreses de los huertos se recortan sobre el azul pálido; la luna resalta blanca». En su proyección o enfoque la luz determina diferentes puntos de vista; enseña a mirar. Azorín parte, pues, de la dinámica de la luz. Es la primera referencia que tenemos para advertir el aspecto del espacio en el que se constituye la constante y sutil exposición filosófica, muchas veces triste y pesimista, de nuestro autor. Tal cosa se aprecia cuando Antonio Azorín y un clérigo pobre pasean por Monóvar, en un capítulo que se cierra con una pequeña descripción del pueblo desde la iluminación tras haber desarrollado la acción; inmediatamente después de dejar constancia de la oscuridad que se abre en el anochecer, viene la meditación final, la reflexión con la que redondea el episodio. Esta estructura la usará hasta la saciedad Martínez Ruiz: en primer lugar, nos presenta el lugar mediante descripciones en las que siempre hay un rasgo de luz que lo caracteriza; luego ejecuta la acción, inserta personajes, los hace hablar y moverse; y al final, cuando quiere imprimir un rápido desenlace, se apoya nuevamente en la luz –la cual es el perfecto reflejo del día–, describiendo el entorno fríamente, y esta descripción le sirve como pausa en el discurso. Así las cosas, mediante la descripción enlaza la acción novelesca propiamente dicha y logra meter una meditación que en principio quedaría deshilvanada del resto del texto. Es el caso del paseo aludido: una breve pausa descriptiva enlaza con su irónica reflexión acerca del concepto «Ya es tarde» que vive en todos los pueblos españoles y del que él se burla, con especial hincapié, en *Las confesiones...*, pero que ya señala en los otros dos libros: «Y así en este paseo va llegando el crepúsculo. El cielo se enrojece; brillan en el pueblo los puntos de las luces eléctricas; las sombras van borrando las casas y el campo. –¿Le parece a usted que nos marchemos? –pregunta el clérigo. –Sí, vámonos; es ya tarde –contesta Azorín».

De esta manera, con su particular foco de luz, llegamos al detalle definidor. En las primeras novelas de Azorín, las descripciones son con frecuencia minuciosas y profusas. Esa preocupación documental, parecida a la periodística o a la informativa, se une al gusto por el color, por la decoración pictórica. El escritor se muestra como un cronista del paisaje. El punto de vista en la descripción abandona su omnisciencia general y se focaliza en un personaje; y entonces, o bien el narrador aparece como mero testigo de las visiones de sus personajes, o bien el propio narrador es el contemplador. La búsqueda del detalle concreto y definidor incita al narrador a incluirse más y más en la descripción. Y a pesar de su total conexión con lo que ve, es muy natural leer cómo todo lo expone en primera persona del plural, en un movimiento de personalizar su situación pero al mismo tiempo incluyendo el deseo de compartir su panorama de las cosas con los demás. El contemplador se acerca o se aleja a voluntad y favorece que las secuencias descritas sean más o menos móviles. En la novelística azoriniana, hay estructuras espaciales que facilitan el movimiento del que observa. Los paisajes rurales que dominan en Azorín son los castellanos y levantinos: tierras llanas y desnudas que nos ofrecen profundidad y longitud, y en consecuencia, una indagación metafísica. Este espacio impulsa el estímulo del paseante, del que necesita moverse para alcanzar a ver territorios distintos. Y el observador también ahondará en el paisaje urbano, y entonces las casas se convertirán, por un lado, en espacios evocadores, y por otro, en una tremenda oportunidad para conseguir imponer una gran minuciosidad descriptiva. Y a estos paisajes deberíamos unir los interiores.

Es impresionante la capacidad de Azorín para hacer de cada sitio un completo conjunto de detalles precisos. Leer los capítulos iniciales de *La voluntad* es un ejercicio sorprendente, ya que se diseccionan todos los rincones de una casa, partiendo desde afuera hasta que poco a poco nuestra visión del lugar se incrementa, como si estuviéramos filmando una película y formáramos un itinerario con la cámara a los hombros mientras caminamos. ¿Cómo calibrar el impacto que supondría para un lector de principios de siglo XX unos textos tan sumamente descriptivos como los usados para *La voluntad*? ¿Cómo no pensar que nuestro autor no jugaba con la paciencia de sus lectores, que no se arriesgaba a aburrirles escribiendo de esta manera?:

En la fachada, entre los dos balconcillos de madera, resalta en ligero relieve una cruz grande. Dentro, el porche está solado de ladrillos rojos. Las paredes son blancas. El zócalo es de añil intenso: una vira negra bordea el zócalo. En el testero fronterizo a la puerta, la espetera cuelga. Y sobre la blancura vívida de la cal, resaltan brilladores, refulgentes, áureos, los braserillos diminutos, las chocolateras, los calentadores, las capuchinas, los cazos de larga rabera, los redondeles...

Ancho arco divide la entrada. A uno de los lados destaca el ramo. El ramo es un afiligranado soporte giratorio. Corona el soporte un ramillete de forjado hierro. Cuatro azucenas y una rosa, entre botones y hojarasca, se inclinan graciosamente sobre el blanco farol colgado del soporte.

A la izquierda, se sube por un escalón a una puerta pintada de encarnado negruzco. La puerta está formada de resaltantes cuarterones, cuadrados unos, alargados y en forma de T otros, ensamblados todos de suerte que en el centro queda formada una cruz griega. Junto a la cerradura hay un tirador de hierro: las negras placas del tirador y de la cerradura destacan sus calados en rojo paño. La puerta está bordeada de recio marco tallado en diminutas hojas entabladas. Es la puerta de la sala.

Podríamos seguir copiando el texto y la descripción continuaría más y más... En todo caso, sería destacable señalar que ese fragmento descriptivo se encauza hacia la exposición de un determinado tema, puesto que tras haber presentado sucintamente el panorama general, entran en acción los personajes: Puche y Justina. Entonces, la descripción material va mezclándose lenta y tímidamente con la descripción física de los personajes y, de repente, de una manera admirable, acabamos por sentir la presencia de la muchacha y el maestro envueltos en un espacio que ya conocemos a la perfección. En ese mismo instante, Azorín inyecta el diálogo (habitualmente breve), y siempre enmascarado en un concepto, en una obsesión o preocupación que, hemos de entender, afectaba al autor en su propia vida. El esquema, por tanto, vuelve a repetirse: «–Hija mía, hija mía: la vida es triste, el dolor es eterno, el mal es implacable. En el ansioso afán del mundo, la inquietud del momento futuro nos consume. Y por él son los rencores, las ambiciones devoradoras, la hipocresía lisonjera, el anhelante ir y venir de la humanidad errabunda sobre la tierra. (...) La humanidad perece en sus propias inquietudes. La ciencia la contrista; el anhelo de las riquezas la enardece. Y así, triste y exasperada, gime en perdurables amarguras».

Asimismo, con frecuencia, sus descripciones de casas o espacios interiores tienden a dar a la descripción un armazón que nos recuerda la arquitectura por su clasificación en sucesivos compartimentos, en diferentes etapas o plantas, con separaciones de tabiques, muros y puertas, y por supuesto, ventanas. En el primer capítulo de *Antonio Azorín*, también es fácil percibir ese comienzo poderosamente descriptivo; tras describir los montes de Collado de Salinas, su luz, el follaje, llega el atardecer, después el anochecer y, por fin, como pasaba en *La voluntad*, conocemos la casa, que «se levanta en lo más hondo del collado, sobre una ancha explanada. Tiene la casa cuatro cuerpos en pintorescos altibajos. El primero es de un solo piso terrero; el segundo, de tres; el tercero, de dos; el cuarto, de otros dos». Por su parte, en *Las confesiones*..., donde los textos son pequeñísimas prosas trasmisoras de grandes evocaciones, la descripción impresionista tiene, evidentemente, una función muy significativa. El narrador está hablando del pasado; está recordando, de manera cronológica, las personas y sitios fundamentales en su infancia. A esto hay que contrastar la inmensa minuciosidad descriptiva que dota a toda la obra, contraste chocante si tenemos en cuenta la frescura y llaneza de este estilo que pretende constituirse como un compendio de lejanos recuerdos que la memoria ha traído.

Revisar el episodio VIII es un ejercicio interesante. Es casi por completo una descripción del convento de Yecla por medio de una secuencia de visiones de carácter descendente: primero, se describe el edificio en general; a continuación, el patio, los claustros, los dormitorios, los balcones, las aulas, los corredores; y acto seguido, la iglesia, con su capilla, su comedor, sus ventanas, sus huertas... Y tras haber leído una *fotografía* de cada rincón del convento, cuando Azorín nos ha delimitado el espacio y nos lo ha acercado lo máximo posible, entonces llega la breve anécdota, la breve experiencia, el breve recuerdo que sirve de sentencia, de colofón al espacio que ha sido capaz de despertar sus recuerdos. Un esquema este que se sucede continuamente en *Las confesiones*... Así, tras una friísima descripción, cerrando el texto, entra la emoción humana, la conciencia del hombre, el sentimiento: «El comedor estaba en el piso bajo; las ventanas dan a la huerta. A esta huerta yo no he entrado sino en rarísimas ocasiones: para mí era la suprema delicia caminar bajo la bóveda del emparrado, entre los pilares de piedra blanca, y discurrir por los cuadros de las hortalizas lujuriantes».

El pequeño filósofo observa tras los cristales un mundo campestre y urbano que le llena de ensoñaciones, hipótesis y suposiciones, y tal cosa le inspira meditaciones acerca de la existencia que le ofrece ese mismo espacio abierto y plano de los campos: «Desde sus ventanas se domina la pequeña vega yeclana»; «Y hay aquí, en esta llanura grata, frente por frente de las ventanas del estudio, una casa pequeña cuyas paredes blancas asoman por lo alto de una floresta cerrada por una verja de madera»; «Y miro en la huerta, a través de los cristales, la lejana casita oculta entre los árboles»; «Levantaba la vista y miraba a través de las ventanas. Y entonces veía allá a lo lejos, al otro lado del patio, en la torrecilla que surgía sobre tejado, los cazos ligeros, pequeños, del anemómetro que giraba, giraba incesantemente»; «Con sus ventanas que daban a la huerta ornada de parrales, y por la que se veía cerca una redonda higuera verdeja»; «Y a esta ventana se asomaba la mujercita; nosotros, cuando salíamos a jugar al patio, no hacíamos más que mirar a esta ventana», etcétera y más etcétera.

Pensar en Azorín, consecuentemente, es pensar en una visión hacia fuera, frente a las montañas o al pueblo, pero también considerar una visión dirigida al interior de las casas, de manera emblemática con la omnipresente ventana: «El comedor de casa de mi tío Antonio era pequeño; tenía una ventana, que daba a un patizuelo, con alhelíes y geranios plantados en latas de conservas y cacharros rotos». Y así, dentro, en un espacio cerrado, se descomponen los objetos, se señalan con el detallismo habitual, como si cada uno de ellos tuviera una gran importancia en el desarrollo de la acción posterior, como si esos objetos-testigos de la novela estuvieran puestos en su lugar de una manera intencionada, calculada. El tratamiento que hace Azorín de los objetos es simbólico, los dignifica a partir de la relevancia que tuvieron en el pasado, como se ve en *Las confesiones*...: «Y cuando se acercaba este día luctuoso, yo veía que repasaban y planchaban la ropa blanca; las sábanas, las almohadas, las toallas, las servilletas... Y luego, la víspera de la partida, bajaban de las falsas un cofre forrado de piel cerdosa, y mi madre iba colocando en él la ropa con mucho apaño. Yo quiero consignar que ponía también un cubierto de plata; ahora, cuando a veces revuelvo el aparador, veo, desgastado, este cubierto que me ha servido durante ocho años, y siento por él una profunda simpatía».

Se ha dicho que Azorín recoge estos rasgos de los escritores naturalistas, los cuales tendían a retratar de un modo exhaustivo con largas y fatigosas descripciones. En los personajes azorinianos, las cosas adquieren tal protagonismo que se convierten en presencias y testimonios constantes, y de esta manera las cosas se ponen al nivel del personaje. Sin embargo, junto a los objetos en los que podemos ver una función o simbología concreta, son abundantes los objetos injustificables. Tomando *La voluntad* como primera aproximación a este asunto, veamos una descripción de objetos que puede albergar una cierta funcionalidad: el narrador nos revela la casa del personaje Azorín y, para ello, nos explica detalladamente su biblioteca; quizás estos datos nos sirvan para conocer las condiciones de la vida hogareña del protagonista, cómo es el cuarto donde se pasa tanto tiempo leyendo a los clásicos y dedicándose a conjeturar ideas filosóficas:

> No lejos de su cuarto está la biblioteca, que es una gran habitación a teja vana, con el techo bajo e inclinado, con las vigas toscas, desiguales, con grandes nudos. Los estantes cubren casi todas las paredes, y en ellos reposan sabiamente los sabios y discretos libros, unos viejos, enormes, con sus amarillos pergaminos, con cierto aire de suficiencia paternal, y otros, junto a éstos, en revuelta e irrespetuosa confusión con ellos, pequeños, con cubiertas amarillas y rojas, como jóvenes fuertes y audaces que se ríen un poco de la senilidad omnisciente. Entre estante y estante hay grandes arcas de blanca madera de pino –donde acaso se guardan ropas de la familia– y encima multitud de vasos, potes, jícaras, tazas, platos, con dulces conservas y mermeladas...

La cuestión funcional de la descripción de las cosas en los interiores tal vez sea algo enteramente dispuesto para la consideración del lector; en otras palabras, nosotros podemos decidir en determinados pasajes si las cosas que rodean a los personajes nos ayudan a la comprensión del texto o, en cambio, considerar que todas esas descripciones son solo un juego reiterativo con el que el autor exhibe su enorme capacidad de observador. En el caso anterior, objetivamente, podemos pensar que José Martínez Ruiz nos presenta un espacio lleno de libros que dan un ambiente oscuro y recargado, podemos imaginar grandes estanterías repletas de volúmenes hasta el techo. ¿No nos da este ambiente un aire especial? ¿No nos es útil? El otro recurso sería el de describir sin aportar ningún aspecto que nos facilite la asimilación del relato. Es decir, objetos dispuestos arbitrariamente. Contrapongamos la descripción anterior con otra que, tal vez, confirme la idea del objeto inútil para el discurso que acabamos de apuntar: se trata de una habitación también, en *Antonio Azorín*:

El estudio tiene el techo alto y las paredes limpias. Lo amueblan dos sillones, una mecedora, seis sillas, un velador, una mesa y una consola. Los sillones son de tapicería a grandes ramos de adelfas blancas y rojas sobre fondo gris. La mecedora es de madera curvada. Las sillas son ligeras, frágiles, con el asiento de rejillas, con la armadura negra y pulimentada, con el respaldo en arco trilobulado. El velador es redondo; está cargado de infolios en pergamino, y pequeños volúmenes amarillos. La mesa es de trabajo; la consola, colocada junto a la mesa, sirve para tener a mano libros y papeles.

Las descripciones físicas engloban asimismo otro apartado digno de reseñar. Conocemos sobre todo a los personajes de una forma psicológica, mientras que sus rasgos corporales son, a menudo, eludidos o descritos brevemente. Azorín prefiere la minuciosidad impresionista en los movimientos o gestos humanos, y deja aparte el perfil carnal. Excepto, de modo muy puntual, en *Antonio Azorín*, donde la única descripción humana destacable es la del maestro Sarrió, mientras que del mismísimo Antonio Azorín conocemos sobre todo sus ideas metafísicas y sus desplazamientos en tren y no se nos revela su contorno físico. Y es que a Azorín le gusta concebir novelas con protagonistas que simbolicen ideas o interrogaciones generales, sin inculcarles un rostro concreto, lo cual no le impide, en las escasísimas ocasiones que tenemos de comprobarlo, describir con todo su talento narrativo un personaje físicamente: «Sarrió es bajo y gordo; tiene los ojos chiquitos y bailadores, llena la cara, tintadas las mejillas de vivos rojos. Y su boca se contrae en un gesto picaresco y tímido, apocado y audaz, un gesto como el de los niños cuando persiguen una mariposa y van a echarle la mano encima. Sarrió lleva, a veces, un sombrero hongo un poco en punta, otras, una antigua gorra con dos cintitas detrás colgando. Su chaleco aparece siempre con los cuatro botones superiores desabrochados; la cadena es de plata, gorda y con muletilla».

En *La voluntad*, hallar este tipo de ejemplos es mucho más difícil, dado que de Yuste o de Azorín sabemos sólo sus pensamientos e inquietudes; de hecho, esta novela se compone, fundamentalmente, de un diálogo de carácter platónico como base para que los protagonistas se acerquen a nuestra sensibilidad. No los conocemos visualmente, por así decirlo, y esto enaltece su disposición metafísica, por lo que en la narración solamente podremos encontrar descripciones etopéyicas. La prosopografía permanece ausente: «Azorín va y viene de su cuarto a la biblioteca. Y esta ocupación es plausible. Azorín lee en pintoresco revoltijo novelas, sociología, crítica, viajes, historia, teatro, teología, versos. Y esto es doblemente laudable. Él no tiene criterio fijo: lo ama todo, lo busca todo. Es un espíritu ávido y curioso; y en esta soledad de la vida provinciana, su pasión es la lectura y su único trato el trato del maestro. Yuste va insensiblemente moldeando este espíritu sobre el suyo».

Finalmente, por lo que respecta a *Las confesiones*..., el alcance de la descripción física es algo diferente. Como el narrador trata de acercarnos de su pasado lugares, experiencias y personas lejanas en el tiempo, se ve obligado a dramatizar el relato para que su recuerdo nos sea válido y realista. Por este motivo, le es obligado decirnos cómo fueron los seres humanos con los que vivió: «Este padre Peña tiene el pelo emplastado con una recia costra de cosmético; por su cara morena descienden chorreaduras negras que le dan un aspecto terrible y cómico»; «El padre Miranda era un hombre bajo y excesivamente grueso»; «Mi bisabuelo es un viejecito con la cara afeitada, encogido, ensimismado; tiene el pelo gris, claro, largo, peinado hacia atrás; sus ojos son pequeños, a medio abrir; (...) su boca es grande, y la nariz hace un pico sobre la larga comisura»; «Yo no puedo olvidar su figura: era alto y corpulento, llevaba siempre unas zapatillas viejas bordadas en colores; no usaba nunca sombrero, sino una gorra, e iba envuelto en una manta que le arrastraba indolentemente»; «María Rosario, yo pienso a ratos, después de tanto tiempo, en tus manos blancas, en tus pies pequeños, en tu busto suavemente henchido». Solamente escribiendo así, *fotografiando* a los personajes, el recuerdo del protagonista será completo y fiel.

Al lado de las descripciones de paisajes, pueblos, calles y objetos, junto con el espacio y la luz y la memoria, se suceden pequeñas descripciones relacionadas generalmente con el pasado y que el narrador evoca no como imágenes en su cerebro o palabras extraídas de algún diálogo, sino como recuerdos que se vivifican a través de los sentidos. Lo hace, por supuesto, mediante la vista, pero también mediante el olor y el oído. Así, podemos leer: «Yo recuerdo el olor a membrillo –el mismo de las grandes arcas de casa– que se exhalaba de la mía cuando levantaba la tapa» (*Las confesiones*...); y otro ejemplo: «Se percibe un grato olor a sabina y romero quemados» (*Antonio Azorín*). Son recursos de la sensibilidad humana que dotan a las novelas de realismo, transparencia, cotidianeidad. Pues Azorín guarda en su mente los olores, pero sobre todo el sonido de una manera vivísima. Los pueblos, sobre los que siempre ironiza (lugares aburridos, demasiado tranquilos y con gente preocupada por cosas insignificantes), son perfectos y pacíficos espacios donde poder alcanzar cualquier rumor, canto o música. De esta forma, el pequeño filósofo, rememorando la casa de su tío Antonio, nos recrea todo un ambiente sonoro:

> Cuando yo dormía alguna vez en casa de mi tío Antonio, si era víspera de fiesta, yo oía por la madrugada, en esas madrugadas largas de invierno, el canto de los Despertadores, es decir, de los labriegos que forman la Cofradía del Rosario, y que son llamados así por el vulgo. Yo no sé quién ha compuesto esa melopea plañidera, monótona, suplicante: me han dicho que es la obra de un músico que estaba un poco loco... (...)
>
> Primero se percibía a lo lejos un murmullo, como un moscardoneo, acompañado por el tintinear de la campanilla; luego las voces se oían más claras; después, cerca, bajo los balcones, estallaba el coro suplicante, lloroso, trémulo:
>
> No nos dejes, Madre mía;
> míranos con compasión...
>
> cantaban enardecidos. Y yo oía emocionado esta música torturante, de una tristeza bárbara, obra de un místico loco.

Una descripción auditiva que se vuelve a retomar en el siguiente capítulo:

> Yo estoy sentado en un amplio sillón de cuero; al lado, en la herrería paredaña, suenan los golpes joviales y claros de los

machos que caen sobre el yunque; de cuando en cuando se oye tintinear en la cocina el almirez. (...)

Ha transcurrido otro rato en silencio; por la calle se ha oído sonsonear una campanilla y una voz que gritaba: ¡Esta tarde, a las cuatro, el entierro de don Juan Antonio! (...)

Entonces, en el viejo reloj se ha hecho un sordo ruido, y se ha abierto una portezuela por la que ha asomado un pequeño monstruo que ha gritado: Cu-cú, cu-cú...

Pero los ejemplos más frecuentes de lo que decimos, a lo largo de las tres novelas estudiadas, los hallamos en *Antonio Azorín*, donde, desde el comienzo hasta el final, las alusiones a los sonidos no cesan de irrumpir en el relato. Ya en el capítulo primero, cuando Azorín nos describe detalladamente el Collado de Salinas y se detiene largamente a exponernos el paisaje natural de la zona, introduce una pequeña prosa sobre el anochecer que se convierte en verdadera poesía. Pues bien, dentro de este texto, justo en medio, el autor dedica un párrafo entero a diseccionar el sonido de varios elementos de la fotografía impresionista que contempla: «El campo está en silencio. Pasan grandes insectos que zumban un instante; suena de cuando en cuando la flauta de un cuclillo; un murciélago gira calladamente entre los pinos. Y los grillos abren su coro rítmico; los comunes en notas rápidas y afanosas, los reales en una larga, amplia y sostenida nota sonora». En verdad, resulta fenomenal esta capacidad azoriniana para destacar un conjunto de percepciones tan grande en tan pocas palabras. Muchas veces, el escritor utiliza el asíndeton como enlace entre frase y frase, logrando una secuencia cortante, seca. Por ejemplo, va enumerando características de lo que siente, escucha alrededor: «Cacarea a lo lejos un gallo; suena el grito largo de un vendedor; se oye sobre la acera el rasear de una escoba. Y la campana vuelve a llamar con golpes menuditos», y así consigue que la técnica impresionista logre una acertada aproximación física a la realidad de su entorno, construyendo una serie de escenas de corte cinematográfico. En este sentido, no sólo la presencia de objetos o la disposición de las casas o de los montes revelan el estado anímico del narrador, sino que también el sonido transfiere al relato una sensación de milimétrica movilidad, de animación casi invisible: «Se hace un ligero silencio, durante el cual se oye el ruido del abanico al chocar contra el imperdible». Observación absolutamente precisa que conecta de inmediato con todo lo contrario, esto es, con una sensación sonora dispersa e infinita: «Ya no es dulce la voz ni los gestos son blandos; ahora la palabra parece un rumor lejano que crece, se ensancha, estalla en una explosión formidable».

Este estilo descriptivo de José Martínez Ruiz, tan poético y delicado, y a la vez, tan increíblemente frío y contemplativo, tiene en el sonido la posibilidad de encauzar esa percepción de un modo delicioso. Como en la escena en que Sarrió y Azorín llegan a Alicante y se sientan en la terraza de un restaurante para contemplar lo que tienen enfrente: «El mar se aleja en una inmensa mancha verde; se mueven, suavemente balanceados, los barcos; las grúas suenan con ruido de cadenas; chirrían las poleas; se desliza, rápido, en la lejanía, un alud con su vela latina y sus dos foques. Y rasga los aires una bocina ronca con tres silbidos largos y luego con tres silbidos breves». Vemos de esta manera cómo un pequeño olor, un sonido que proviene de cualquier objeto o elemento de la naturaleza es atrapado por el escritor magistralmente. ¿Cuántos detalles escrupulosamente diseñados se nos escaparán al leer sus novelas...? ¿A través de cuantos cristales podremos ver filtrarse sus descripciones?

Camilo José Cela

La melancolía erótica

Desde su poema de fecha más temprana, «Alba para mí», escrito en 1934, hasta ese poema en prosa titulado *Madera de boj* (1999), donde se convocan mares y horizontes borrachos de náufragos y cadáveres, leyendas de las costas gallegas amparadas por una mitología descrita con la minuciosidad de un científico, la muerte encierra la presencia de su insigne vulgaridad a lo largo y ancho de la obra de Camilo José Cela. Cualquier lector que se prodigue en los escritos del Nobel verá tal cosa incuestionable y acaso innecesaria de remarcar. Ciertamente, si la primera sección del joven poema mencionado rezaba «Mi entierro», toda una vida después, a los ochenta años, proclamará, en el que tal vez sean sus mejores versos: «Con una voz clavada en la garganta / Con una voz confusa / he de morir». Es la muerte ampulosa que atraviesa el poemario *Pisando la dudosa luz del día* (escrito en los años treinta, publicado en 1945); es la muerte, igual de próxima pero verbalmente más contenida aunque más potente, en sus años finales, la que se halla en piezas en las que el escritor recupera sus inicios líricos, tal es el caso de «La traición» (1995). El caminante Cela diseña con su obra un círculo, lo recorre y lo cierra. Del principio al fin, del fin al principio.

He ahí, pues, la constancia y la plenitud de la muerte, que viaja del verso a la prosa: choque de realismos estéticos que se complementan. ¿Firmaría Cela pese a todo el propósito vivencial de Jorge Guillén: «Muerte: para ti no vivo»? Ésta es el destino principal, seguro y al tiempo imprevisible, futuro pero también pretérito a través de la memoria: «Recordar es saberse morir, es buscar una cómoda y ordenada postura para la muerte, esa muerte que ha de llegar precisa como un verso de Goethe, indefectible lo mismo que el cauteloso fin del amor», dijo en el prólogo al primer tomo de sus memorias, *La rosa* (1959). Muerte en sus prosas, en la concepción de lo narrado, en los recuerdos que se convierten en materia literaria; lo señaló José María Pozuelo Yvancos, en su introducción al *Viaje a la Alcarria* (1948), aludiendo a «una indisimulada tendencia a la literaturización de toda experiencia, incluida la biográfica». Y en medio del trabajo celiano, tan tenaz, incansable, abrumador, se trasluce el aliento poético que insufla hondura, belleza, marco a lo que va a convertirse en cuento; José Ángel Valente lo explica así: «La prosa del narrador tiene una prolongada preparación poética o hunde profundamente en la poesía muy sólidas raíces».

De nuevo algo obvio para el lector, y a la vez, extraordinariamente interesante y complejo: de la perspectiva poética nace la conciencia lingüística que va a penetrar en una realidad concreta, limitada: la España rural y/o pobre del siglo XX. La fidelidad a lo realista parte de lo imaginativo, de la libertad poética sin embargo, y esa combinación de sensualidad y contundencia, de espejo stendhaliano e inventiva narrativa alcanza una estatura literaria que amenaza con romper los moldes de los géneros, los estilos y las tendencias estéticas. Cela rebusca entre los límites de la tradición, y sus innovaciones creativas –las propias de una mente lírica libre– se muestran ajenas a la autoexégesis: «La novela no sé si es realista, o idealista, o naturalista, o costumbrista, o lo que sea. Tampoco me preocupa demasiado. Que cada cual le ponga la etiqueta que quiera: uno ya está hecho a todo», apuntó en la nota a la primera edición bonaerense de *La colmena* (1951), obra que «no es otra cosa que un pálido reflejo, que una humilde sombra de la cotidiana, áspera, entrañable y dolorosa realidad», añadía. Aquellos dos días y medio de 1943 en los que transcurrían los pequeños acontecimientos de un Madrid mísero de posguerra, sobre todo en el café de doña Rosa, constituyeron para Cela, tal vez como en 1925 para el John Dos Passos de *Manhattan Transfer* en su paralelismo neoyorquino, «un trozo de vida narrado paso a paso, sin reticencias, sin extrañas tragedias, sin caridad, como la vida discurre, exactamente como la vida discurre».

En torno a ello, acaso fuera iluminador acudir a una reflexión que Franz Kafka hiciera, supuestamente, a su amigo Gustav Janouch y que, a mi entender, se relacionaría a las mil maravillas con el arte realista celiano: «Inventar es más fácil que encontrar. Representar la realidad en su propia y más amplia diversidad, seguramente es lo más difícil que hay. Los rostros cotidianos desfilan ante nosotros como un misterioso ejército de insectos». En tal sentido, Cela compartiría la visión kafkiana: la representación es anterior a la invención; luego, vendría la experiencia estética, la recreación artística del artesano que consume horas y horas en limar el resultado de su escritura, la elevación de lo realista al terreno ficticio de la literatura, el hecho de poner a hablar a esos insectos que deambulan a nuestro alrededor y que guardan una historia siempre singular, emblemas comunes, unos pensamientos desconocidos que salen a la luz por mediación de la palabra vivificadora.

Ese realismo de raíces poéticas, pues, se inclina por captar el entorno, pero –siguiendo con el tópico– el espejo en el camino que coloca Cela, por ejemplo durante sus caminatas por pueblos y montes e incluso ciudades, cobra diferentes formas (cóncavas o convexas) en función de lo que se quiera retratar, como apunta Antonio Vilanova en su comentario a *El Gallego y su cuadrilla* (1955). Por eso, este filólogo habla de realismo grotesco al definir el origen valleinclanesco de los apuntes carpetovetónicos, del tremendismo naciente de *La familia de Pascual Duarte* (1942), de la deformación de lo circundante que, a menudo, ha sido poco o mal tratado desde el mundo de las letras: «Frente a la visión de la realidad española que nos brinda el popularismo folklórico y castizo, desenmarcado del tiempo y de la circunstancia histórica del momento, Cela nos da una imagen totalmente verídica y real de la España típica, reflejada en su fauna humana y en su carácter racial, no en un fácil pintoresquismo de navaja y pandereta».

Detrás, gracias a lo literario, asoma lo verídico; no lo evasivo ni lo fantasioso. En el cristal, se refleja el rostro verdadero, pese a que sus facciones puedan parecernos grotescas, insólitas o imposibles. Porque también el espejo capta el alma de los seres y las cosas, su pasado y porvenir en forma de deseos o recuerdos, sus sueños, sus quimeras inconscientes, sus fábulas y mentiras. Y en el gran escaparate donde nos detenemos para ver moverse a los personajes, todo es confusión –«voces confusas», parafraseando el poema antes aludido–, sentimientos encontrados, hiperbólicos, extraños, tenues, contradictorios, absurdos, estúpidos o locuaces; de ahí la embriaguez de miradas, diálogos, pronunciamientos que nutren la obra de Cela y que llega a su clímax con *Mazurca para dos muertos* (1983), el relato de un asesinato y una venganza, bárbaro, sexual y circular, henchido de la musicalidad con la que da inicio la obra –el poético «Llueve mansamente y sin parar»– y que convoca los rasgos más inequívocamente celianos: el ruralismo, el humor y la melancolía dirigidos, si bien a la deriva, por el timón que gobierna la inercia humana: la práctica o idea del sexo.

En esta novela se daban cita la sobriedad del narrador y la cadencia del poeta logrando un equilibrio glorioso, incomparable; el compás de la lectura se quedaba para siempre en la memoria rítmica del lector, que veía surgir, como en medio de un gran museo del esperpento y la irracionalidad, a personajes de todo pelaje, hábitos y supersticiones: una mujer en celo que daba palizas al hombre que sufría gatillazo y otra que se negaba a casarse con un hombre «porque iba para muerto»; niños que se balanceaban en los pies de un ahorcado; una mujer que orinaba todo el día por costumbre y un hombre que vomitaba de vez en cuando por aburrimiento. No hay transición en la aparición de esas gentes que monologan frente al que sería el cronista, el visitante, el ser invisible que toma nota de ese río de oralidad inacabable en el que, entre ungüentos de brujas, actos violentos y veleidades cariñosas, se le da la vuelta a la importancia de las cosas o se inventa una importancia nueva: de este modo, levantar el dedo meñique al coger una taza es más «doloroso» que cometer adulterio; «los curas y los toreros no llevan bigote, son muy respetuosos»; Casimiro y Trinidad no quieren separarse por los hijos, pero porque no se los quiere quedar ninguno de los dos; «a Trinidad le gustaría vivir donde no la viera nadie y morir sin avisar». Se deforma todo, se piensa del revés, sin menoscabo de restar realismo a lo ficticio; la cámara del narrador celiano filma sólo «aquello que ve: con los ojos del cuerpo o con los del alma. A la visión conseguida por estos últimos, le llamo imaginación». Son palabras escritas en 1971 para un cuestionario que le hiciera al autor Antonio Cantos, y que resultan iluminadoras para comprender la perspectiva del de Iria Flavia.

Por aquel entonces, coincidiendo con la compleja *Oficio de tinieblas 5* (1973), Cela relacionaba el objetivismo con «un determinado realismo»; pocos años después, a la pregunta de Joaquín Soler Serrano en su programa televisivo *A fondo* sobre la preponderancia de lo poético en sus narraciones, el autor respondía con un vago «probablemente sí». En verdad, qué otra cosa que pura poesía es la frase de *Mazurca* «Hay hombres que llevan un murciélago colgado del corazón»; o ese magistral pasaje donde la crudeza negra y desoladora de lo que se narra da paso con fluidez cristalina a la prosa lírica: «Llueve sin misericordia alguna, a lo mejor llueve con mucha misericordia, sobre el mundo que queda de la borrada raya del monte para acá, lo que pasa más allá no se sabe y tampoco importa. Orvalla sobre la tierra que suena como la carne creciendo, o una flor creciendo, y por el aire va un ánima en pena pidiendo asilo en cualquier corazón. (...) Estamos en la mitad de todo, el principio es la mitad de todo, y nadie sabe lo que falta para el fin»; o ese fragmento en el que se explicitan algunos crímenes de la guerra civil donde el paisaje del hombre y la huella de su horror van de la mano: «En cada rincón del monte hay una mancha de sangre, a veces vale para dar de comer a una flor, y una lágrima que la gente no ve porque es igual que el rocío».

Para este hijo de Quevedo, de la poesía vanguardista, el lenguaje carece de parcelas o jerarquías; toda palabra *sirve* para lo literario, todo vocablo puede contribuir a la sonoridad de una narración, más si cabe en series de adjetivación –destacadas por Pozuelo Yvancos en *Viaje a la Alcarria*– o, añadiría yo, sustantivación triple a final de frase. Tres años después, se insistirá en el recurso, leyéndose en *La colmena*: «Victorita iba como una nube. Era remotamente dichosa, con una dicha vaga, que casi no se sentía, con una dicha que era también un poco triste, un poco lejana e imposible»; «A la señorita Elvira le gusta estarse en la cama, muy tapada, pensando en sus cosas, o leyendo *Los misterios de París*, sacando sólo un poco la mano para sujetar el grueso, el mugriento, el desportillado volumen»; hasta el fin del capítulo VI que precede al breve «Final»: «La mañana, esa mañana eternamente repetida, juega un poco, sin embargo, a cambiar la faz de la ciudad, ese sepulcro, esa cucaña, esa colmena...». Lo rítmico, el concepto que sustituye en la poesía del siglo XX a la rima, y aun a la musicalidad, empapa cada renglón celiano desde, repitámoslo, su «entierro» poético inicial del año 34 hasta *Madera de boj*, cuyo mar sonoro es el equivalente a aquella lluvia de *Mazurca*: «... dicen que el viento pasa pero la mar permanece, el ruido de la mar no va y viene (...) sino que viene siempre, zas, zás, zas, zás, zas, zás, desde el principio hasta el fin del mundo y sus miserias».

Ambos libros, el de la Galicia profunda y el de la Galicia costera, presentan algunos paralelismos: en los dos, se requiere un vocabulario gallego-castellano, se comparte algún que otro personaje –como el del hombre aburrido que se suicida– y sobre todo se respira la misma inconsciencia de la muerte y a la vez su presencia absoluta –«Nadie sabe que va a morir ni siquiera cuando se muere»–, la idealización mágica de la misma –«A los muertos les pasa como a las olas de la mar que son todas diferentes y todas respetables»– y en definitiva la falta en la vida de lógica, orden y sentido del tiempo mediante la frase: «La vida no tiene argumento, cuando creemos que vamos a un sitio a hacer determinadas heroicidades la brújula empieza a girar enloquecidamente y nos lleva cubiertos de mierda a donde le da la gana». No es propiamente pesimismo, en absoluto tristeza, ni preocupación siquiera; el latido de la prosa de Cela resucita al marginal para el que la existencia es sólo sobrevivir, que morirá sin pena ni gloria. Al dar voz a los que permanecen aislados en las aldeas, el escritor dignifica una parte de la sabiduría popular, la idea de la influencia recíproca en territorios recónditos que parecen estancarse en un presente eterno, ajenos al avance del resto del mundo.

Se trata de la misma condensación temporal, la misma claustrofobia al aire libre que se aprecia en las novelas de William Faulkner, hermano mayor estético del Cela que se propone en cada libro un desafío lingüístico –¿la *Mazurca* o la *Madera* celianas, el *Intruso en el polvo* o *El ruido y la furia* faulknerianos, pueden en verdad traducirse a otras lenguas?–, antecedente del Cela que, reproduciendo la realidad, reinventándola, saca a flote lo verídico entre los tópicos y el folclore al uso. A este respeto, Gonzalo Navajas realiza una valiosa comparación entre los dos escritores: «El sur de los Estados Unidos, rural y atrasado (premoderno), pero también mítico y primordial, se corresponde con los microcosmos primitivos de Cela donde la ley del monte rige sin trabas y donde se ponen de relieve los rasgos humanos originales. En su aislamiento y hermetismo, la zona acotada en *Mazurca* continúa y desarrolla los rasgos humanos fundamentales que hallamos en Faulkner. Ambos presentan espacios humanos que, precisamente por sus dimensiones reducidas e idiosincráticas, nos retrotraen a un pasado arqueológico virgen no afectado por los efectos de la civilización y, por tanto, objeto idóneo para el estudio de una humanidad esencial».

Y quizá éste sea el término clave: la esencialidad. Lo que remite a lo primario, lo instintivo, lo intuitivo, lo animal: esto es, el sexo, aunque, considerando el ruralismo en el que se va a desarrollar, desde la perfecta naturalidad y el más higiénico decoro, por así decirlo. Habla Moncho Requeixo, compañero en la campaña de Melilla del asesinado Lázaro Codesal en *Mazurca*: «Antes, en las familias había más respeto y miramiento y aseo. (...) La madre de mis primas, bueno, mi tía Micaela, que era hermana de mi madre, me la meneaba todas las noches en un rincón de la lareira, mientras el abuelo contaba lo del desastre de Cavite. Antes, en las familias, había más unión y comedimiento». También descollará el sexo como exhibicionismo y *voyeurismo*, reflejado en la Catuxa a la que le gusta pasear con las tetas mojadas o en la Benicia de «los pezones como castañas», la Benicia que «es igual que una perra salida y sabe cantar tan bien como el jilguero», la que «le aguanta bien las embestidas al cura de San Miguel de Buciños, que vive rodeado de moscas, que va envuelto en moscas, a lo mejor las cría debajo de la sotana». El sexo, pues, ornado por los símiles o las compañías animales, asimismo acto liberador no sólo fisiológico sino igualmente válido para la pura evasión: huida instantánea de la miseria, de los límites sociales. Lo afirma Gonzalo Sobejano al prologar *La colmena*: «La humillación se ceba en la pobreza, y desde ésta se recurre al sexo como solución económica o como gratuito solaz. La repetición engendra el aburrimiento y para escapar de él se vuelve, como principal recurso de diversión, al sexo, cuyas vergüenzas (y las de la pobreza) se recatan en un encubrimiento aislante». De hecho, ya sea en las tentaciones carnales del campo como en las de la gran ciudad, Cela muestra como nadie ha sido capaz de hacerlo esa pulsión entre la animalidad y la conducta social, el balanceo entre la lujuria inherente y la contención juiciosa. Por eso, cuando toca tales extremos, le salen pinceladas graciosas que glosan bien el aspecto frívolo y paradójico de un personaje que «encuentra guapas a todas las mujeres, no se sabe si es un cachondo o un sentimental», por ejemplo.

El aludido es «Paco, el señorito Paco», de *La colmena*, pero de esa permanente dicotomía también participará su creador, que se refocila al describir los cuerpos de ciertas mozas en el divertido *Nuevo viaje a la Alcarria*, o desata su lenguaje más lascivo en el extenso y pornográfico poema «Reloj de arena reloj de sol reloj de sangre», escrito en 1989, un texto en el que Cela demuestra, por enésima vez, más valentía y modernidad, instalado en lo que se da en llamar tercera edad, que muchos jóvenes que se las dan de rupturistas. Así, tanto en la sensualidad insinuada como en la contundencia de una fornicación salvaje, suele aflorar, suavizando la situación, una melancolía erótica que humaniza el acto, lo espiritualiza a veces, fundamentalmente en *Mazurca*: «Es reconfortador ver escanciar vino a Benicia en pelota, mientras el cielo llueve sobre la tierra y también sobre los corazones lastimados y horros y ansiosos». En estas líneas, está Camilo José Cela al completo: en ellas, quedan reflejados el comportamiento rural, el panorámico paisaje, la sensualidad de la mirada y la sexualidad de la mente, la poesía con su triple adjetivación, incluso un sutilísimo humor, el detalle absurdo y deformante, la fuerza del narrador puro en suma.

Del caminante Cela que se reconocía melancólico en su paso por la Alcarria –emoción que se trasladará al texto en forma de nostálgico lirismo– a pesar de sus intentos de evitar cualquier atisbo de sensiblería, al Cela que regresa a esas tierras en junio de 1985, se extiende el proceso de un cinismo profundo. Ahora se enfrenta a ciertas inquietudes existenciales antes inéditas, por así decirlo, que le inspiran bellas afirmaciones como la que sigue: «Al viajero le tiembla un punto el minutero del alma, esa agujita que se estremece más al compás de la memoria que al del entendimiento o al de la voluntad». Su visión se esclarece; sus ojos convierten su antiguo afecto por las cosas, por los objetos cotidianos, en una manera apenada de entender algunos instantes biográficos: así, el objeto no es en sí triste, sino lo es la percepción del cronista, que singulariza su melancolía por medio de algo intrascendente: «En las aguas de un minúsculo zafareche adornado por la yerba verde y delicada, flotan dos condones huérfanos, usados y tristísimos». No en vano, el viajero se reconoce «de temple sentimental y propensiones añorantes», por un momento al menos, pues enseguida la languidez pasajera se le hace insoportable, y el poeta parece recordar que, antes que nada, es un ser humano normal y corriente que, por mucho que se esfuerce en pensamientos elevados, un día morirá y formará parte del ciclo de la vida: excelso párrafo aquel –seguimos hablando del *Nuevo viaje a la Alcarria*– donde, antes de defecar tras su accidentado viaje en globo, describe de modo formidable la fauna y la flora que le rodea; ocasión, como él mismo percibe, para que se desate una oportunista metafísica ante la contemplación de la «historia natural, la historia sagrada y la historia de las civilizaciones, las guerras y los inventos». Será, justamente, en la negación a la trascendencia, en la prioridad del natural y «biodegradable» excremento ante la artificial filosofía cuando, de repente, en un suspiro, comprendamos la grandeza de semejante síntesis comparativa, la capacidad para mezclar lo hermoso y lo ordinario en unas pocas líneas, y el Cela humorista, el poeta melancólico, el narrador de los pueblos perdidos, nos salude ofreciéndonos su escéptica sonrisa y su impenetrable vulnerabilidad.

Gabriel García Márquez

La dignidad del derrotado

Se dice que una generación de artistas necesita matar al padre, a la generación anterior, para posicionarse de forma autónoma y dar con su propia voz dentro de su contexto histórico, para reivindicar su manera de interpretar el mundo y de plasmarlo en sus obras. A raíz del denominado *boom* de la literatura hispanoamericana, del éxito de una serie de novelistas que conquistaron a un público lector heterogéneo y masivo, llegó lo inevitable: el cuestionamiento de aquellos autores célebres por parte de un grupo de narradores que, nacidos en los años sesenta, justo en el momento en que se produjo el *boom*, ansiaban desmarcarse de una tendencia literaria que parecía clasificar a todos por igual. Y en el epicentro del ataque, estaba Gabriel García Márquez, genio y figura, tan polémico como seductor.

Estamos, claro está, ante algo más que un escritor: sólo basta ver de qué modo se protege el contenido de sus últimos libros –el relato largo *Memorias de mis putas tristes* (2004), por ejemplo–, con un secretismo que sólo existe con la creadora de Harry Potter, J. K. Rowling. El hombre nacido hace más de ochenta años en Aracataca, Colombia, que se consagró primero al periodismo, malviviendo en su país y luego en Europa, publicaría en 1967 *Cien años de soledad*, un libro que «cambió también el destino personal de García Márquez, que dejó para siempre de ser sólo un escritor para convertirse en un mito, una leyenda, una figura pública que ya no se pertenecía a sí mismo», dice el estudioso José Miguel Oviedo.

A efectos prácticos, se sintetizó el fenómeno del *boom* con el realismo mágico de García Márquez, y la tendencia causó un furor que algunos lustros después tendría una continuación en forma de novelas de entretenimiento con sucedáneos de ese estilo en la pluma de Isabel Allende o Laura Esquivel. O al menos eso pensaban los que estaban cansados de que, por el hecho de ser hispanoamericanos, se les encasillaran en el realismo mágico directamente; las nuevas generaciones valoraban el universo garcíamarquiano, pero buscaban más sus raíces en sus «abuelos» –Borges, Rulfo, Cortázar, Carpentier– que en sus padres Carlos Fuentes, Mario Vargas Llosa o García Márquez. De entre las iniciativas por acabar con el acaparamiento del premio Nobel sobre la literatura en América Latina, surgieron un par de movimientos: una antología de relatos titulada *McCondo* (1996) –en una especie de burla de Macondo, el pueblo legendario de tantas obras de García Márquez–, y el «Crack», un grupo de jóvenes amigos mexicanos –Ignacio Padilla, Jorge Volpi, Eloy Urroz, Alejandro Estivill– que manifestaron cómo el realismo mágico ya había dado todo de sí y que ya no era representativo del sentir literario hispanoamericano. Incluso llegarían a publicar un libro, *Crack. Instrucciones de uso* (2005), cuyo manifiesto rezaba: «Escribir una literatura de calidad; obras totalizantes, profundas y lingüísticamente renovadoras; libros que apuesten por todos los riesgos, sin concesiones». Tal cosa pretendían estos «jóvenes de generación en crisis que han crecido en la crisis», como afirmaba Estivill, aludiendo a la vocación formal y al alejamiento del realismo regional, al tiempo que mostraban su desencanto, en el plano histórico y personal, que les había tocado vivir.

En esta línea de cuestionamiento de la estética realista mágica, asimismo, y de forma contundente, se mostraba Franceso Varanini en su *Viaje literario por América Latina* (2000), cuando hablaba de que las obras de García Márquez, desde la concesión del Nobel en 1982, tenían más de postales para turistas que de alta literatura. De hecho, tal vez la dimensión universal de García Márquez, el porqué de haber llegado a tantas sensibilidades, resida en haber captado al lector más exigente, con obras maestras como *El coronel no tiene quien le escriba* o *Crónica de una muerte anunciada*, y a un lector de expectativas más ligeras y algo estereotipadas, como ocurre con *El amor en los tiempos del cólera*. Sus llamativos títulos, los contenidos llenos de voluptuosidad, adjetivación engalanada, personajes llenos de pasiones extremas, más una imaginación portentosa para captar lo hechizante que da lo indígena, habrán sido tal vez las claves para entender cómo, a simple vista, la obra de García Márquez es mucho más atractiva, colorista y sentimental que la del resto de escritores de su promoción, más serios o intelectualistas, menos ampulosos y entretenidos. Por su parte, el chileno Roberto Bolaño, al hablar del volumen de memorias de García Márquez *Vivir para contarla* (2002), escribía, hastiado: «Todavía no lo he leído, pero se me ponen los pelos de punta sólo de imaginar lo que allí ha escrito nuestro premio Nobel. Más aún cuando lo imagino luchando contra su enfermedad, sacando fuerza de donde ya quedan pocas fuerzas, y sólo para realizar un ejercicio de melancolía y ombliguismo». El autor chileno se unía así a los detractores de García Márquez que han aludido a su talante vanidoso –otros lo han criticado duramente por la fraterna relación que mantiene con Fidel Castro– y, con respecto al resultado de las memorias garcíamarquianas, no podía acertar más plenamente.

Así las cosas, la mala salud de Gabo, de la que se iba hablando paulatinamente de forma velada –su biografía vio la luz cuando contaba con setenta y cinco años–, no había sido obstáculo para llevar a cabo la escritura de algo que contradecía sus propias palabras: las que remitían a sus obras cuando se le preguntaba sobre su vida. De ésta habíamos tenido recientes aproximaciones antes de *Vivir para contarla*, memorias que abarcaban los años 1928-1955: la biografía *García Márquez. El viaje a la semilla*, de Dasso Saldívar (1997), que aclaraba los primeros y brumosos veinte años del escritor, además de concretar las fechas de redacción de las versiones de *La hojarasca*, es decir, la puerta que abre el universo de Macondo; *El olor de la guayaba* (1996), una vivaz entrevista de su amigo Plinio Apuleyo Mendoza; y *Retrato de Gabriel García Márquez* (1989), que incluía una breve biografía de Juan Luis Cebrián, opiniones del autor y muchas fotografías de su pueblo natal y trayectoria profesional.

Quizá por estos y otros muchos trabajos que indagaban en los pormenores de una personalidad tan rica y popular, García Márquez resolvió que tenía que reunir fuerzas para recomponer la memoria y decir su verdad, pese a la advertencia previa de que «la vida no es la que uno vivió, sino la que uno recuerda y cómo la recuerda para contarla». El resultado, a mi juicio, responderá a dos etapas: por un lado, las primeras 220 páginas, cuyo eco le será familiar al lector, pues en ellas se resumen las visiones, los hallazgos y las sorpresas que darán cuerpo a *Cien años de soledad* (1967) y, en menor medida, a otros relatos de mágico realismo caribeño; y por el otro, el novedoso resto del volumen, escrito con la fluidez documental de *La aventura de Miguel Littín clandestino en Chile* (1986) o *Noticia de un secuestro* (1997), que constituye una sensacional y sobria recreación de la adolescencia colegial, los inicios periodísticos y el deseo de querer ser escritor en una Colombia desastrosa.

En su libro, Saldívar había dado en el clavo al comenzar su investigación destacando «aquel viaje que hizo García Márquez con su madre a Aracataca a principios de marzo de 1952, para vender la casa de los abuelos donde había nacido»; también García Márquez elige ese momento capital, en el que miró asombrado desde un tren la palabra «Macondo» en el cartel de una finca bananera, para ponerse a contarnos su existencia mediante una prosa muy estetizante que, desde la primera palabra, nos hace cómplices de su grado novelesco. El estilo, por consiguiente, contribuirá a la relación de acontecimientos verdaderos con el guiño de un tratamiento ficticio; las personas son también personajes que surgen para pronunciar breves frases desde el «Soy tu madre» del comienzo espectral, por citar un vocablo habitual en el escritor, que ha disfrutado tradicionalmente de la admiración de la crítica con excepción del citado trabajo de Varanini, para quien el mérito de Márquez estriba en ser un «heredero de los juglares» que no puede expresarse sin exageraciones. Viene ello a colación en torno a la ampulosidad verbal del colombiano en los primeros tres capítulos de *Vivir para contarla*. Atacando la adjetivación de Gabo, la cual por cierto era calificada de «muy brillante» por un experto en estas lides, Josep Pla, el autor italiano aseveraba: «Nada puede decirse, todo ha de ser subrayado enfáticamente». En verdad, su análisis era valiente y atractivo, pero se le escapaban varios insultos que vulgarizaban su ácida crítica, yendo demasiado lejos al considerar la historia de los Buendía una simple postal, «un mundo de ensueño al que huir» y deslumbrar a los europeos sedientos de exotismo, y, a su creador, un «estereotipo del latinoamericano» y un «producto» que construía sin pudor un Edén dorado.

Dejando a un lado el estilo, en estos pasajes que comentamos se puede localizar la génesis del talento artístico de García Márquez y, además, los hechos, seres humanos y lugares que años después serán transportados a sus famosas novelas y a libros de cuentos como *Los funerales de Mamá Grande* (1962) o *La increíble y triste historia de la cándida Eréndida y de su abuela desalmada* (1977). Al respecto de su compacta Obra, Oviedo afirma que «es el fruto de imágenes obsesivas provenientes de la infancia y mantenidas vivas en la memoria mediante un incesante reprocesamiento y mitificación». Cierto; y el más arraigado de esos recuerdos es el abuelo militar, que le enseña el mar y el hielo, de forma afín a la evocación del coronel Aureliano Buendía frente el pelotón de fusilamiento; la misma persona sensible que le acerca a las letras a los cinco años y a la vez es capaz de matar a un hombre. Ya lo dice el propio escritor: «No puedo imaginarme un medio familiar más propicio para mi vocación que aquella casa lunática»; en ella se acostumbró a presenciar la vida grotesca de la superstición y la miseria, dejándose influir por las numerosas mujeres que tenía a su alrededor y con el trasfondo social de un conflicto obrero con la decadente industria bananera. Todo queda registrado en la memoria del niño que dibuja y pronto memorizará versos: los gallinazos que se pelean entre la basura inundarán las páginas de la deslumbrante *El otoño del patriarca* (1974); el olor a almendras amargas del cianuro de un suicida será el mismo aroma del primer párrafo del «novelón rosa» –según Jacques Joset– *El amor en los tiempos del cólera* (1985), la encantadora historia de amor contrariado inspirada en sus padres y algún que otro familiar; «Mierda», la respuesta de su padre borracho a su mujer, que le pregunta qué quiere comer, pasará a ser la contestación postrera de su primera obra maestra, *El coronel no tiene quien le escriba* (1961), a la sazón un relato próximo a su propia vivencia, ya que esperó en vano un cheque cuando residía en París a finales de 1955.

Y mientras, las primeras lecturas importantes: *Las mil y una noches*, *El Quijote*, que le aburre al principio hasta que mucho después lo disfrute «al derecho y al revés hasta recitar de memoria episodios enteros»; estancias en diversos pueblos como estudiante y aprendiz de periodista que, en realidad, son pautas de transición para ese viaje a Aracataca donde descubrirá que la epopeya que le está esperando en la máquina de escribir la conoce desde que nació. El colegio jesuita de Barranquilla, el bachillerato en Zipaquirá, sexo en burdeles o con un par de mujeres casadas con las que padece algunos instantes comprometidos, la introducción en los círculos poéticos juveniles –la poesía era el género mayor y la narrativa apenas existía–, la odiosa carrera de Derecho abandonada en Cartagena, el primer cuento en *El Espectador*, los consejos de su admirado Ramón Vinyes, al que da a leer el borrador de su primera obra, y las oleadas de violencia que después recreará en *La mala hora* puesto que, como cuenta Óscar Collazos, «quién dé una ojeada a la historia de Colombia de los años 1940 a 1960 (…) se encontrará con el fenómeno de la violencia, derivado del enfrentamiento beligerante de liberales y conservadores».

En especial, el día 6 de abril de 1948 resulta terrible. Un asesinato a un estudiante, algo que se hará frecuente, calienta los ánimos: se respira la amenaza de una guerra civil. García Márquez presencia estos tumultos sangrientos esa jornada en que «había empezado en Colombia el siglo XX» con la mirada del ciudadano comprometido y el cronista que profundiza en la cara oculta de la política desde *El Universal y El Heraldo*. Es un momento de ansia cultural, de compartir películas y libros argentinos con los compañeros de redacción, de una libertad perdida a la deriva, de la aparición de Álvaro Mutis y de la noticia en 1949 de una niña a la que le creció el pelo veintidós metros, pese a llevar enterrada en un convento dos siglos, y que retomará para escribir *Del amor y otros demonios* (1994). «Me atreví a pensar que los prodigios que contaba Scherezada sucedían de veras en la vida cotidiana de su tiempo, y dejaron de suceder por la incredulidad y la cobardía realista de las generaciones siguientes». He ahí su clave poética.

En efecto, García Márquez quiere recuperar lo maravilloso, pero sólo lo entenderá a la vuelta del viaje con su madre, ya poseído por el deseo de «escribir o morir». El resto es la preparación necesaria gracias a Faulkner, «el más fiel de mis demonios tutelares», y otros autores norteamericanos (Hemingway, Dos Passos, Steinbeck) más Joyce, Kafka, Sófocles,

Manrique, Dumas o Woolf; asimismo, observa las opciones literarias del periodismo «hasta creer que novela y reportaje son hijos de una misma madre»; se convence de que los adverbios acabados en «mente» empobrecen el lenguaje; admite con humildad que no mide bien sus adjetivos y que los diálogos no son su fuerte; confirma la «supremacía del cuento sobre la novela» y se entrega a la novela corta *La hojarasca*. Pero siguen los problemas: «Era de una pobreza absoluta y de una timidez de codorniz, que trataba de contrarrestar con una altanería insoportable y una franqueza brutal» reconoce, al fin, en un gesto que le honra.

Instalado de forma estable en Bogotá, «la ciudad más triste del mundo», ya será Gabo para todo el mundo, el reportero genial que concibe *Crónica de una muerte anunciada* en 1953 a partir del homicidio de un médico conocido, aunque tarde casi treinta años en escribirla; el tipo curioso que entrevista en 1955 al único superviviente de un gran naufragio que luego cobrará forma de libro en 1970; el hombre descarriado al que le salva una corresponsalía en Ginebra y una última mirada, antes de ir al aeropuerto, de la que será la mujer de su vida, Mercedes. Ésta hará compañía a su talante solitario: porque no es otro el centro de su memoria, como lo confirman la publicación, en 1972 y 1983 respectivamente, de dos significativos estudios: *La soledad de Gabriel García Márquez (una conversación infinita)*, de Miguel Fernández-Braso, y *La soledad y la gloria (su vida y su obra)*, de Óscar Collazos.

Es la honda y triste soledad que llega hasta *El general en su laberinto* (1989) y que había expuesto siete años antes en Estocolmo, al recibir el Premio Nobel, con su discurso «La soledad de América Latina». La soledad del coronel al que nadie le escribe, la de Santiago Nasar el día en que todo el mundo sabe que va a morir menos él, la del dictador que sufre un otoño esperpéntico. Pero siempre una soledad que proporciona la meditación sobre el fracaso, aun conservando, en cada derrota, toda la dignidad humana.

José Balza

I. El pensamiento y la distancia

José Balza, desnudo entre aves y con el rumor del río, en el salvaje Orinoco de sus ocho años, «sudoroso, estigmatizado por la luna en la ventana». José Balza, despidiéndose de la adolescencia, «pecho fuerte y manos siempre cálidas». José Balza en los años setenta en un bar de Nueva York, «un hombre elástico, elegante y sencillo», descubriendo con asombro citas entre jóvenes y viejos en busca de un amor sin edades –materia narrativa de primera–. José Balza ya maduro, hipnotizando con su voz penetrantemente suave a la audiencia de un programa de radio, de televisión. José Balza ante un volcán asiático en un viaje espectral, frente a unas ruinas griegas, contaminado de México. José Balza y una mesa y un whisky hace unos meses en las calles galdosianas de Madrid. José Balza en su casa con los invitados de Nochevieja, cuando la flor de medianoche se abre y cierra por una sola vez al año. José Balza psicólogo en la universidad, José Balza profesor en California, José Balza conferenciante en Salamanca, José Balza leyendo poesía y filosofía, escribiendo narrativa y ensayos. José Balza en la alta estantería de una biblioteca, entre Isaac Bábel y Balzac. José Balza regalando unos labios de alambre de un escultor venezolano a un admirador goloso por las bocas femeninas del Caribe. José Balza viviendo en la ciudad natal de algunos de sus *alter ego*: «quizá la más fresca en el centro del continente», José Balza escuchando a Bach, y un bolero, y una nueva voz de mujer. José Balza y su totalidad, su ambigüedad, su multiplicidad. Quién es José Balza. No lo sé.

Apenas intuyo –la Obra habla– que José Balza forzaría una improvisada despedida antes que sufrir un adiós doloroso, prorrumpiría en «el doble arte de morir». Tal vez el amor en él tiene tal dosis de presencia que se vuelve testigo de sí mismo, que ama imponiendo milímetros de separación, y en vez de lo tangible, todo adquiere la máscara de lo platónico.

Percibo que José Balza vive enamorado de todo lo bello y que nunca podrá ser un ser, estar en un estar triste, y que practica la telepatía con sus ojos. ¿El protagonista innominado de la novela *Percusión* es él mismo o, mejor-peor dicho, podría serlo en su vida nómada, de palabra e imaginación sensuales, de metafísico encuentro con la naturaleza? ¿Es José Balza un activo proust, un onetti fuera de la cama, un joyce ordenado, un kafka sano? No tengo ni la más remota idea de qué sentido tiene que exista el individuo José Balza, por qué no se ahogó cuando tuvo que haberlo engullido el Orinoco de niño. Pero aquella supervivencia suya es mi vivencia hoy; el agua agónica que tragó al zafarse de la corriente, el líquido que ahora bebo y sacia mi curiosidad por el hombre y por lo que éste es capaz de crear con el lenguaje.

Me parece que sus lentes desmesurados son la advertencia de que todo lo ve, de que los otros han de estar vigilantes, pues su cristal es una cámara que registra las pequeñas pasiones que anidan en los personajes que luego nacen de su vientre virgen de maldad. Cuidado arriba. Creo que aún sobrevuela el pájaro que una vez despertó su sueño infantil, «aquel talismán sonoro, recóndito» que veía en la copa de un árbol en el Delta pleno de misterios. El libro, la radio, el disco son objetos que llegan a lomos de amables serpientes hasta la selva, un tesoro de la civilización que el mowgli y robinsón y thoreau y quiroga José Balza acaricia porque sabe que jamás lo traicionarán: el idioma adviene y él lo va a hacer sonar. El bosque es una orquesta, una erección para los sentidos, y el Director yace oculto señalando el destino del intérprete elegido: le apunta con su miembro más preciado para decirle que suyo es el sinfónico acorde de las plantas y animales, y el eco del futuro es presente para siempre: ve a mirar el inútil mundo pero siempre regresa, tu ítaca guardará tu sueño hasta la vuelta.

Allá donde está José Balza hay una enredadera que se extiende como en una orgía de movimientos lujuriosos e intenciones castas. Allá donde mira José Balza existe un cuento atrapado que reclama liberarse de su silencio. Allá donde camina José Balza se extiende su sendero de soledad. Su alma de alicia atravesando la cascada afronta una cueva sensitiva de placeres refinados: cada frase es una penetración. Se hizo cronista de los diferentes tiempos cuando asistió al encuentro de la mano cervantina con la tinta que apuntó *en un lugar de La Mancha*..., cuando miró con tierna comprensión al insomne Ramos Sucre disponer su concentrado suicidio: los relatos que glosan estos dos instantes –«Historia de alguien», «La máscara feliz»– suponen que José Balza estuvo (se imaginó) allí. Allá, en la sintonía de dos relojes y arenas que convergen en un cruce de genialidad creativa. Más acá, en el lado de quien echa su vasija de tierra al mar de la tradición.

Hasta los dieciséis años, él abraza en cada árbol un posible libro, y el bosque amazónico constituye su fértil biblioteca. Cada hoja es un verso, una historia, un ejercicio de posibilidades al fin: espacio para la lluvia, el viento, la ley de la gravedad. Aún José Balza llama de este modo humilde sus escrituras, meros «ejercicios narrativos». Cada texto es una raíz que tendrá que crecer en la mirada del lector, que detecta la distancia entre lo observado y las palabras que verbalizan la observación: «La literatura de Balza está imantada por la lejanía, por la búsqueda de lo otro, la franja rota y convulsa a voluntad, como en el verso de Vallejo: "jamás tan cerca arremetió lo lejos"»: palabras de Juan Villoro. ¿Y no es el género del aforismo, el que nos convoca aquí, el que mejor se ajusta a la mansedumbre de una distancia entre el creador y su pensamiento? El amante que ha dado su semilla se separa del cuerpo acabado de poseer; se aleja tras regalar el torbellino de su último movimiento. Así el escritor de aforismos exprime una idea y su mancha se tiende en forma de breve sintaxis.

Un día de 1974, Julio Cortázar visita Venezuela y, a la vuelta en su casa de París, coge un papel y escribe: «Querida Myriam». Es el 15 de noviembre. Myriam Berrizbeitia es una estudiante de la Universidad Católica Andrés Bello que está realizando una tesis sobre *Setecientas palmeras plantadas en el mismo lugar*; ha ido a hablar de ello con el cronopio, que ya ha publicado todas sus obras importantes y le quedan diez años de vida, no demasiada literatura y mucho compromiso social. Pero Cortázar no sabía entonces quién era el joven José Balza. «Lo de querida no es mera retórica epistolar –continúa escribiendo en su piso del número 9 de la Rue de l'Eperon–. Creo que nunca le agradeceré bastante que me haya dado los libros de José Balza, puesto que él había preferido no hacerlo por el momento y yo me hubiera marchado de Caracas sin saber nada de un escritor que me parece digno de ser conocido». A José Balza le queda un mes para cumplir sólo treinta y cinco años, pero el argentino, leyendo esa novela, lo ve «en el umbral de una madurez ya presente o previsible en cada pasaje; le tengo fe a Balza, creo que su obra futura será para él y para nosotros una gran experiencia».

El tiempo ha pasado y el pronóstico se ha cumplido. A la selva de pasiones artísticas de José Balza le han llovido los premios y los homenajes, los lectores eruditos y los apasionados de su prosa. La planta literaria creció, ramificándose en páginas sobre los asuntos más diversos. He ahí un particular *árbol de la vida*, bajo cuya sombra de títulos el sol caraqueño no alcanza la vista del escritor, que en este exacto instante mira de frente el monte Ávila con la memoria. Ha desaparecido el reloj de su muñeca, y el pasaporte arde en el crematorio del olvido. Ni el propio José Balza sabe quién es, por qué el Orinoco le avisó de aquella manera, cuándo el río de la existencia le volverá a ahogar o a salvar. Una hiedra pecaminosa le rodea el cuerpo y le ata al árbol, inmoviliza su pensar, lo deja en la incertidumbre de eludir su próximo paso: si atender al llamado de un cuento que concibió anoche o solamente respirar, solamente dejarse desvanecer. Su maquinaria narrativa está reposando un segundo, y todo pero nada importa. Sólo el amor por las cosas y seres importa. Tal vez, sólo la soledad guarda relevancia. Y su música.

El solitario Cortázar subrayó «interminablemente», como apuntó en la carta, la página 50 de *Setecientas palmeras plantadas* en el mismo lugar en la cual se hablaba de amor. Yo subrayé «Ambos saben que existen para amarse», en la página 23 de *Después Caracas*, en el segundo párrafo del breve, precioso capítulo 2, que empieza: «La manera más sencilla de decirlo sería: en ella se concentran los sabores: el gusto del aire, el aroma del mundo, lo táctil del pensamiento». Mi lápiz ha marcado esa frase y muchas más a lo largo de esa novela; mi ejemplar de *Percusión* está plagado de rayas horizontales, de asteriscos, de signos exclamativos. Todas esas marcas en tantas de sus obras conforman mi personal selección de observaciones y aforismos; una manera poética, precisa de hablar de lo que a veces tiene pocas posibilidades de ser expresado. Pero José Balza encuentra el camino para conseguirlo. Como halló la forma de salir a flote en el Delta, el hecho de que la selva se prolongue en su psique –expresión suya hallada en una entrevista–, de basar parte de su literatura en un planteamiento geográfico: «Lo que más me ha apasionado es tocar el espacio, que el lector sienta el espacio».

Un aforismo también es un lugar donde estar, una geografía indeleble. Uno lee una pequeña meditación, y la cabeza se yergue a pensar en lo leído. En el horizonte, reside el tiempo –el espacio– en que ese vino de palabras permanece en el paladar del intelecto. Y vuelta a empezar, a echar otro trago. La consigna está clara: jamás entrar en el laberinto de mentirse a uno mismo; los otros detectarán el engaño de las ideas sin salida, por lo que el aforista no puede jugar a ese pasatiempo sino orientar su ejército de ideas en campo abierto: es un honesto profesional. Quizá por ese motivo José Balza apunta en la nota previa a este libro algo sobre decir la verdad, lo que equivale a la paz de la conciencia y, sobre todo, de los recuerdos. Y pocos rostros, voces, almas tan proclives a transmitir paz como los diferentes rostros, voces y almas del múltiple y único José Balza. Decirse la verdad en todo momento para que la reciba el lector, y la transforme en *su* verdad. Y así como Romain Rolland dijo de Tolstói: «Una cosa lo salvó siempre: su absoluta sinceridad», yo digo lo propio de *mi* José Balza, del que nada sé pero todo intuyo.

II. Narrar es poseer

En la frase inicial de *Marzo anterior*, la primera obra de José Balza, escrita con una asombrosa madurez a los diecinueve años, está el alma y el destino del resto de su fecunda literatura: «En el fondo ni siquiera esto es válido, porque en alguna vuelta de la espiral volveré a encontrarme: yo mismo ante mí». Esa espiral se desenrolla y se ovilla muy particularmente en *Percu-*

sión, novela total del tiempo y del espacio, de la urbe y la selva, del pasado, del presente y hasta del futuro –en un juego de tiempos verbales que hacen de la variación temporal un único instante–, de la memoria más profunda y la sensualidad más trascendente, del utopismo platónico y la revolución clandestina, de la filosofía clásica proyectada en la vida y del viaje como entrada y salida de mundos que quieren abandonarse para recordarlos sin rencor... Novela total porque poetiza, narra, treatraliza lo sensitivo-humano mediante el filtro de un lenguaje preciosista y tan lírico como novelesco: se lee la amistad como fuerza superior, el amor de toda clase y el sexo como núcleo de las pasiones, la tentación suicida y la enfermedad letal, la juventud y la vejez desde una perspectiva solapada, el arte y la política, los mitos antiguos, la historia americana, el insomnio tenaz y la huida constante como *modus vivendi*, la anticipación de un siglo XXI que el autor concibió en los años 1979-1981. Todo parece esconderse en apenas doscientas páginas, y ese todo responde a un plan artístico, filosófico, estructural perfectamente definidos y que también surgen de *Marzo anterior*.

El círculo se abriría con la cita que Balza toma de *Ricardo III* de Shakespeare para ese primer relato suyo: «Mi conciencia tiene millares de lenguas y cada lengua repite su historia particular»; y se cerraría con los versos de *Macbeth* en su última obra hasta la fecha, la novela corta *Un hombre de aceite* (2008), cuyo epígrafe dice: «... la memoria, ese centinela del cerebro, / no será en ellos más que humo». Y en medio de los más de treinta años que separan ambos escritos, se asoma *Percusión* (1982), clímax de esos dos conceptos, lo múltiple y lo memorístico, extraviados y luego organizados por medio del arte narrativo a través del tercer elemento que da sentido a la biografía intelectual del autor, a la autobiografía del protagonista: la conciencia de la temporalidad.

Multiplicidad, memoria, tiempo: conceptos que se hacen temas: los libros, los amoríos y las amistades, que a su vez crean una historia: la vida rememorada de un hombre que regresa a su ciudad natal, tras cuarenta años de ausencia –y en el fondo urbano de un año 2005 ultramoderno cuyos detalles aéreos recuerdan al concebido en *Blade Runner*–, punto de partida en su momento de un itinerario de viajes y temporadas en distintos lugares del mundo: desde allí, Caranat –trasunto de la capital de Venezuela, «un país desorbitado por el petróleo» y que volverá a aparecer en *Un hombre de aceite*–, a Dawaschuwa, reflejo de la Nicaragua sandinista con un *alter ego* de Ernesto Cardenal; luego, al México de la arquitectura azteca; a continuación, a Shamteri, ciudad «neurótica», «centro del mundo» que sólo puede corresponder a Nueva York; más tarde, a «una isla del Atlántico, recogida y soleada», un reino de socialismo utópico, una Cuba idealizada hija directa de los *houyhnhnms* de Gulliver; y en la última etapa, el peregrinaje por los viejos continentes: Holanda, Ararat, Szamarkand, y el eterno retorno pero ya definitivo al lugar original, a la Caranat abandonada a los veinticinco años.

Estos son los caminos visibles que transita el biólogo que protagoniza *Percusión*; los otros son de carácter interior, nutridos por las lecturas de Giordano Bruno, «un tipo que se balanceaba sobre las edades, las creencias y los secretos mágicos de su época y de milenios anteriores», por las ideas de un anciano historiador al que siempre admiró y acabará frecuentando, Arcaya Vargas, y por la reflexión milimétrica de todo cuanto recuerda y, sobre todo, observa y describe en su propia acción de remembranza. Narrar es poseer, contarse lo propio para que no escape, para revivirlo, para justificarlo y amarlo de nuevo. Narciso no sólo se mira al espejo, sino que explica cómo atravesarlo; Orfeo apaga las luces del submundo y se sienta a contemplar la película de su vida: el yo frente al yo en una perspectiva narrativa en la que el personaje habla desde su presente, con sesenta y cinco años, y se dirige a él mismo, desdoblado en el joven que fue: «Soy el de antes y el de ahora. Converso con éste en quien me he convertido, obsesionado por indicarle mi historia». El paso del tiempo, entonces, se ha difuminado, y el muchacho que dejó la ciudad tras un fracaso amoroso con una mujer llamada Nefer es el mismo del 2005 y es otro muy distinto, pues «toda esa multiplicidad ocurre dentro de mí mismo», como había dicho la voz de *Marzo anterior* ya en su primer párrafo. Sólo de este modo, sintiéndose muchos, el hombre se salva del caos y equilibra su unicidad.

A buen seguro, el protagonista de todas las obras balzianas podría firmar la siguiente frase de Chateaubriand: «Cada hombre lleva en sí un mundo compuesto por todo lo que vio y amó, y al que regresa sin cesar, aun cuando recorre y parece habitar un mundo extraño». En *Percusión* se construye ese tipo de poliedro, formado por los lugares en los que el protagonista anduvo y por las personas de las que se enamoró, quiso o deseó: el salvaje que trae del campo y del que es guía intelectual y tutor, el bello adolescente Harry, «perceptivo, sentimental y viscoso», y varias mujeres –Mariana, Lina, Leslie, Isidra, Janneke...– que moldean una educación sentimental de tintes egoístas: egocéntrico en la búsqueda incesante de placer sexual, el personaje sólo podrá darse de corazón a aquellos seres con los que el compromiso resulta imposible. Y únicamente, al alcanzar la madurez y alejarse de lo vivido, le llegará el justo valor a la entrega ajena, el reconocimiento a los cuerpos, a las acciones, a las palabras. Así, toda esta introspección continua repercutirá en la postrera etapa, cuando se comprenda que las teorías de Bruno convergen en la observación de una presencia tangible y simbólica a partes iguales: los volcanes, montes y cerros que el protagonista contempla en los sitios en los que se instala y que representan su faro, su brújula, la cima de la línea espiral que va a enrollarse hasta unificarlo todo, hasta «entender la percusión de un sentido corporal en otro, de un estrato visual en las piedras, de un cielo en las integraciones mentales: la percusión de un vínculo que une muerte y aire, oscuridad y carne vegetal: las montañas».

Ciudad y naturaleza coinciden en la obra de Balza, como una fotografía de Caracas con el intemporal y místico Monte Ávila al fondo, presidiendo la fugacidad del individuo. Cada montaña simboliza lo eterno del planeta y los límites humanos, la imposibilidad de evadirse de uno mismo; de ahí que la fuga planeada, la huida necesaria, el viaje sobrio sirva para hallarse en la conducta del pasado e incluso para metamorfosearse en el futuro, como le ocurrirá a Juan Estable –el protagonista de significativo y paradójico apellido de la novela *Después Caracas* (1995)– al optar por un sendero peligroso y volverse un canalla mercenario. Balza pone a viajar a sus personajes como un Don Quijote ante las aspas de los recuerdos, un K. que va al Castillo una y otra vez para empaparse del frenesí del mundo moderno, un Swann latino sofisticándose cual

Funes borgeano, un Stephen Dedalus callejeando por varias ciudades a la vez en una suerte de *atlas de la memoria*.

La potencialidad de lo múltiple casa bien con el recurso de desaparecer: el individuo multiplica su avatar y su memoria en cada tránsito, y la red de las relaciones humanas se complica y extiende hasta convertirse en una tela de araña que puede agrandarse hasta el infinito pero de la cual es imposible despegarse. Reclusión y libertinaje convergen en el amante, el amigo, el viajero, y el autor está allí para ejercitarse en esa imbricación triple por medio de una prosa siempre a la busca de caminos nuevos: obra en marcha que completará el lector con los resortes de su sensibilidad y que recibirá siempre el apelativo de «ejercicio», adoptando una expresión de su admirado Guillermo Meneses, el autor de *El falso cuaderno de Narciso Espejo* (1963). «Con los ejercicios narrativos –dice Balza en el ensayo «Futuro que se desdobla»– quise ejercer mi libertad ante las formas narratorias: desafiando los cánones –clásicos y modernos– precisamente experimentando. En el fondo quería realizar una narrativa muy personal. Desde la práctica (vital, literaria) de la multiplicidad, había reconocido que en un mismo hombre caben todos los destinos: los actos son, a la vez, individuales y colectivos». De tal modo que el niño José, nadando en el río Orinoco en los años cuarenta del siglo XX, viviendo en una aldea de la selva lejana a la civilización tecnológica, ya es el inventor potencial de una novela que su otro yo del futuro llamará *Percusión* y que, décadas más tarde, un escritor español recordará con admiración, releerá y prologará en un alud de acontecimientos incesante.

Esta ramificación interior (percusión: vida latente), acompañada de la influencia mutua universal (repercusión: la correspondencia entre cada cosa que late), aprisiona tanto al ser como lo acomoda: habrá momentos de dolor, desesperación y soledad, pero siempre se podrá huir y regresar para reiniciarse y emprender un ciclo nuevo, añadir otro anillo a la corteza del árbol. Las ramas se quiebran, las hojas cambian de color y caen –el tiempo en que flotan es el tiempo que dura cada historia–, pero los elementos del tronco subsisten, impertérritos: el compañero libro y el hallazgo de belleza estética. De ahí que el narrador sea, eminentemente, un «observador para siempre» al que le deslumbran los caracteres irracionales –caso de la «arcaica» Dorotea, abuela de Harry, que rechazó la modernidad de Caranat para preferir lo rural, o de Isidra y su «carnal vacío» con un hombre anciano–; la voz que se habla y escribe es un lector paciente que se adentra en la mitología americana u oriental, así como en los entresijos de la antropología y la sociología, para alcanzar «el impulso de entender». Harry necesita «mi mirada para existir»; Arcaya Vargas goza de una suerte de resurrección en el asilo en el que el protagonista le visita, al reconstruir este último su pasado personal y académico; las montañas serían una presencia invisible si los ojos del viajero no diseccionaran su magnético misterio. Lo existente no vive si no es observado –y, de resultas de ello, comprendido–, y el contemplador ideal es el artista, dueño de la palabra: «Había olvidado el calibre de noches como la de esa ocasión: pura sombra, duros túneles de negrura cuyo agujero remoto terminaba siendo una pesada estrella de blanco resplandor. Muro de aire compacto, apenas estremecido más allá del mar por un ramaje momentáneo: los relámpagos de alguna tormenta».

He aquí un ejemplo en *Percusión* del estilo balziano al que se refirió, hablando de *Setecientas palmeras plantadas en el mismo lugar*, un impresionado Julio Cortázar, en una carta de 1974 a una estudiante que le había facilitado ese libro y *Marzo anterior* en una reciente visita a Caracas. «Lenguaje de una gran belleza no sólo formal sino inventiva en ese otro sentido que para mí al menos tiene el gran lenguaje de la creación, esas transgresiones fecundas, y esos bruscos hundimientos en las raíces de la psiquis». Sin duda, este elogioso comentario, y demás frases del argentino tales como: «La atmósfera admirable que va logrando el libro [lleva a] una lectura continua y apasionada»; o «aquí está el novelista por fin plenamente definido, y la lectura de la novela es una experiencia a la vez honda y fascinante», valen a la perfección para describir *Percusión*, texto de ritmo sinuoso y grácil como un bolero, en contraste con el tono jazzístico que decía buscar Cortázar en sus cuentos.

No extraña, por otra parte, que la sintonía entre ambos escritores fuera absoluta: a Balza, como explica en un ensayo de *Este mar narrativo* –dedicado al *Quijote* y también a cuestiones y narradores contemporáneos–, le interesan sobre todo aquellos «creadores de técnicas propias, de instrumentos narrativos singulares»: Joyce, Robbe-Grillet, Faulkner, Onetti, Huxley, Rulfo... y, muy especialmente, Kafka y Proust. «En Kafka la ilación, la continuidad de la acción avanza sobre sí misma con una precisión tal que se convierte en espiral, en línea de la que no es posible huir, obsesiva, que se hace compleja, ramificándose hasta aturdir cuando se llega al final de esos libros que no concluyen. Marcel Proust, asimismo, es un narrador lineal que construye su obra (...) haciendo monstruoso el recuerdo; en él no hay grieta temporal, no está dado el golpe que destroza a la memoria». Y de este modo, se comporta el narrador de *Percusión*: a la busca de cerrar el círculo que dé sentido en el espacio a su tránsito por el mundo y a su vuelta a casa, le corresponde «un viaje infinito», el cual no puede ser otro que el del recuerdo constante y específico. Contar la propia vida equivale a desafiar al tiempo, como se lee en la novela *Medianoche en vídeo: 1/5*, y la memoria se convierte en una laberíntica caverna platónica iluminada por una única fuente: la filosofía privada que uno ha ido construyendo. En el caso del protagonista, con la ayuda de Bruno, que proporciona la idea de cómo es posible relacionarlo todo: el ahora con el ayer, el hombre del presente con el del pasado. Los recuerdos se abrazan en el tiempo, se aman y se repelen, y entonces el narrador aleja lo próximo, acerca lo recóndito, y nada posee sin embargo, excepto la posibilidad de comprender el significado de lo que sintió con palabras viejas pero exactas.

Mauricio Wiesenthal

La «trilogía europea» de un dandi viajero

¿Un burgués melancólico, un dandi intemporal, un caballero
romántico que se sienta a paladear su pasado de libros y viajes?; ¿o un aventurero, un descarado, un hedonista, un hipe-
restésico que modula su voz para hablar directamente a sus
queridos inmortales? Quién es Mauricio Wiesenthal (Barcelona, 1943), este hombre que ha escrito cien libros y hablado con
muchos de los que fueron, alguna vez, alguien en las letras y
el arte. Cual reportero de la alta cultura, entrevistador de la
historia, Wiesenthal revisó sus inquietudes literarias y vitales hasta componer un volumen delicioso sobre sus artistas
predilectos, hasta conformar una pequeña enciclopedia del
canon cultural occidental titulada *Libro de réquiems* (2004). Se
trataba, como él mismo decía, de un libro de memorias: del
yo como lector, del yo como visitante de los lugares en los
que vivió y murió el autor admirado. Eran páginas con huellas: de casas, cementerios, plazas, ríos. El propósito del autor
de ascendencia germana pero de infancia andaluza, en todo
un temperamento romántico, era idealizar lo pretérito frente
a un mundo actual que le parecía amnésico, prefabricado y
mimético. Defraudado por la industria, que también salpicaba
a las editoriales, Wiesenthal sólo había imprimido el *Libro de
réquiems* para repartir entre amigos, hasta que el boca-oreja
llegó felizmente a la editorial Edhasa y tuvieron el inmenso
acierto de abrirle sus puertas.

«A diferencia de un libro de crítica o de un ensayo, que
reúne biografías o nombres ilustres con una perspectiva objetiva y distante, estos personajes tienen esa proximidad personal. Llegaron a mí por caminos mágicos, en el azar de una
amistad, con un manuscrito olvidado en un viejo libro, en un
encuentro fortuito en un café, entre los recuerdos de familia,
entre los amores de juventud», dice en la «Oración» inicial;
un texto que hace referencia a una frase hallada en una sepul-

tura: «No existe la muerte, sino sólo el olvido». Wiesenthal hace suya tal máxima y la emplea para recordar a los que en verdad fueron grandes y a los que siguió por medio mundo: a Dostoievski y Tolstói en Rusia; a Nietzsche y Casanova en Italia; a Alfonsina Storni en Buenos Aires; a Niko Kazantzakis en Creta; a Rilke en Ronda; a Goethe en Weimar... El anecdotario, lo histórico, lo autobiográfico se confunde en esta «reunión de vidas», por decirlo con el subtítulo del *Homenaje* guilleniano. La juvenil e infinita curiosidad de Wiesenthal, su modo de pintar espacios con palabras evocadoras, su estilo de elegante corrección, fue todo un descubrimiento para el lector español, y su *Libro*, una placentera manera de asomarnos por el París de sus amigos Jean Cocteau y Paul Morand, «persiguiendo siempre las reliquias de mis santos: tras las huellas de Mozart, descubriendo los rincones preferidos de Stefan Zweig, descifrando los pasos perdidos de Wilde». El vienés, no cabe duda, se percibe enseguida como su mayor influencia literaria. Como él, Wiesenthal habla de sus mitos literarios como si contara el cuento de sus vidas; como si confesara algo íntimo que nos pertenece a todos.

Es tal la deuda que el autor siente por Zweig, que le rindió un primer homenaje, a él y a lo que entiende por comunidad cultural de Europa, en la novela *El testamento de Nobel* (1985), nido para un ave que se haría mucho mayor, pues un día, Wiesenthal decidió revolver en sus escrituras y volver adonde su inspiración romántica, en una lejana ocasión, concibió la historia de este hombre que como ningún otro representaba el espíritu del Viejo Continente. De tal modo que en un paradisíaco valle suizo, en el corazón del continente –esa era precisamente la imagen de portada de *El testamento de Nobel*, en concreto el lago de Sils–, su imaginación, sus recuerdos literarios y viajeros y su erudición se echaron a volar, y ese largo viaje acabó convirtiéndose en una novela mucho más extensa y ambiciosa, *Luz de vísperas* (2008). Si Nabokov está en lo cierto al considerar que «las grandes novelas son grandes cuentos de hadas», entonces esta obra de Wiesenthal era ciertamente un cuento delicado y fantástico que, en su trasfondo, contenía la dureza de la Verdad y de la Historia, la verdad superior del poeta, la historia que procede de la reconstrucción reflexiva y vivencial de un mundo. Ese mundo es una Europa abrumadoramente integral, en el tiempo y el espacio en el que el humanismo renacentista se descompuso por las guerras y el capitalismo. «El tiempo no era tiempo, sino un ovillo de hilo que conducía al Eterno Retorno de todas las cosas», se dice al inicio, apuntándose ya el principal motivo del libro. Porque hay cosas que tienen que ocurrir, y frente a ello el racionalismo se muestra impotente; la realidad hace frontera con la poesía, y esa es la base de *Luz de vísperas*, la primera y excepcional novela europea de nuestra época en el sentido de que aborda, desde lo épico, lo romántico, lo intelectual, lo intrigante incluso, es decir, desde todos los géneros, una historia de pasión y emoción –de estructura muy rusa– que a la vez invita continuamente a pensar sobre los clásicos y su vínculo con el presente.

Si el *Libro de réquiems* era la memoria de los personajes adorados –escritores y músicos– cuyas huellas el autor rastreó a lo largo y ancho de toda Europa, y, *El esnobismo de las golondrinas*, como enseguida veremos, la memoria de esos mismos lugares en los que se impregnó del antigua alma europea, respirando su último aliento, *Luz de vísperas* es la poetización de ambas ilusiones, lo que le hubiera tocado vivir entre los años 1880 y 1960 en Praga, Viena o Berlín. Wiesenthal se fusiona con el escritor que le impactó tanto ya en su juventud y crea un protagonista, el escritor Gustav Mayer –al que se le entrega el premio Nobel como en aquella novela primigenia–, que recuerda profundamente la trayectoria del escritor austriaco, pero añadiendo lo que bien pudiera haberle pasado de no haberse suicidado: una suerte de resurrección, vital y literaria. Las angelicales apariciones de Rilke –personaje más de la novela, como Tolstói y tantos otros–, un verso de Dante –«Amor, que a nadie que es amado, amar perdona»–, la alusión a la disonancia del *Tristán* de Wagner, las contradicciones de Nietzsche, las luces y las sombras del pensamiento humano, los dos lados del espejo al que se mira el hombre... Estos son los acordes de una obra de ritmo y sensualidad musicales, de temperamento sentimental en el sufrimiento –en la «Patria del Dolor» de los exiliados y perseguidos por el nazismo–, firmeza en el análisis histórico-político y excelencia novelesca en los pasajes donde se recrea el espionaje de la Segunda Guerra y los movimientos de la Resistencia.

Para Wiesenthal, la novela es la vida interpretada, con lo que sus personajes, aun en sus diatribas culturalistas, se muestran con la emotividad del que defiende sus creencias; su fe, en el caso de Mayer, en el amor por una cultura de raíz cristiana –el culto a la Virgen es particularmente tratado por el autor– y en el afecto por el resto de culturas, símbolos y esperanzas. Y es que nuestro escritor podría decir lo mismo que Henri Matisse: «Hay flores por todas partes para el que quiera verlas», pues no deja de descubrir flores y golondrinas en forma de objetos delicados, presencias invisibles y recuerdos sentimentales allá donde va, de norte a sur, de este a oeste: a una Europa que reconstruye con la memoria de sus días y su escritura anhelante, buscando su pasado culto, su autenticidad ahora tan maltrecha por la política y la economía. El tiempo parece ensancharse y alargarse en sus manos, las de un niño que juega aún con los sonidos de los diferentes idiomas que ha usado para viajar, un adolescente que aún pretende echarse a la mar poética, un joven con mochila que se interna en un grupo de gitanos circenses. Leyendo esa suerte de continuación del *Libro de réquiems*, *El esnobismo de las golondrinas* (2007), su otra monumental obra autobiográfica, en lo sentimental e intelectual, que habla de otras vidas –la de tantas ciudades: sus cafés, hoteles, cementerios, jardines y calles; la de los músicos, escritores, artistas que pasaron por ellas–, pareciera que cada minuto ha sido aprovechado al máximo, que la aventura constante, ser un vagabundo y también un dandi, «viviendo como un poeta bohemio pero vestido de marqués», es posible si se tiene la astucia y el fervor suficientes.

La palabra predilecta de Wiesenthal, o al menos la que repite más en sus páginas, es «romántico», y cuando uno conversa con él en el café barcelonés donde va a escribir todos los días, enseguida se advierte que tras su hospitalaria sonrisa se esconde un seductor que, sobre todo, busca ser seducido por el arte de los demás. Esa es su ilusión, su forma afectada de afrontar el mundo, por lo que no extraña que el de actor de teatro sea «el oficio que más admiro». El personaje –el soñador, el lírico pasional– ha raptado al individuo, y aquél y éste hoy son las dos caras de una personalidad refinada y próxima, campechana y erudita, humilde y presumida. ¿Este libro es un complemento, una prolongación del *Libro de réquiems*?, le pregunto, y contesta eligiendo bien las palabras, con la misma preocupación con las que Joyce, tal como describe en el capítulo que dedica al Dublín y a la Trieste del irlandés, a partir de una afirmación de Sylvia Beach, solía hablarle a los demás: «Están escritos con el mismo corazón. Es una obligación de honestidad. *Libro de réquiems* fue un homenaje a los seres humanos que llevo en mi alma. *El esnobismo de las golondrinas* es la explicación de por qué amo a esos seres y hasta dónde me han llevado». ¿Y por qué tan llamativo título?: «Las golondrinas son viajeras. Y este libro es, sin duda, para amantes de los viajes. Pero Atenea, la diosa de la sabiduría que guía a Ulises y a Telémaco en el camino de Ítaca, se disfraza a veces de golondrina. Y mi novela quiere ser también un "libro de iniciación". Es la pequeña historia de mi Odisea».

No puede ser de otra manera viniendo de un viajero empedernido que, además, siente una especial debilidad por la lengua y cultura griegas. Se trata de un hombre que se ha ganado el pan escribiendo, entre otras muchas cosas, guías de viajes, algo que en realidad era un pretexto para recorrer los continentes buscando las huellas de sus ídolos, ya fuera a pie siguiendo la línea del Danubio, en barco a Nueva York –se siente especialmente orgulloso de haberse embarcado en el *Queen Elizabeth*– o en el Orient Express –«Uno de los primeros intentos de dar realidad a una Europa unida»–, del cual escribió, hace treinta años, un libro traducido a diversas lenguas.

Esta referencia a la unidad de Europa es del todo intencionada. Si hay una idea que gobierna el pensamiento y las acciones de Wiesenthal es, como veíamos, su mirada reflexiva, amable y nostálgica, a la vieja cultura europea, de forma particular en torno al Imperio Austrohúngaro, con su maestro Zweig a la cabeza, del que heredó la afición por el coleccionismo de autógrafos y un mismo gusto por detenerse en los lugares que la gente admirada pisó antes. Por ello, el primer capítulo, realmente extraordinario, está dedicado a la Viena por él tan amada. Pero el resto del volumen también va en esa dirección: «Ser europeo es pisar ruinas y en ningún lugar me siento más europeo que en Roma; o el caso de Zúrich, donde «me acostumbré a buscar los lugares mágicos de nuestra historia europea». De Shakespeare a Ionesco, al que solía visitar en París, el libro atraviesa el continente hasta convertirse en un gran árbol lleno de ramificaciones de las que surgen anécdotas y vivencias, maravillosa y rigurosamente descritas, de mil y un autores ingleses, franceses, germanos, rusos, italianos... El objetivo es alcanzar y comprender al hombre de talento, tanto en su obra como en su vida: «Adoro a los seres originales, porque la creatividad me parece un don más interesante y escaso que la inteligencia», afirma un Wiesenthal que, además de esnob, se define desde lo decadentista y dandi: «Yo practico el decadentismo como otros fuman hierbas. A mí me basta una puesta de sol para llorar un rato. Y el latín, el árabe, el hebreo y el griego me producen éxtasis», me confiesa. Así es Wiesenthal, intenso, espiritual, amante de su pasado, de las historias de gnomos que le contaba su tía en Estocolmo: «Creo que aún no he podido abandonar una parte de ese mundo mágico en el que me encerraron cuando era un niño». En cierta medida, un libro como éste se escribe durante toda la vida, revisando lo visto, sentido, vivido. Y mientras, las golondrinas sobrevuelan la memoria de Wiesenthal, que responde yendo un instante al inicio y al final de su largo viaje: «Es verdad, y creo que no podía haberlo escrito cuando era más joven y sólo me salían fragmentos. Todo lo empezaba y lo rompía. Intentaba volar y me caía enseguida. Ahora veo que, entre tormentas, las golondrinas me llevaron a Ítaca. Y le agradezco a la Diosa que me haya guiado en el océano de mi ignorancia».

Luis Rogelio Nogueras

Aquella noche cubana

Fue en mayo de 1995, en un patio de reminiscencias andaluzas de la ciudad cubana de Holguín, al este de la isla, que Luis Rogelio Nogueras recobró por unos instantes su presencia entre los vivos. La ocasión era muy especial: la presentación de un libro póstumo titulado, significativamente, *Las palabras vuelven*. Aquella noche brilló Wichy, sedujo El Rojo con todo su humor, su desparpajo, su inteligencia, su excitante manera de componer poemas onomatopéyicos, sexuales y hasta detectivescos. Su voz sonó en el ritmo de los otros, en la voz de los que le conocían de lejos y en la voz de los que acabábamos de descubrirle con ese encantamiento romántico del joven que explora de repente algo nuevo, hondo y sugestivo. De repente, a miles de kilómetros de casa, el azar había impuesto su calculado orden y regalaba el conocimiento de un artista único al visitante, cronista hoy de aquel momento entrañable, que anduvo unos días entre cantantes, trovadores y poetas.

Aunque, en realidad, Nogueras no era del todo desconocido entre nosotros; ya había aparecido en alguna antología de poesía cubana contemporánea publicada en España, y además, en los años 1984 y 1985 había publicado, respectivamente, la novela de misterio *Y si muero mañana* y *Nosotros los supervivientes* (ésta inspirada, como explicaba en una nota al final de la obra, en la escritura cuatro años atrás y junto con el cineasta Miguel Torres de «un abultado libreto cinematográfico de contraespionaje que llevaba el título de *Leyenda*»). Y es que, si bien en su caso podemos considerar la poesía como una pasión continua y hasta imprescindible, por cuanto constituía una mirada prolongada de sus experiencias más íntimas, a la vez que le servía de plano reflexivo en torno a lo sociopolítico y lo metaliterario, el cine no fue una vocación menor para el joven Luis Rogelio. Después de trasladarse a Venezuela, donde residía su madre desde 1956 –Nogueras había quedado al cuidado de su abuela materna, a los trece años, en La Víbora–, ingresará en un grupo de teatro de la Universidad de Caracas para hacer sus pinitos como actor, al hilo de un curso veraniego de publicidad al que asiste, y trabajará en una compañía cinematográfica como utillero y auxiliar de cámara y laboratorio. En el primer lustro de los sesenta, pues, es el cine quien llama a su puerta: incluso realiza un cortometraje y, ya de nuevo en La Habana en 1961, encuentra empleo en el Instituto Cubano del Arte y la Industria Cinematográficos, donde se dedica a hacer dibujos, guiones y diseños para filmes de animación, algunos de los cuales disfrutarán de proyección internacional.

Acaso esta afición por la imagen audiovisual se vea reflejada en sus poemas: ciertamente, en muchos de ellos es muy nítida la instantánea que intenta trasmitirnos, captando un momento singular del pasado reciente o lejano, por no hablar de los versos que directamente poetizan la mirada que posamos sobre una vieja fotografía que, ahora, sólo nos ofrece la nostalgia de las gentes que nos dejaron, como en uno de sus primeros poemas, «Es lo mismo de siempre», tan contenido y sobrio como tiernamente conmovedor.

De modo paulatino, su vinculación con el mundillo cinematográfico se ve intensificada –la película *El brigadista* (1977), de la que escribe el guión, tendrá un remarcable éxito en diferentes festivales europeos–, pero la compagina con su actividad meramente literaria: estudiará Letras en la Universidad de La Habana, aunque sólo un par de años; ejercerá de redactor en la revista *Cuba internacional*, y de jefe de redacción en *El Caimán Barbudo*, suplemento del periódico *Juventud Rebelde*, que reunía a un grupo de escritores cubanos en torno a una suerte de manifiesto intelectual titulado «Nos pronunciamos»; hallará empleo en el Instituto Cubano del Libro y luego en la Editorial Pueblo y Educación... El poeta, que ha obtenido el premio David de la Unión de Escritores y Artistas de Cuba con su primer libro, *Cabeza de zanahoria* (1967), iba a recibir mucha atención: Ernesto Sierra, en su artículo «Los infinitos destinos de Luis Rogelio Nogueras», habla de este «poemario escrito hacia sus veinte años, en el que adelantaba ya los rasgos esenciales y definitorios de su poética: el verso breve, las profusas referencias culturales, el diálogo intrapoético con otros autores y textos, la poetización de la poesía, la fineza del humor y la ironía, la batalla campal con las palabras». Comienza de este modo su andadura de escritor público, y participa en recitales y encuentros en los que comparte mesa con Silvio Rodríguez, Mario Benedetti o Eliseo Diego.

Y mientras, en medio de sus continuas iniciativas literarias, sus distintas tareas en instituciones culturales, su labor como guionista de documentales y ponente en festivales cinematográficos, sus conferencias sobre literatura policíaca, sus viajes a la Unión Soviética, a los países escandinavos, a Hungría, Checoslovaquia, España, Polonia, Norteamérica e incluso a Oriente; en definitiva, mientras capta el planeta en su realidad sociológica y en el origen de sus diferentes culturas, su poesía va buscando sus propios asideros estéticos, irguiéndose como la extensión de la personalidad del hombre que hay detrás. Poesía, pues, como el corazón de Nogueras: traviesa y seductora, algo nostálgica, lúdica y a la vez comprometida con los asuntos serios que sufre la humanidad, transparente para alcanzar lo sensual, concisa y clara, y, por encima de todo, libre y abierta y experimental; y entiéndase por experimento un proceder de búsqueda que, sin desatender la comunicación directa con el lector, corre tras nuevas maneras de titular, componer, puntuar, *narrar* un poema.

Por todo ello, en *Las quince mil vidas del caminante*, publicado en 1977, año en que la tercera de sus novelas de espionaje, *Y si muero mañana*, obtiene otro premio otorgado por la UNEAC, se encuentran piezas que ya abarcan todo su espectro de intereses artísticos y temáticos: la mirada irónica hacia los Estados Unidos, la impronta que dejan en él la tragedia del pueblo de Vietnam –país que visitará dos veces– y las diferentes dictaduras latinoamericanas, la poesía como territorio donde el pensamiento doloroso se apacigua, donde el desamor y el amor son la misma cara de una moneda que gira y gira sin acabar de caer, donde es posible meditar con humor sobre el propio acto de escribir. Y es que, para Nogueras, la existencia guarda pese a todo demasiada plenitud para que la tentación de la esporádica pesadumbre se ponga de manifiesto en un poema: de ahí que sus escritos viajen al pasado, a veces tímidamente amargo pese a su contundencia, para tomar impulso hacia el vivir presente, atento al futuro que se mantiene a la espera. Así, encontramos ejemplos de ello en *Imitación de la vida* (1981), libro que recibe el primer premio en el Concurso Casa de las Américas y en el que destaca el poema «Halt!», inspirado en su visita a Auschwitz, además de una serie de piezas en las que Nogueras poetiza el hecho de poetizar la vida desde lo escrito, homenajeando a amigos poetas y cantantes –«Poesía trunca»– o aludiendo a las fronteras entre la capacidad de describir la belleza con palabras y de sentirla en la realidad.

Ciertamente, toda su magnífica trayectoria vital y profesional responde al espíritu de un creador implicado en todas las manifestaciones artísticas, lo que a fin de cuentas se refleja en su poliédrica y versátil obra. No estamos ante un escritor político, por fortuna –aunque asuntos como la conferencia «Kafka y el marxismo», dictada en Caracas con motivo del centenario del escritor checo, puedan indicar que la política sí que le resultó relevante para su meditación literaria–, pero sí frente a un poeta sensible en relación con los efectos que los Estados y la burocracia militar causan en la vida llana de las gentes. Nogueras no es un humorista, y sin embargo costaría encontrar en la poesía de cualquier tiempo a un hombre tan preparado para despertar una sonrisa cómplice en el lector. Tampoco parece mostrarse como un patriota, mas es fácil detectar su amor por Cuba, o mejor dicho, por sus conciudadanos, así como suponerle una relación cómoda con el régimen castrista, a la vista de sus idas y venidas del país, en especial sus visitas a la URSS, y a hechos como la obtención del primer premio del Concurso Aniversario del Triunfo de la Revolución del Ministerio del Interior en 1976, por su novela *El cuarto círculo*, escrita junto con el poeta Guillermo Rodríguez Rivera; y también por ser uno de los tres guionistas, en 1984, de la Gala por los XXV Años de los Órganos de la Seguridad del Estado Cubano. (A su muerte, la UNEAC le dedica una placa conmemorativa en la que Nicolás Guillén escribe unas palabras laudatorias.)

En cualquier caso, Nogueras no abusa de nada que le distinga hasta acabar encasillándolo; parece abarcarlo todo con esmero, llevarse bien con el resto de un mundo maltrecho que no juzga sino describe: su opción es la independencia individual, es simplemente la vida desde un yo que comprende, aun marcando distancias, un nosotros fraterno; es la pincelada de un sentimiento que, con la justa paciencia creativa, le lleve a convertir una injusticia, una desilusión íntima o un enamoramiento fugaz por un paisaje urbano o una mujer, en encendida materia artística, en relámpago poético, y siempre caminando en tránsito hacia la original *forma de las cosas que vendrán*, por decirlo con las palabras de uno de sus libros póstumos. Porque su ambición estriba en llegar más lejos en el siguiente texto: surgir más atrevido, resultar más asombroso, mostrarse más encandilador; aunque no por eso haya de recurrir al chiste fácil, a la sensiblería romántica o al exhibicionismo culturalista o lingüístico. Muy al contrario, Nogueras logra equilibrar sus audacias humorísticas –en parte gracias a su capacidad de síntesis enunciativa– y suena perfectamente veraz en sus escritos sentimentales, tan delicados, rozando el tópico sin rebajarse al automatismo del lugar común.

Todo esto sugiere otros nombres, referencias de un par de almas afines. Su aprecio por Fernando Pessoa se articula en este sentido (y en otro fundamental que veremos luego): el poeta que con cierto cinismo finge lo que en realidad siente. Asimismo, hereda de Julio Cortázar, y no sólo de su prosa sino también de su poesía, una similar inclinación por lo literario-lúdico (por cierto, el argentino cita a Nogueras en su artículo publicado en Venezuela, en 1978, «Cuba: ausencias y presencias», al recordar a autores noveles interesantes). Estos tres cronopios que escriben, como diría R. L. Stevenson, con la seriedad con la que juegan los niños, son consecuentes consigo mismos a la hora de consolidar los principios que rigen su reino de rayuelas, heterónimos o pastiches, y, sin hacer ruido, limitándose a elaborar poéticamente su interpretación de lo real-ficticio, enarbolan la bandera de los que han de ser fieles a sí mismos, ironizando amablemente con la tradición, los cánones, lo previsible, hasta darle la vuelta a los convencionalismos.

A todo ello, habrá que añadir los elementos que completan la imagen que nos ha llegado del carácter del poeta habanero y que, a casi treinta años de su desaparición –una implacable enfermedad se le diagnostica en diciembre de 1984, en febrero del 85 es operado y fallece el 6 de julio–, redondean la configuración de una personalidad extraordinaria. Y es que, como recuerdan aquellos que lo conocieron, Nogueras era un conquistador nato, un individuo que desprendía seducción y bonhomía por los cuatro costados. En una entrevista a Silvio Rodríguez titulada «Las quince mil vidas del cisne salvaje», de Fidel Díaz Castro, el cantautor recordaba esta arrolladora extroversión: «Creo que, además de la poesía, necesitaba explorarlo todo. Por eso incursionaba en diversas formas de expresión, empezando por el periodismo, ya fuera en entrevistas o en esas significativas crónicas que escribía a propósito de sus viajes. Su creatividad también se manifestaba mucho en la plática. Wichy era un imaginador constante y eso lo dejaba de manifiesto en los intercambios más triviales. Jugaba constantemente no sólo con las palabras, sino con las ideas, de forma que conversar con él podía ser tremendamente divertido. Era tan listo, tan rápido de mente y tan esclavo de esos juegos, que había que estar alerta, porque en un pestañazo pasaba de la realidad a la invención».

De su fecunda imaginación da clara prueba *El último caso del inspector* (1983), que, de forma absolutamente pessoana, muestra la vida y la obra de distintos poetas inventados, de diversas épocas y nacionalidades. La genialidad de Nogueras le hace convertirse en parodia de sí mismo, hasta dudar de su propia existencia: al modo borgeano, es otro autor, un tal Wilfredo Catá, el que le *está soñando* en el sentido de fabricar su poesía, en concreto el sensacional poema «Eternoretornógrafo». Con esta broma, pareciera decir Nogueras que siempre es el *otro*, el reverso de uno mismo, el verdadero hacedor de textos literarios: desprenderse del yo, con la máscara verdadera de nuestro rostro, nombre y apellido, para crear algo que nos supera, sublimándonos. Para el poeta, *hay muchos modos de jugar* –de nuevo, citamos uno de sus reveladores títulos, esta vez póstumo, para designar su arte poética–: la literatura constituye un espacio en el que la historia, la erudición, el entretenimiento, la mascarada, la frivolidad, todo lo humano se reúne, *tal cual*, procedente de la experiencia. El poema aspira, absorbe lo que existe, lo que existió, lo que la imaginación apunta que pudo existir.

Cada libro, por tanto, representa una manera de acogerse a este principio: *La forma de las cosas que vendrán* (1989) da una zancada estética y se desnuda definitivamente del ropaje emocional de los primeros libros, levantándose con pura poesía humorística, incluso en el caso –como no podía ser de otra manera– del poema dedicado a la muerte «ilustre» de Cortázar. Esta deliciosa parodia a los tics editoriales de la filología presenta varias notas preliminares, a cuál más delirante, volviendo a la invención de extravagantes autores apócrifos, al despojamiento de toda intención de nostalgia amorosa, como en el jocundo «La suerte está echada», y declarando la manera en que el objeto real –con frecuencia, «Una muchacha» joven y hermosa– acalla cualquier intento de hacer arte con las palabras, pues siempre, absolutamente siempre, la vida palpable y visual de los sentidos está por encima de la más perfecta composición poética. Nogueras desacraliza la literatura... haciendo gran literatura, por más que guarde un aspecto desenfadado; su yo vanidoso se pierde en los mares del placer de la escritura, transformándose en un artista casi anónimo que rechaza la fama –poema «Suerte para mí»– y reconoce escribir con dificultad –«Oficio»–, en un individuo humilde que simplemente aporta una estrella –divertida como una comedia, dulce como una golosina– a todo un firmamento inacabable lleno de gentes sacrificadas, «porque el arte mata» (en «Le digo a mi hijo»).

En aquella noche cubana, primaveral, de 1995, cobró una renovada luz esa estrella, que brilló sonora en la voz de los demás, en la voz propia del visitante-descubridor: «El mejor poema vale tanto como un escupitajo», dijo Nogueras en «Toda esta divertida basura que desaparecerá», un texto sobre Nueva York incluido en *Las palabras vuelven*. Y, en efecto, por qué unos cuantos versos escritos por cualquier mortal deberían tener más valor que la saliva indispensable para el cuerpo y la supervivencia; pues, antes que artistas o pensadores, somos sólo animales dotados con el instinto del juego y el fornicio, con la intuición del amor y la amistad: animales parlantes dándose importancia que, a veces, escriben para ingresar en esa extraña ludoteca llamada inmortalidad.

Jaime Quezada

Bautismo del fin del mundo

Jaime Quezada acostumbra a saludar «desde el fin del mundo». Allá acude, con el pretexto de lecturas o talleres literarios, en pos de las *illuminations* que su volcán de palabras lleva dentro y que entran en erupción en la Patagonia, en las regiones magallánicas (a 2.500 kilómetros de Santiago) y la provincia Antártica Chilena, en el archipiélago de Chiloé –algo más próximo a la capital–, o en el Valle de Elqui, la tierra de la Gabriela Mistral que tanto le ha inspirado y a la que ha entregado tantos esfuerzos, escrituras y cariños, o en el Temuco de la infancia y adolescencia de otra de las vértebras de su ahondamiento lector, Pablo Neruda. En definitiva, su correspondencia vuela, para los que le apreciamos a este lado del Atlántico, desde la «australidad».

No resulta extraño, pues, que instalado en esa querencia por los rincones de la América recóndita, el poeta sienta cómo un «vivir y desvivirse cotidianamente» le conduce, por el contacto con esa dulce huida hacia las luces lejanas de otras latitudes, a la intensidad de la experiencia íntegra de cada instante, y que su mirada atienda a semejante totalidad; o, en sus palabras, a las «cosas de arriba y abajo [que] tienen sus encantos y realidades». No en vano, José Miguel Oviedo, en el cuarto volumen de su *Historia de la literatura hispanoamericana,* menciona a Quezada «por una obra enamorada de las cosas simples (su primer libro se titulaba *Poemas de las cosas olvidadas*, Santiago, 1965), de las memorias infantiles, del aspecto mágico de la naturaleza, de la realidad primitiva y elemental».

Ciertamente, Quezada es un «cosista» como Neruda, al que siempre siente cercano por dirigir, desde 1988, el Taller de Poesía de la Fundación Pablo Neruda. Es así, irremediablemente, un amante de los objetos que perpetran un recuerdo o encienden un ensueño, y un amante de las cosas intocables y eternas. Me consta que, al igual que en la Casa Museo La

Chascona, en la que vivió el autor de *Confieso que he vivido* y cuya visita es tan grata y casi tan sorprendente como la de su domicilio de Isla Negra, enmarcado frente al Pacífico que estalla contra las grandes rocas que el escritor veía tras los ventanales, también el hogar de Quezada, pegado a la cordillera de los Andes, es un homenaje a la fraternidad de lo sentido en forma de todo aquello que encierre un tierno apasionamiento. Lo que no cabe allí, se lo guarda en el corazón, y lo lleva puesto sin olvido ni premura, y entonces lo comparte con aquellos a los que estima, de tal forma que a cada una de las cartas quezadianas le corresponde el clamor de un relato fabuloso: «La Tierra del Fuego existe. Y estuve allí en mi reciente viaje magallánico recorriendo esa isla de extensos bosques de alerces milenarios. También en Puerto del Hambre rodeado de gaviotines australes, hermosos y voraces. Y en la península de Última Esperanza (siguiendo la ruta de Darwin y Sarmiento de Gamboa) e isla de Desolación, poblada de pingüinos de Humboldt». En el trayecto y su meta imposible reside la aventura que nunca acaba por el hecho de estar «tan cargada de historia, navegaciones y estrellas polares».

Pero este Quezada viajero no se diferenciaría si su alma fuera sedentaria: lo no vivido sería sustituido por lo inventado, porque la mirada es «pura imaginación, hasta que el ramalazo de viento y agua y hielo golpeando tu rostro te hace de verdad parte de tan intensa y estremecedora geografía. La tierra allí se acaba (*finis terrae*). O, tal vez, comienza. Oh, dios!». En este fin está el principio, como no puede ser de otra manera a ojos de un verdadero poeta que, además, convida a los demás a degustar las estrellas que él contempla en la rozadura del Polo Sur.

A este respecto, merece la pena consultar el prólogo a su edición del diario íntimo de Mistral, *Bendita mi lengua sea*, donde habla de una mujer «con mucho de agua memorial adentro y que quiere comunicarse íntimamente consigo misma y, a su vez, con su prójimo». Y es que estas palabras bien podrían servirnos para hablar del propio Jaime Quezada, que expresa siempre el afán por establecer una comunicación que es bendecida por su «maravillamiento» hacia las cosas y seres –el neologismo es de él–, así como por su forma de entender el misticismo español del siglo XVI. Y aun así, dudo que asintiera al lamento octosilábico de su, por otra parte, tan querida Santa Teresa, aquel que empezaba «Vivo sin vivir en mí...». Quezada siempre preferirá «vivir viviendo», expresión usual en él que ni suena redundante ni obvia –pronunciada, entre otros lugares, en su discurso de agradecimiento al Premio a la Trayectoria Literaria, otorgado por la Universidad Mayor de Santiago de Chile–, pues cuánta gente muere viviendo en vida mortal. Más bien, la espiritualidad de Quezada es tolstoiana, enraizada en el cristianismo del evangelio mayor: practicar la bondad.

De hecho, nuestro poeta, tras estudiar arte quiteño en la Universidad Central del Ecuador en 1969 y residir, durante los años 1971-1972, en México –en concreto, en la casa de un joven Roberto Bolaño y sus padres, estancia a la que dedicará su magnífico *Bolaño antes de Bolaño* (2007)–, se traslada a Nicaragua para trabajar en la comunidad cristiano-campesina fundada por el poeta sacerdote Ernesto Cardenal. A Quezada no se le ocurriría ir a la laguna de Walden para equipararse al aislamiento de Henry David Thoreau –con el que comparte el tacto esencialista de lo que le rodea y el amor por la naturaleza, pero no la inercia del silencio y la cotidianidad contemplativa–, aunque sí encontraría en el Gran Lago nicaragüense, en Solentiname, «refugio de poetas, místicos e intelectuales», como explica Osvaldo Rodríguez, otro tipo de *soledad sonora*, un nuevo camino para su poesía, la cual bebe del que tal vez sea su poeta preferido, San Juan de la Cruz, y «se llena de ecos bíblicos y se hace expresión del dolorido sentir de los pobres y oprimidos».

De aquella etapa de grandes inquietudes sociales, enfatizadas por la represión pinochetista, surgiría *Un viaje por Solentiname* (1987), que tardó quince años en ver la luz desde su creación. Puesto que no hay precipitación nunca en el acto de encender la llama de la poesía, avivarla y extender su fuego a los demás; eso se acabará produciendo, aunque sea mediante la circulación clandestina en plena dictadura. Una paciencia que se refleja hasta en los títulos de sus poemas y libros, que solo concluyen cuando la palabra hermosa y críptica llega para completar cada calmado arrebato de inspiración: *Huerfanías, Llamadura*, «Tempranía», «Retrotiempo», «Leprosía»...

Me imagino a Jaime Quezada, en febrero del 2010, sintiendo el terremoto que asoló su país con una mezcla de pánico y fascinación. La Tierra le hablaba, a él y a todos los hombres, ¿pero qué quería demostrar con ese descarado arranque mortuorio? «Pareció la hora final del mundo –nos escribió–. Me salvó mi Cristo de Pátzcuaro o el Señor de los Milagros.» El latido del planeta se fundió con el latido de su percepción de las cosas de este mundo, y su carne y espíritu se mantuvieron invulnerables al temblor. En cualquier caso, quién podrá negarme que en realidad lo que le salvó fue su confianza en la naturaleza y su fe en la poesía; esto es, la manera en que uno acierta a comprender la existencia y a depositarla en forma de escritura –con la *Ternura* y la *Residencia en la tierra* de los dos premios Nobel chilenos, en su caso– cual ofrenda al Azar que transige en que permanezcamos vivos. Vivos y viviendo, mejor dicho.

Referencias bibliográficas de las citas

La resistencia del ideal

Beckett, Samuel. Citado por Paul Auster en la entrevista a Edmond Jabès, en *Pista de despegue. Poemas y ensayos 1970-1979*, trad. de M.ª E. Ciocchini, Anagrama, Barcelona, 1998.

García Lorca, Federico. *Poeta en Nueva York*. Cátedra, Madrid, 1987.

Gullón, Germán. *Los mercaderes en el templo de la literatura*. Caballo de Troya, Madrid, 2004.

Kafka, Franz. *Aforismes de Zürau*. Trad. de F. Formosa, Arcàdia, Barcelona, 2005.

Kraus, Karl. *Dichos y contradichos*. Trad. de A. Kovacsics. Minúscula. Barcelona, 2003.

Lewis, Wyndham. *Estallidos y bombardeos*. Trad. de Y. Morató, Impedimenta, Madrid, 2008.

Lispector, Clarice. *Revelación de un mundo*. Trad. de A. Sato, Adriana Hidalgo Editora, Buenos Aires, 2004.

Nietzsche, Friedrich. *Así habló Zaratustra*. Ed. de L. A. Acosta, Cátedra, Madrid, 2008.

Nooteboom. *Una canción del ser y la apariencia*. Trad. de J. Grande, Siruela, Madrid, 2010.

Pessoa, Fernando. *Libro del desasosiego*. Trad. de P. E. Cuadrado, Acantilado, Barcelona, 2002.

Ribeyro, Julio Ramón. *Prosas apátridas*. Seix Barral, Barcelona, 2007.

Rilke, Rainer Maria. *Cartas a un joven poeta*. Trad. de J. M. Valverde, Alianza, Madrid, 1980.

Schiffrin, André. *Una educación política: entre París y Nueva York.* Trad. de J. M. Álvarez Flórez, Península, Barcelona, 2008.

Thoreau, Henry David. *Escribir (una antología).* Ed. de J. Alcoriza, A. Casado da Rocha y A. Lastra, Pre-Textos, Valencia, 2007.

Van Gogh, Vincent. *Cartas a Théo.* Trad. de F. de Oraa, Idea Books, Barcelona, 1999.

Whitman, Walt. *Habla Walt Whitman.* Trad. de R. Cadenas, Pre-Textos, Valencia, 2008.

Wiesenthal, Mauricio. *Luz de vísperas.* Edhasa, Barcelona, 2008.

Zardoya. «*El caso de los escritores furtivos*», en *El Extramundi y los Papeles de Iria Flavia*, núm. XLII.

LA CIUDAD PLATÓNICA. GUÍA PARA VISITAR UTOPÍA

Platón. *La república.* Ed. de M. Fernández-Galiano y J. M. Pabón, Alianza, Madrid, 2003.

LITERATURA Y POLÍTICA

I. LETRAS Y VERDUGOS DEL GULAG

Chentalinski, Vitali. *De los archivos literarios del KGB.* Trad. de V. Carranza y H. S. Kriúkova, Anaya & Mario Muchnik, Barcelona, 1994.

Dostoievski, Fiódor. *Memorias de la casa muerta.* Trad. de J. García y F. Otero, Alba, Barcelona, 2001.

Métter, Izraíl. *Genealogía.* Trad. de R. San Vicente, Lumen, Barcelona, 2001.

Mochulsky, Fyodor. *El jefe del gulag.* Ed. de D. Kaple y trad. de S. Chaparro, Alianza, Madrid, 2012.

Steiner, George. *Pasión intacta.* Trad. de M. Gutiérrez y E. Castejón, Siruela, Madrid, 1997.

Zweig, Stefan. «*La tragedia de la falta de memoria*», en *El legado de Europa*, trad. de C. Gancho, Acantilado, Barcelona, 2003.

II. Un necio sustancioso llamado Hitler

Sagarra, José María y Pla, José. *Cartas europeas. Crónicas en «El Sol» 1920-1928».* Ed. de N. Garolera, Destino, Barcelona, 2001.

Sala, Rosa. *Diccionario crítico de mitos y símbolos del nazismo.* Acantilado, Barcelona, 2003.

Xammar, Eugenio. *Crónicas desde Berlín (1930-1936).* Ed. de Ch. González Prada, Acantilado, Barcelona, 2005.

—. *El huevo de la serpiente. Crónicas desde Alemania (1922-1924).* Trad. de A. Prieto, Acantilado, Barcelona,

III. Jóvenes testimonios frente al terror nazi

Ginz, Petr. *Diario de Praga (1941-1942).* Ed. de Ch. Pressburger, trad. de F. Valenzuela, Acantilado, Barcelona, 2006.

Karski, Jan. *Historia de un Estado clandestino.* Trad. de A. Luengo, Acantilado, Barcelona, 2011.

Prose, Francine. *Ana Frank. La creación de una obra maestra.* Trad. de A.-P. Moya, Duomo, Barcelona, 2012.

IV. George Orwell: el racionalista sistemático

Durrell, Lawrence y Miller, Henry. *Cartas Durrell-Miller 1935-1980.* Trad. de M. Faidella, Edhasa, Barcelona, 1991.

Karl, Frederick. *La novela inglesa contemporánea.* Trad. de R. Berdagué, Lumen, Barcelona, 1968.

Orwell, George. *Rebelión en la granja.* Prólogo del autor y de B. Crick, trad. de R. Abella, Destino, Barcelona, 1985, 9ª ed.

—. *Homenatge a Catalunya.* Introducción de L. Trilling y trad. de R. Folch, Seix Barral, Barcelona, 1992, 6ª ed.

—. *Escritos (1940-1948)*. Trad. de C. Bados, Octaedro, Barcelona, 2001.
—. *Sense ni cinc a París i Londres*. Introducción de M. Berga, trad. de M. Rubió, Edicions 62, Barcelona, 2003.

Pla, Josep. *Diccionario Pla de literatura*. Ed. de V. Puig y trad. de J. Rodríguez Hidalgo, Destino, Barcelona, 2001.

Said, Edward W. «Swift como intelectual», en *El mundo, el texto y el crítico*. Trad. de R. García Pérez, Debate, Barcelona, 2004.
—. «Turismo entre las ruinas. Sobre George Orwell», en *Reflexiones sobre el exilio*. Trad. de R. García Pérez, Debate, Barcelona, 2005.

Vargas Llosa, Mario. *La verdad de las mentiras*. Alfaguara, Madrid, 2002.

V. La sumisión de la literatura catalana a la política
Bru de Sala, Xavier. *El descrèdit de la literatura*. Quaderns Crema, Barcelona, 1999.

Fuster, Joan. «Notes per a una introducció a l'estudi de Josep Pla», en *Obra completa. Volum I. El quadern gris. Un dietari* de J. Pla, Destino, Barcelona, 2004.

Puig, Valentí. *L'os de Cuvier. Cap on va la cultura catalana*. Destino, Barcelona, 2004.

Sagarra, Josep Maria de. *El perfum dels dies*. Quaderns Crema, Barcelona, 2004.

Vila-Sanjuán, Sergio. *Pasando página. Autores y editores en la España democrática*. Destino, Barcelona, 2003.

El realismo ficticio
Aira, César. *Las noches de Flores*. Mondadori, Barcelona, 2004.

Amorós, Andrés. *Introducción a la novela contemporánea*. Cátedra, Madrid, 1989.

Bergsson, Gudbergur. *La magia de la niñez*. Trad. de E. Bernádes, Tusquets, Barcelona, 2004.

Bloom, Harold. *¿Dónde se encuentra la sabiduría?* Trad. de D. Alou, Taurus, Madrid, 2005.

Böll, Heinrich. *Diario irlandés.* Trad. de J. Parra, Círculo de Lectores, Barcelona, 1998.

Bravo Castillo, Juan. *Grandes hitos de la historia de la novela euroamericana. Vol. I. Desde sus inicios hasta el romanticismo.* Prólogo de J. del Prado, Cátedra, Madrid, 2003.

Calasso, Roberto. *K.* Trad. de E. Dobry, Anagrama, Barcelona, 2005.

Chateaubriand, René-François. *Memorias de ultratumba.* Trad. de J. R. Monreal, Acantilado, Barcelona, 2004.
Cortázar, Julio. *La vuelta al día en ochenta mundos.* Tomo I. Siglo XXI, México, 2004.

Defoe, Daniel. *Robinson Crusoe.* Prólogo de J. M. Coetzee, trad. de J. Cortázar, Mondadori, Barcelona, 2004.

DeLillo, Don. *Submundo.* Trad. de G. Castelli, Circe, Barcelona, 2001.

Doyle, Arthur Conan. *El misterio de las hadas.* Trad. de J. Sahagún, José J. de Olañeta Editor, Palma de Mallorca, 1998.

Ellmann, Richard. *James Joyce.* Trad. de E. Castro y B. Blanco, Anagrama, Barcelona, 2002.

Faerna, Nacho. *Bendita democracia americana.* Ediciones B, Barcelona, 2004.

Fielding, Henry. Tom Jones. Trad. de E. de Juan, Planeta, Barcelona, 1989.

Flaubert, Gustave. *Cartas a Louise Colet.* Trad. de I. Malaxecheverría, Siruela, Madrid, 2003.

Freud, Sigmund. *Introducción al psicoanálisis.* Trad. de L. López Ballesteros, Alianza, Madrid, 1995.
—. *Relatos clínicos.* Prólogo de J. J. Millás y trad. de L. López Ballesteros, Debolsillo, Barcelona, 2003.

González, Manuel Gregorio: «El colapso del yo», en A. Rivero (ed.), *Cien años y un día. Ulises y el Bloomsday*. Fundación José Manuel Lara, Sevilla, 2005.

Gullón, Germán. *La novela en libertad*. Universidad de Zaragoza, 1999.
—. *El jardín interior de la burguesía. La novela moderna en España (1885-1902)*. Biblioteca Nueva, Madrid, 2003.

James, Henry. *La imaginación literaria*. Trad. de J. Alcoriza y A. Lastra, Alba, Barcelona, 2000.

Joyce, James. *Ulises*. Ed. de F. García Tortosa, Cátedra, Madrid, 1999.

Kawabata, Yasunari. *Lo bello y lo triste*. Trad. de N. M. De Machain, Emecé, Barcelona, 2004.

Lewis, C. S. *Un experiment de crítica literària*. Trad. de J. Vallcorba, Quaderns Crema, Barcelona, 1998.
—. *De este y otros mundos*. Ed. de W. Hooper y trad. de A. Diéguez, Alba, Barcelona, 2004.

Lottman, Herbert. *Jules Verne*. Trad. de M.ª T. Gallego, Anagrama, Barcelona, 1998.

Moliner, María. *Diccionario de uso del español* (2ª ed.). Gredos, Madrid, 2001.

Muñoz Molina, Antonio. *Pura alegría*. Alfaguara, Madrid, 1998.

Nabokov, Vladimir. *Lolita*. Trad. de E. Tejedor, Círculo de Lectores, Barcelona, 1987.
—. *Curso de literatura europea*. Introducción de J. Updike y trad. de F. Torres Oliver, Ediciones B, Barcelona, 1997.

O'Connor, Flannery. *El negro artificial y otros escritos*. Introducción de G. Arbona y trad. de M. J. Sánchez, Encuentro, Madrid, 2000.

Pivot, Bernard. *Los Monográficos de Apostrophes 1. Vladimir Nabokov* (DVD). Trad. de Ll. M.ª Todó, Barcelona, Trasbals, 2004.

Rojas, Fernando de y «antiguo autor». *La Celestina*. Ed. de F. Rico y otros, Crítica, Barcelona, 2000.

Rulfo, Juan. Entrevista de J. E. González, en *La llegada de los bárbaros. La recepción de la literatura hispanoamericana en España, 1960-1981,* J. Marco y J. Gracia (eds.), Edhasa, Barcelona, 2004.

Sábato, Ernesto. *El escritor y sus fantasmas*. Seix Barral, Barcelona, 2004.

Schulberg, Budd. *El desencantado*. Trad. de J. Martín Llovet, Acantilado, Barcelona, 2004.

Stevenson, Robert Louis. *Ensayos literarios*. Trad. de B. Canals y J. I. de Laiglesia, Hiperión, Madrid, 1998.

Svevo, Italo. *Escritos sobre Joyce*. Trad. de M. Cohen, Península, Barcelona, 1990.
—. *Senectud.* Trad. de C. Martín Gaite, Acantilado, Barcelona, 2001.

Synge, John Millington. *Las islas Aran.* Trad. de M. I. Butler, Alba, Barcelona, 2000.

Vargas Llosa, Mario. *La orgía perpetua. Flaubert y Madame Bovary.* Seix Barral, Barcelona, 1989.

Walser, Martin. *Una fuente inagotable.* Trad. de M. Presas, Lumen, Barcelona, 2000.

Wilde, Oscar. *La decadencia de la mentira.* Trad. de M. L. Balseiro, Siruela, Madrid, 2000.

Zola, Émile. *El naturalismo.* Ed. de L. Bonet y trad. de J. Fuster, Península, Barcelona, 1998.

TRES ESTACIONES REALISTAS (DEL SIGLO XVII AL XX)

Balza, José. *Este mar narrativo.* Fondo de Cultura Económica, México D. F., 1987.

Bloom, Harold. *El canon occidental*. Trad. de D. Alou, Anagrama, Barcelona, 1995.

Borges, Jorge Luis. En Roberto Alifano, *Conversaciones con Borges*, Debate, Madrid, 1986.

Carpentier, Alejo. *Premios Cervantes. Discursos*. Universidad de Alcalá de Henares, 1992.

Clarín. Prólogo a *La cuestión palpitante de E. Pardo Bazán*, Biblioteca Nueva, Madrid, 1998.

Dostoievski, Fiódor. Citado en *Enciclopedia del Quijote* de C. Vidal, Planeta, Barcelona, 1999.

Eckermann, J. P. *Conversaciones con Goethe*. Trad. de R. Sala, Acantilado, Barcelona, 2005.

Flaubert, Gustave. *Cartas a Louise Colet*. Trad. de I. Malaxecheverría, Siruela, Madrid, 1989.

Fuster, Jaume. Prólogo a *Obra completa. Volum I. El quadern gris. Un dietari* de J. Pla, Destino, Barcelona, 2004.

Guillén, Jorge. *Obra en prosa*. Tusquets, Barcelona, 1999.

Mann, Thomas. «Ensayo sobre Schiller», en *Ensayos sobre música, teatro y literatura*, trad. de G. Dieterich, Alba, Barcelona, 2002.

Paz, Octavio. *El arco y la lira*. Fondo de Cultura Económica, México D. F., 1956.

Pirandello, Luigi. *La tragedia de un personaje*. Trad. de J. R. Monreal, Acantilado, Barcelona, 2002.
—. *Relatos para un año. Mantón negro*. Trad. de R. Tomás Llopis, Pre-Textos, Valencia, 2005.

Pla, Josep. *Diccionario Pla de Literatura*. Ed. de V. Puig y trad. de J. Rodríguez Hidalgo, Destino, Barcelona, 2001.

—. *Dietarios (I). El cuaderno gris / Notas dispersas.* Trad. de D. Ridruejo, G. de Ros y X. Pericay, Espasa Calpe, Madrid, 2001.

—. *El carrer estret.* Destino, Barcelona, 2001.

— y Sagarra, José María. *Cartas europeas. Crónicas en El Sol, 1920-1928.* Destino, Barcelona, 2001.

—. *Nocturno de primavera.* Trad. de D. Barral y epílogo de B. Porcel, Destino, Barcelona, 2006.

Puig, Valentí. Prólogo a *Sentencias e impresiones* de J. Pla, ed. de A. Gómez-Flores, Edhasa, Barcelona, 2006.

Richmond, Carolyn. Prólogo a *Cuentos completos de Clarín,* Alfaguara, Madrid, 1999.

Said, Edward. «La prosa y la ficción en prosa árabes a partir de 1948», en *Reflexiones sobre el exilio. Ensayos literarios y culturales,* trad. de R. García Pérez, Debate, Barcelona, 2005.

Schiller, Friedrich. *Narraciones completas.* Trad. de I. Hernández, Alba, Barcelona, 2005.

Sobejano, Gonzalo. Introducción a *La regenta* de Clarín, Castalia, Madrid, 1981, 5ª ed.

Unamuno, Miguel de. *Vida de don Quijote y Sancho.* Ed. de R. Gullón, Alianza, Madrid, 1987.

Weinrich, Harald. *Leteo. Arte y crítica del olvido.* Trad. de C. Fortea, Siruela, Madrid, 1999.

Woolf, Virginia. *Orlando.* Trad. de J. L. Borges, Edhasa, Barcelona, 1983.

BENITO PÉREZ GALDÓS

I. LA ADIVINACIÓN ARTÍSTICA

Clarín. *Galdós, novelista.* Ed. de A. Sotelo, PPU, Barcelona, 1991.

Gullón, Germán. «Influencias socio-culturales en la narrativa de Galdós», en *Actas del Quinto Congreso Internacional de Estudios Galdosianos*, Las Palmas, Casa-Museo Pérez Galdós, 1995.

—. «La novela del XIX ante los estudios culturales: (El caso de Benito Pérez Galdós)», en *Siglo diecinueve (literatura hispánica)*, núm. 1, 1995.

Gullón, Ricardo. *Técnicas de Galdós*. Madrid, Taurus, 1980.

Montesinos, José Fernández. *Galdós* (tomos I y II). Madrid, Castalia, 1980.

Pattison, Walter T. *El naturalismo español (historia externa de un movimiento literario)*. Gredos, Madrid, 1965.

Pérez Galdós, Benito. *Recuerdos y memorias*. Tebas, Madrid, 1975.

—. *Ensayos de crítica literaria*. Ed. de L. Bonet, Barcelona, 1990.

—. *El amigo Manso*. Ed. de F. Caudet, Cátedra, Madrid, 2001.

—. *La desheredada*. Ed. de G. Gullón, Cátedra, Madrid, 2003, 2ª ed.

—. *Tristana*. Ed. de G. Gullón, Espasa Calpe, Madrid, 2006.

Zweig, Stefan. *Balzac. La novela de una vida*. Trad. de A. Gamboa, Paidós, Barcelona, 2005.

II. Una trilogía crematística

Clarín. *Galdós, novelista*. Ed. de A. Sotelo, PPU, Barcelona, 1991.

Márai, Sándor. *La mujer justa*. Trad. de A. Csomos, Salamandra, Barcelona, 2005.

Pérez Galdós. *El doctor Centeno*. Ed. de J.-C. Mainer, Biblioteca Nueva, Madrid, 2002.

—. *Tormento*. Alianza, Madrid, 1987.

—. *El amigo Manso*. Alianza, Madrid, 1998.

—. *La de Bringas*. Debate, Madrid, 2001.

—. *La desheredada*. Ed. de G. Gullón, Cátedra, Madrid, 2003, 2ª ed.

Stevenson, Robert Louis. *Memoria para el olvido*. Trad. de I. Attrache, Siruela, Madrid, 2005.

Wilde, Oscar. *El retrato de Dorian Gray*. Trad. de J. Gómez de la Serna, Debolsillo, Barcelona, 2006.

HORACIO QUIROGA

Castillo, Abelardo. Liminar a *Todos los cuentos de H. Quiroga,* ed. de N. Baccino Ponce de León y J. Lafforgue, Colección Archivos, Madrid, 1997.

Cortázar, Julio. *Obra crítica*. Galaxia Gutenberg-Círculo de Lectores, Barcelona, 2006.

Etcheverry, José. Citado por Jorge Lafforgue en la introducción a *Los desterrados y otros textos* de H. Quiroga, Castalia, Madrid, 1990.

Fleming, Leonor. Introducción a *Cuentos* de H. Quiroga, Cátedra, Madrid, 2001, 6ª ed.

Jitrik, Noé. *Horacio Quiroga*. CEAL, Buenos Aires, 1967.

Neuman, Andrés. «Ensayo preliminar» a *Cuentos de amor de locura y de muerte* de H. Quiroga, Menoscuarto, Palencia, 2004.

Oviedo, José Miguel. *Historia de la literatura hispanoamericana 3*. Alianza, Madrid, 2001.

Quiroga, Horacio. *Quiroga íntimo. Correspondencia. Diario de viaje a París*. Ed. de E. Martínez, Páginas de Espuma, Madrid, 2010.

Rodríguez Monegal, Emir. *El desterrado. Vida y obra de Horacio Quiroga*. Losada, Buenos Aires, 1968.
—. Introducción a *Diario de viaje a París* de H. Quiroga, Losada, Buenos Aires, 1999.

JOSÉ ANTONIO RAMOS SUCRE

Balza, José. «Ramos Sucre en Columbia» y «Eché por delante un zorro azul del polo y una liebre sedosa», en *Ensayos. Fulgor de Venezuela*, Fondo Editorial de Humanidades y Educación, Caracas, 2001.

—. «La máscara feliz», en *Cuentos. Ejercicios narrativos*, Paréntesis, Sevilla, 2012.

Guerrero, Gustavo. Prólogo a *Conversación con la intemperie. Seis poetas venezolanos*. Galaxia Gutenberg, Barcelona, 2008.

Oviedo, José Miguel. *Historia de la literatura hispanoamericana 3*. Alianza, Madrid, 2001.

Ramos Sucre, José Antonio. *Obra completa*. Prólogo de J. R. Medina, Biblioteca Ayacucho, Caracas, 1989, 2ª ed.

AZORÍN

Azorín. *Las confesiones de un pequeño filósofo*. Espasa Calpe, Madrid, 1990.

Martínez Ruiz, José. *La voluntad*. Castalia, Madrid, 1989.
—. *Antonio Azorín*. Cátedra, Madrid, 1991.

Risco, Antonio. *Azorín y la ruptura con la novela tradicional*. Alhambra, Madrid, 1980.

CAMILO JOSÉ CELA

Cantos Pérez, Antonio. *Camilo José Cela. Evocación de un escritor*. Universidad de Málaga, Málaga, 2000.

Cela, Camilo José. *Nuevo viaje a la Alcarria*. Plaza & Janés, Barcelona, 1987.
—. *Mazurca para dos muertos*. Seix Barral, Barcelona, 1990, 17ª ed.
—. *Viaje a la Alcarria*. Introducción de J. M. Pozuelo, Espasa Calpe, Madrid, 1994, 25ª ed.
—. *Poesía completa*. Prólogo de J. Á. Valente, Galaxia Gutenberg-Círculo de Lectores, Barcelona, 1996.
—. *El Gallego y su cuadrilla*. Comentado por A. Vilanova, Destino, 1997.
—. *La colmena*. Prólogo de G. Sobejano, Alianza, Madrid, 1998.
—. *Madera de boj*. Espasa Calpe, Madrid, 1999, 2ª ed.
—. *La rosa*. Espasa Calpe, Madrid, 2001.

Janouch, Gustav. *Conversaciones con Kafka.* Trad. de R. Sala, Destino, Barcelona, 2006.

Navajas, Gonzalo. «La norma de la civilización global y Cela», en *La modernidad como crisis. Los clásicos modernos ante el siglo XXI.* Biblioteca Nueva, Madrid, 2004.

GABRIEL GARCÍA MÁRQUEZ

AA. VV. *Crack. Instrucciones de uso.* Mondadori, Barcelona, 2005.

Bolaño, Roberto. «Autobiografías: Amis & Ellroy», en *Entre paréntesis. Ensayos, artículos y discursos (1998-2003),* Anagrama, Barcelona, 2004.

Collazos, Óscar. Prólogo a *La mala hora* de G. García Márquez, Círculo de Lectores, Barcelona, 1990.

García Márquez, Gabriel. *Vivir para contarla.* Mondadori, Barcelona, 2002.

Oviedo, José Miguel. *Historia de la literatura hispanoamericana 4.* Alianza, Madrid, 2001.

Varanini, Francesco. *Viaje literario por América Latina.* Trad. de A. Pentimalli, Acantilado, Barcelona, 2000.

JOSÉ BALZA

Balza, José. *Este mar narrativo.* Fondo de Cultura Económica, México D. F., 1987.

—. «Futuro que se desdobla», en *El fiero (y dulce) instinto terrestre: ejercicios y ensayos.* Academia Nacional de la Historia, Caracas, 1988.

—. *Marzo anterior,* en *Tres ejercicios narrativos,* Monte Ávila, Caracas, 1992.

—. *Después Caracas.* Monte Ávila, Caracas, 1995.

—. *Percusión.* Biblioteca Ayacucho, Caracas, 2000.

—. Entrevista de Luis Navarro, revista *Proscritos,* núm. 16, 2004.

—. *Un hombre de aceite.* Bid & Co. Editor, Caracas, 2008.

Chateaubriand, René-François. *Reflexiones y aforismos.* Trad. de Ll.-M. Todó, Edhasa, Barcelona, 1997.

Cortázar, Julio. Carta a Myriam Berrizbeitia, en *José Balza: la escritura como ejercicio de la inteligencia*, A. Navarro (comp.), Universidad Central de Venezuela, Caracas, 1997.

Rolland, Romain. *Vida de Tolstói*. Trad. de S. Ancira y D. Stacey, Acantilado, Barcelona, 2010.

Villoro, Juan. «Los cuchillos líquidos», epílogo a *Ejercicios narrativos* de J. Balza, Universidad Autónoma de México, México D. F., 1995, 2ª ed.

MAURICIO WIESENTHAL

Wiesenthal, Mauricio. *Libro de réquiems*. Edhasa, Barcelona, 2004.
—. *El esnobismo de las golondrinas*. Edhasa, Barcelona, 2007.
—. *Luz de vísperas*. Edhasa, Barcelona, 2008.

LUIS ROGELIO NOGUERAS

Nogueras, Luis Rogelio. *Las palabras vuelven*. Ediciones Unión, La Habana, 1994.

Rodríguez, Silvio. «Las quince mil vidas del cisne salvaje», entrevista de Fidel Díaz Castro, en *Jiribilla. Revista digital de cultura cubana*, núm. 224, agosto del 2005.

Sierra, Ernesto. «Los infinitos destinos de Luis Rogelio Nogueras», en *Jiribilla. Revista digital de cultura cubana*, núm. 219, julio del 2005.

JAIME QUEZADA

Oviedo, José Miguel. *Historia de la literatura hispanoamericana 4*. Alianza, Madrid, 2001.

Quezada, Jaime. Prólogo a *Bendita mi lengua sea. Diario íntimo* de G. Mistral, Seix Barral, Santiago de Chile, 2009.

Rodríguez, Osvaldo P. «Un poeta de Chile: Jaime Quezada (con una muestra antológica)», en *Boletín de la Fundación Federico García Lorca*, núms. 37-38, 2005.

PROCEDENCIA DE LOS TEXTOS

«La resistencia del ideal.» Publicado en *Letra Internacional* (núm. 113, 2011).

«La ciudad platónica. Guía para visitar Utopía.» Publicado en *Clarín* (núm. 86, 2010).

«Literatura y política»: «Letras y verdugos del gulag», fusión de dos textos publicados en *La Razón*: «Letras del gulag» (28-V-2005) y «Gulags: hablan los verdugos» (19-IV-2012); «Un necio sustancioso llamado Hitler», publicado en *La Razón* (22-IX-2005); « Jóvenes testimonios frente al terror nazi», fusión de tres textos publicados en *La Razón*: «El diario de un niño a las puertas de Auschwitz» (15-VI-2006), «El polaco que quiso frenar el Holocausto» (10-II-2011) y «Ana Frank, detrás del icono» (13-X-2011); «George Orwell: el racionalista sistemático», publicado en *Clarín* (núm. 63, 2006); «La sumisión de la literatura catalana a la política», publicado en *La Razón* (2-VI-2005); y «Un camino solitario entre Jerusalén y Gaza», publicado en AA. VV., *Lo que ha quedado del naranjo. Palestina en el corazón* (Diputación Provincial de Málaga, 2009).

«El realismo ficticio.» Publicado en dos partes: «El realismo como convención», en *Clarín* (núm. 90, 2010), y «El realismo narrativo: siempre con comillas», en *Clarín* (núm. 97, 2012).

«Tres estaciones realistas (del siglo XVII al XX).» Publicado en *Letra Internacional* (núm. 114-115).

Benito Pérez Galdós. «La adivinación artística», publicado en *Isidora. Revista de Estudios Galdosianos* (núm. 11, 2005). «Una trilogía crematística», prólogo a *El doctor Centeno, Tormento y La de Bringas* (Cabildo de Gran Canaria, 2007).

Horacio Quiroga. «Una lágrima de vidrio», prólogo a *Cuentos mortuorios* (Paréntesis, Sevilla, 2011).

José Antonio Ramos Sucre. «El hechizo de insomne», prólogo a *Poesía completa* (Biblioteca Sibila-Fundación BBVA, Sevilla, 2012).

Azorín. «Una ventana, o el filtro del impresionismo», publicado en *El Extra-mundi y los Papeles de Iria Flavia* (núm. XV, 1998).

Camilo José Cela. «La melancolía erótica», publicado en AA.VV, *Anuario 2007 de Estudios Celianos* (Universidad Camilo José Cela, 2007).

Gabriel García Márquez. «La dignidad del derrotado», fusión de dos textos publicados en *La Razón*: «Habla, memoria, no calles nunca» (11-X-2002) y «Desmontando a Gabriel García Márquez» (4-III-2007).

José Balza. «El pensamiento y la distancia», prólogo (inédito) a *Observaciones y aforismos* (Fundación Polar, Caracas, 2005). «Narrar es poseer», prólogo a *Percusión* (Paréntesis, Sevilla, 2010).

Mauricio Wiesenthal. «La "trilogía europea" de un dandi viajero», fusión de tres textos publicados en *La Razón*: «La lectura de la vida» (16-VI-2005), «Un snob en busca de Europa» (8-II-2007) y «Wiesenthal, la épica de un siglo» (6-XI-2008).

Luis Rogelio Nogueras. «Aquella noche cubana», prólogo a *Tal cual (antología poética 1967-1994)* (Diputación Provincial de Málaga, 2010).

Jaime Quezada. «Bautismo del fin del mundo», prólogo a *Así de cosas de arriba como de abajo* (La Isla de Siltolá, Sevilla, 2011).

www.ingramcontent.com/pod-product-compliance
Lightning Source LLC
Chambersburg PA
CBHW021223090426
42740CB00006B/352